REINHARD TIESTE

TAGUNGS- UND VERANSTALTUNGSABZEICHEN

    1. Auflage 1989
    2. Auflage 1991

Verlag
Reinhard Tieste
Belgarder Str. 5
2820 Bremen 77

ISBN   3-9802324-2-5

Vorwort

Viele von Ihnen kennen das Problem, man bietet seinem Tauschpartner ein Tagungs- oder Veranstaltungsabzeichen an oder man studiert Händlerangebote und muß nun seinen ganzen Bestand überprüfen, ob man das eine oder andere Abzeichen nun auch aus gerade diesem Jahrgang in seiner Sammlung hat.

So entstand die Idee für diesen Katalog, eine erstmalige Erfassung von Abzeichen mit Vergabe einer entsprechenden Katalognummer.

Nach reiflicher Überlegung entschied ich mich, den Zeitraum zwischen 1930 - 1945 als Schwerpunkt zu setzen sowie den Bereich räumlich auf die Grenzen des deutschen Reiches dieser Zeit zu begrenzen.
Auch die alphabetische Sortierung der Orte, Gaue und Ereignisse schien mir zum Auffinden und zur Ordnung der Abzeichen am sinnvollsten.

Natürlich kann dieser erste Katalog bei weitem nicht alle damaligen Abzeichen enthalten, aber mit über 1800 Abzeichen, überwiegend mit Abbildung, ist ein Grundwerk geschaffen.

Mit Ihrer Mithilfe, durch Übersendung von guten Abzeichen-Vorlagen mit entsprechender Beschreibung, wird es zu einem späteren Zeitpunkt sicherlich einen stark erweiterteten Katalog geben.

Um den Verkaufspreis des Kataloges so gering wie möglich zu halten, wurden die Abzeichen fotokopiert, was einerseits eine Wiedergabe in Originalgröße mit sich brachte, andererseits aber leider bei einigen Abzeichen, aus Materialgründen, (rote Pappe, weißes Porzellan) zu einer schlechten Wiedergabe führte. Trotzdem wurden auch diese Abzeichen aufgenommen, um wenigstens ihre Form und Größe darzustellen.

Bremen im April 1989

Vorwort zur 2. Auflage

Die positive Reaktion in der Sammlerschaft und im Fachhandel über den Katalog führte zum zügigen Verkauf der ersten Auflage, dieses sowie die Vielzahl der Neumeldungen machten eine Neuauflage unumgänglich.

Mein spezieller Dank gilt nachfolgenden Sammlern, die mir durch Überlassung von Abzeichenvorlagen die starke Erweiterung der ersten Auflage ermöglichten.

Aus Deutschland: Erwin Beyer,   Rainer L. Bühnemann,   Siegfried Folge,

                 Horst Goller,   H.P. Knust,   Herbert Kurtze,

                 Ludwig Lampl,   Gerd Lange,   M. Maratzki,

                 Günther Proksch,   Horst Schiller,   Joachim Schober,

                 Klaus Schulz,   Willibald Stamm,   Emil Stückle,

                 Dr. Hans Ulbricht,   Max Wind,   Manfred Worbs,

Aus Luxemburg: Roger Fournelle

Bremen im Februar 1991

Reinhard Tieste

Abkürzungen:

oh. Abb.	=	ohne Abbildung
*	=	das Abzeichen wurde verkleinert dargestellt
I - X	=	Preisbewertung

Preisbewertung:

Die Preise sind in DM, die römischen Ziffern stehen für:

I	5.-	bis	10.-
II	10.-	bis	20.-
III	20.-	bis	30.-
IV	30.-	bis	50.-
V	50.-	bis	100.-
X		über	100.-

Die Preise gelten für Abzeichen in sehr schöner bis vorzüglicher Erhaltung. Bei **Porzellan**, **Ton** oder **Majolikaabzeichen** gelten die Preise für Stücke ohne oder aber mit neuer Nadel, da bei 95 % der Abzeichen die gipsartige Befestigungsmasse porös und somit brüchig wurde.

Einführung in den Katalog:

Die Einordnung der bisher erfaßten Abzeichen erfolgte nach der nachfolgend beschriebenen Rangordnung:

1. Wenn auf dem Abzeichen unter anderem **eine Ortsangabe steht**, so findet man dieses unter dem entsprechenden Anfangsbuchstaben des jeweiligen Ortes, z. B. Bonn siehe unter "B", Hamburg siehe unter "H", etc.

2. **Abzeichen ohne Ortsangabe, aber mit einer Gaubezeichnung**, findet man unter dem jeweiligen Anfangsbuchstaben des Gaues, z.B. Gau Sachsen siehe unter "S", Sporttag der fränkischen HJ siehe unter "F", etc.

3. **Abzeichen ohne Orts.- oder Gaubezeichnung** sind unter dem jeweiligen Ereignis oder der Organisation zu finden, z.B.:

Tag der Arbeit,	siehe unter "A"	
Tag des Handwerks,	siehe unter "H"	
Johannisfest	siehe unter "J"	
HJ	siehe unter "H"	
SA und SS	siehe unter "S"	etc.

4. **Abzeichen ohne Orts- Gau- Ereignis- oder Organisationsbenennung** sind unter "Y" eingeordnet.

5. **Ausnahmen:** - Reichsparteitage siehe unter Nürnberg "N"
   - Abzeichen zum 1. Mai, siehe unter Tag der Arbeit "A"

Katalognummern:

Die Katalognummern der Abzeichen setzen sich aus der Orts- Gau-
Ereignis- oder Organisationsbennung sowie der auf dem Abzeichen
wiedergegebenen Jahreszahl und einer jeweils fortlaufenden Nummer
zusammen.
z.B.: Bremen 34 - 01 bedeutet, daß das Abzeichen im Text die Orts-
bezeichnung "Bremen" sowie die Jahreszahl "1934" trägt, 01 steht für
das erste aufgenommene Bremer Abzeichen des Jahres 1934.

2. Beispiel: Franken 00 - 02, das Abzeichen trägt im Text die Gau-
bezeichnung "Franken", da das Abzeichen aber ohne Jahreszahl ist,
lautet die erste Nummer 00, 02 steht dafür daß es das zweite Abzeichen
mit der Bezeichnung "Franken" ohne Jahreszahl ist.
Neu aufzunehmende Abzeichen lassen sich so problemlos in den Katalog
einfügen.

Was Sie in diesem Katalog nicht finden:

Spendenabzeichen zum Winterhilfswerk und Kriegswinterhilfswerk
Spendenabzeichen zum Tag der Wehrmacht, der Polizei.
Tagungsabzeichen die ausschließlich auf das Thema Deutsches
          Jugendherbergswerk bezogen sind.

Fälschungen und Verfälschungen sind mir von folgenden Abz. bekannt:

Braunschweig 31 - 02 a + b, Gera 35 - 01, Hamburg 34 - 01,
Handwerk 39 - 01, Hannover 35 - 02, Kassel 35 - 02,
Koblenz-Trier 36 - 01, Lüben 36 - 01, Mittelfranken 34 - 01,
Nationalen Erhebung 35 - 01, Niedersachsen 36 - 01,
Nürnberg 29 - 01, Osthannover 39 - 01, Saar 35 - 07,
Volkswagenwerk 38 - 01, Wien 32 - 02,

Nummernänderungen zur ersten Auflage:

alte Nummer	neue Nummer
Berlin 00 - 04	Achsenmächte 00 - 04
Betriebe 38 - 01	DAF 38 - 01
Betriebe 39 - 01	DAF 39 - 01
Darmstadt 00 - 01	Darmstadt 37 - 02
Darmstadt 33 - 02	Darmstadt 38 - 02
Flugtag 33 - 01	DLV 33 - 02
Göttingen 00 - 01	entfällt, da nach 1945
Leipzig 36 - 02	Leipzig-Möckern 36 - 01
Leipzig 37 - 01	Leipzig-Kleinzschoch 37 - 01
Rhön 34 - 01	DLV 34 - 02
Rhön 38 - 01	NSFK 38 - 04
Rhön 39 - 01	NSFK 39 - 02
Thingplatz 00 - 01	Thingplatz 35 - 01
Up ewig ungedeelt 00 - 01, 02, 03	KdF 00 - 22, 23, 24
YY 00 - 01	NSKK 00 - 02
YY 39 - 02	Stuttgart 39 - 03
Zweibrücken 00 - 01	Zweibrücken 34 - 01

Aachen 00 - 01	Aachen 00 - 02	Aachen 30 - 01
Aachen Stadt Karls des Grossen Kunststoff oh. Abb. II	Jahnsportfest Standarte 25 Aachen Metall III	v. Lützow Regimentstag 1930 Inf. Rgt. No. 25 Aachen Metall III
Aachen 33 - 01	Aachen 33 - 02	Aachen 34 - 01
1813 1933 Infanterie Regiment v. Lützow 1.Rhein. Nr. 25 Aachen 6.8.1933 Metall III	Erntedankfest Aachen 1.10.33 Metall III	HJ Gebiet 7 Mittelrhein Aachen 22. Juli 1934 Metall III
Aachen 34 - 02 	Aachen 35 - 01	Aachen 37 - 01
1. Regimentstreffen I. R. 363 Aachen 21.- 23. Juli 1934 Seidenbändchen mit Metallschnalle * II	Aachen-Stadt Aachen-Land Kreisparteitag 1935 10 Jahre Ortsgruppe Aachen Metall III	Heiligtumsfahrt Aachen 1937 Metall II
Aachen 37 - 02	Aachen 37 - 03	Aachen 38 - 01
Metalltag 1937 Aachen Metall II	Kreistag - Aachen - Stadt - Land Metall II	Bundestag aller ehem. 60er Aachen 2.- 4. Juli 1938 Stoff im Metallrahmen III

Aachen 39 - 01 Kreistag der NSDAP 1939 Aachen Stadt = Land Seidenbändchen * III	Aachen 39 - 02 " 258 " Regimentsappell Aachen 1939 Seidenbändchen * II	Aachen. Bad 34 - 01 Rheinisches Landesturnfest Bad Aachen 1934 Metall II
Aachen. Bad 34 - 02 Kriegsopfer - und Frontsoldaten- Ehrentag 12.8.34 Bad Aachen Metall III	Aachen-Monschau 33 - 01 Aachen- Monschau 16. Deutscher Studententag August 1933 Metall III	Aalen 33 - 01 Bahnschutz-Landeswettschiessen Aalen 1933 Metall am Band II
Achern 36 - 01 "249" Achern 16.- 18. Mai 1936 Seidenbändchen * II	Achim 35 - 01 26. Mai 1935 10 Jahre NSDAP Achim Metall III	Achsenmächte 00 - 01 Metall III
Achsenmächte 00 - 02 Metall / emailliert IV	Achsenmächte 00 - 03 Metall III	Achsenmächte 00 - 04 Berlin Roma Metall III

Achsenmächte 00 - 05	Achsenmächte 00 - 06	Achsenmächte 00 - 07
Roma Berlino Metall III	Roma Berlino Metall III	Hitler Mussolini Metall III
Achsenmächte 00 - 08	Achsenmächte 37 - 01	Achsenmächte 38 - 01
Adolf Hitler Benito Mussolini Metall V	10. X. 37 Metall III	Staatsbesuch Adolf Hitlers in Italien 1938 Metall X
Adenau 33 - 01	Aderklaa 33 - 01	Adolf Gustav 00 - 01
Separatisten - Abwehr Denkmalweihe 17.9.33 Adenau Metall II	Wimpelweihe Aderklaa 15.X. 1933 Metall II	Gustav Adolf Ein Christ und Held Metall III
Aflenz 39 - 01	Ahausen 37 - 01	Aibling. Bad 33 - 01
Winterwehrkämpfe Aflenz 27. - 29.1.1939 SA HJ Metall III	Biwak Ahausen 20. Juli 1937 Metall II	N.S. Nationaler Flugtag Bad Aibling 1933 Metall V

Aichach 34 - 01	Albersdorf 33 - 01	Alesheim 39 - 01
Unterbanntreffen der HJ Aichach 1934 Metall, Raute emailliert V	Dithmarschen Tag des Handwerks 16.7. 1933 Albersdorf Metall III	50 jähr. Jubiläum der Kameradschaft Alesheim des Reichskriegerbundes 16.7.1939 Pappe II
Alfeld 34 - 01	Alfeld 37 - 01	Algermissen 33 - 01
Heimatfest Alfeld / L. 1934 Metall II	Kreistag Alfeld 3. - 4.7.37 Leder III	NSDAP Kreistagung Hildesheim-La. u. Erntedank- u. Heimatfest 8.10.33 Algermissen Metall III
Allenstein 00 - 01	Allenstein 36 - 01	Allgäu 00 - 01
600 Jahre Allenstein Preßkohle III	Allenstein - Land Kreisparteitag 1936 Metall III	DRL Unterkreistreffen des kreises 5 Allgäu Efoplast III
Allgäu 34 - 01	Allhaming 00 - 01	Alsfeld 36 - 01
Bann B 20 Allgäu Sportmeisterschaft 8.7. 34 Metall III	R.A.B. Lagerfest Allhaming Metall IV	Ehrentag der Leibeserziehung Reichsarbeitsdienstgruppe 223 2.8.36 Metall oh. Abb. II

Alsleben 36 - 01	Alsleben 36 - 02	Altena 33 - 01

NSDAP Kreistreffen 1.u.2. August 1936 im Tausendjährigen Alsleben / Saale Metall — III	1000 Jahrfeier 936 - 1936 Der Stadt Alsleben a.S. 25. Juli - 2. August 1936 Seidenbändchen * II	85 jähr. Jubelfeier des Altenaer Landwehr Vereins e.V. 11. 11. 1933 Metall — II
Altenburg 33 - 01	Altenburg 36 - 01	Altenesch 34 - 01

N.S.B.O. Arbeitsfront- Kundgebung Altenburg Okt. 1933 Metall — II	Kreistag Altenburg Stadt / Land 1936 Metall — III	1234 Altenesch 1934 Stedingsehre Metall: a) gold b) silber c) bronze III
Altenesch 34 - 02	Althegnenberg 33 - 01	Altheim 30 - 01

Altenesch 700 Jahre " Stedingsehre " 100 Jahre St. Veit 26. Mai 1934 Pappe II *	Deutscher Tag Althegnenberg 1933 Metall — III	Kreis Braunau Innviertler Heimatwehr - Aufmarsch Altheim 30.3. 1930 Metall — III
Altmittweida 00 - 01	Altona 00 - 01	Altona 38 - 01

Schulfest u. 50 jähr. Bestehen der Volksschule Mittweida Holz — V	Norddeutsche Oelmühlenwerke A.G. Emporia Altona Metall / emailliert X	200 Jahre Christianeum Altona 1938 Metall — III

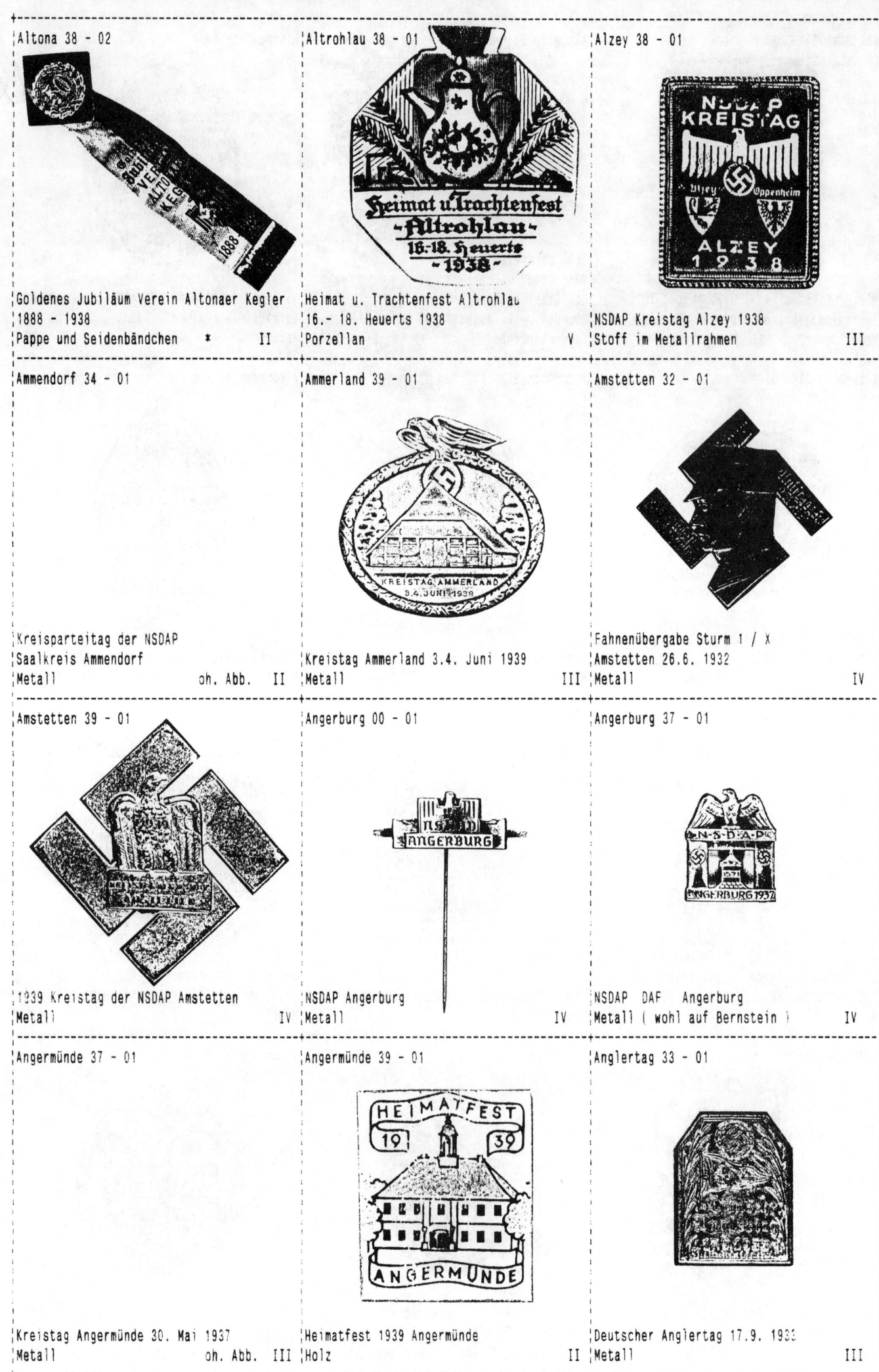

Altona 38 - 02	Altrohlau 38 - 01	Alzey 38 - 01
Goldenes Jubiläum Verein Altonaer Kegler 1888 - 1938 Pappe und Seidenbändchen * II	Heimat u. Trachtenfest Altrohlau 16.- 18. Heuerts 1938 Porzellan V	NSDAP Kreistag Alzey 1938 Stoff im Metallrahmen III
Ammendorf 34 - 01	Ammerland 39 - 01	Amstetten 32 - 01
Kreisparteitag der NSDAP Saalkreis Ammendorf Metall oh. Abb. II	Kreistag Ammerland 3.4. Juni 1939 Metall III	Fahnenübergabe Sturm 1 / X Amstetten 26.6. 1932 Metall IV
Amstetten 39 - 01	Angerburg 00 - 01	Angerburg 37 - 01
1939 Kreistag der NSDAP Amstetten Metall IV	NSDAP Angerburg Metall IV	NSDAP DAF Angerburg Metall (wohl auf Bernstein) IV
Angermünde 37 - 01	Angermünde 39 - 01	Anglertag 33 - 01
Kreistag Angermünde 30. Mai 1937 Metall oh. Abb. III	Heimatfest 1939 Angermünde Holz II	Deutscher Anglertag 17.9. 1933 Metall III

Anglertag 34 - 01	Annaberg 31 - 01	Annaberg 33 - 01
Deutscher Anglertag 1934 Metall　　　　　　III	Annaberg S.S.O.S. 1921 - 1931 Stoff im Metallrahmen　　III	Annabergfeier 1933 Metall　　　　　　III
Annaberg 37 - 01	Annweiler 34 - 01	Ansbach 33 - 01
Gaugebietstagung 1937 Annaberg Erzgeb. Metall mit geflochtenem Band　III	1834 Singverein Annweiler 1934 Metall　　　oh. Abb.　II	Fränkisches Bauerntreffen Ansbach 7. Nov. 1933 Metall　　　　　　III
Ansbach 34 - 01	Ansbach 34 - 02	Ansbach 34 - 03
Ansbach Juni 1934 SA Sturmbann II / 19 Metall　　　oh. Abb.　II	1934 R.D.B. Beamtengautagung Ansbach Metall　　　　　　III	Banntreffen Hitler - Jugend 19. - 21. Mai 1934 Ansbach Metall　　　　　　III
Arbeit 00 - 01	Arbeit 00 - 02	Arbeit 00 - 03
Tag der Nationalen Arbeit 1. Mai Pappe　　　　　　II	Fest der Deutschen Arbeit Seidenbändchen　　　II	Tag der Deutschen Arbeit Metall　　　　　　II

Arbeit 00 - 04	Arbeit 00 - 05	Arbeit 33 - 01
1. Mai Tag der Nationalen Arbeit Metall — III	1. Mai Tag d. Arbeit u. Freude Metall — III	1. Mai 1933 Metall: a) golden b) silbern — III
Arbeit 33 - 02	Arbeit 33 - 03	Arbeit 33 - 04
Tag der nationalen Arbeit 1. Mai 1933 Metall — I	Tag der nationalen Arbeit 1. Mai 1933 Pappe — II	Tag der Deutschen Arbeit 1. Mai 1933 Metall — II
Arbeit 33 - 05	Arbeit 33 - 06	Arbeit 33 - 07
Tag der Deutschen Arbeit 1. Mai 1933 Metall — II	Tag der Arbeit 1. Mai 1933 Metall — II	Tag der nationalen Arbeit 1. Mai 1933 a) Papier b) Pappe c) Seidenband — II
Arbeit 33 - 08	Arbeit 33 - 09	Arbeit 33 - 10
Fest der Arbeit 1. Mai 1933 Metall — II	Es wird künftig nur noch einen Adel geben - Adel der Arbeit 1933 Metall — II	Tag der Deutschen Arbeit 1. Mai 1933 Metall — II

Arbeit 33 - 11	Arbeit 33 - 12	Arbeit 33 - 13
Tag der Deutschen Arbeit 1. Mai 1933 NSBO Metall II	Tag der Deuschen Arbeit 1. Mai 1933 Metall III	Tag der Deutschen Arbeit 1. Mai 1933 NSBO Metall III
Arbeit 33 - 14	Arbeit 33 - 15	Arbeit 33 - 16
Der Tag der Arbeit 1. Mai 1933 Metall III	Tag der Arbeit 1. Mai 1933 Metall III	Tag der deutschen Arbeit 1. Mai 1933 Metall III
Arbeit 33 - 17	Arbeit 33 - 18	Arbeit 33 - 19
Adolf Hitler Tag d. Arbeit 1.5. 1933 Metall IV	Tag der Deutschen Arbeit 1933 Papier unter Zelluloid im Metallrahmen III	Tag der Deutschen Arbeit 1. Mai 1933 NSBO Metall III
Arbeit 34 - 01	Arbeit 34 - 02	Arbeit 34 - 03
Tag der Arbeit 1934 Metall I	Tag der Arbeit 1. Mai 1934 Pappe rot-weiß II	1. Mai 1934 Seidenbändchen * II

Arbeit 35 - 01	Arbeit 35 - 02	Arbeit 36 - 01
Tag der Arbeit 1935 Metall — I	1. Mai 1935 Brasil Metall — V	Tag der Arbeit 1936 Metall — I

Arbeit 36 - 02	Arbeit 36 - 03	Arbeit 37 - 01
Ehrentag der Arbeit 1936 Metall — III	Tag der Arbeit Brasilien 1936 Metall — V	Tag der Arbeit 1937 Metall — I

Arbeit 37 - 02	Arbeit 37 - 03	Arbeit 37 - 04
1. Mai 1937 Tag der Arbeit Preßpappe — III	Tag der Arbeit der Deutschen in Brasilien 1937 Metall — V	50 Jahre Ramie 1887 1937 1. Mai 1937 Stoff im Metallrahmen — III

Arbeit 37 - 05	Arbeit 37 - 06	Arbeit 38 - 01
1. Mai 1937 Seidenbändchen — II	Betriebsfeier S. S. W. Trafo Tag der Arbeit 1937 Stoff im Metallrahmen — III	Tag der Arbeit 1938 a) Metall I b) Kunststoff III

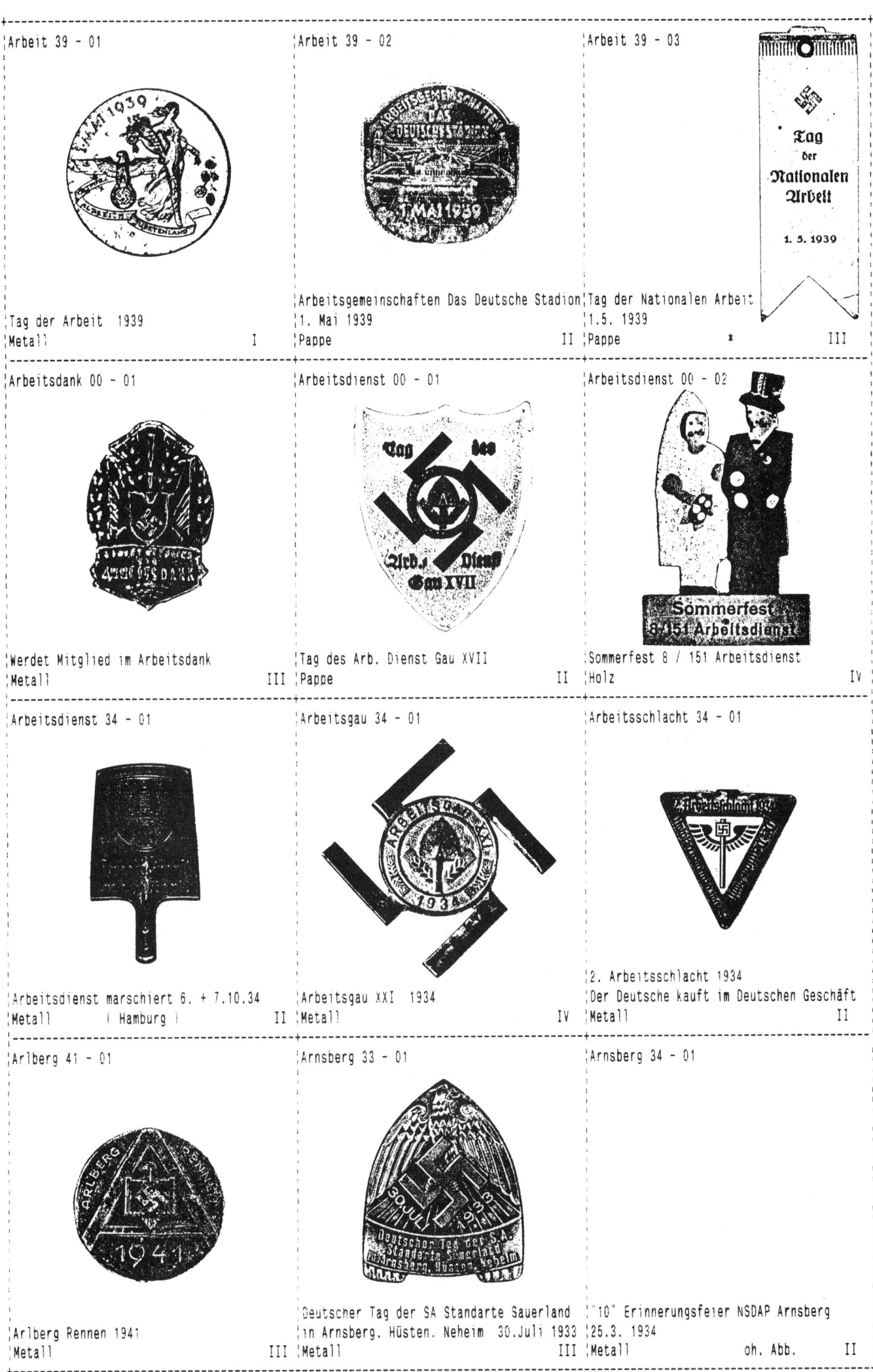

Arbeit 39 - 01	Arbeit 39 - 02	Arbeit 39 - 03
Tag der Arbeit 1939	Arbeitsgemeinschaften Das Deutsche Stadion 1. Mai 1939	Tag der Nationalen Arbeit 1.5. 1939
Metall I	Pappe II	Pappe * III

Arbeitsdank 00 - 01	Arbeitsdienst 00 - 01	Arbeitsdienst 00 - 02
Werdet Mitglied im Arbeitsdank	Tag des Arb. Dienst Gau XVII	Sommerfest 8 / 151 Arbeitsdienst
Metall III	Pappe II	Holz IV

Arbeitsdienst 34 - 01	Arbeitsgau 34 - 01	Arbeitsschlacht 34 - 01
Arbeitsdienst marschiert 6. + 7.10.34	Arbeitsgau XXI 1934	2. Arbeitsschlacht 1934 Der Deutsche kauft im Deutschen Geschäft
Metall (Hamburg) II	Metall IV	Metall II

Arlberg 41 - 01	Arnsberg 33 - 01	Arnsberg 34 - 01
Arlberg Rennen 1941	Deutscher Tag der SA Standarte Sauerland in Arnsberg. Hüsten. Neheim 30.Juli 1933	"10" Erinnerungsfeier NSDAP Arnsberg 25.3. 1934
Metall III	Metall III	Metall oh. Abb. II

Arnsberg 35 - 01	Arnsberg 37 - 01	Arnstadt 33 - 01
Deutschland erwacht Arnsberg 29.9.1935 Metall III	Kreistreffen 1937 Arnsberg i.W. Metall III	Deutsche Arbeitsfront NSBO Arnstadt Okt. 1933 Metall IV
Arnstadt 34 - 01	Arnswalde 34 - 01	Arsten 37 - 01
Deutsche Arbeitsfront 24.6. 1934 Kreis Arnstadt Metall III	Kubetag Kr. Arnswalde 1934 Pappe II	Erntedankfest in Arsten 1937 Pappe II
Asbach 39 - 01	Aschaffenburg 35 - 01	Aschaffenburg 38 - 01
Asbach Kreisabschnittstag 2 am 11. Juni 1939 Metall III	Aschaffenburg Haus der Hitlerjugend 13. 10. 35 Metall III	2. Mainfränk. Frontsoldaten u. Kriegsopf.- Ehrentag am 2. u. 3. Juli 1938 Aschaffenburg Metall II
Aschaffenburg 38 - 02	Aschaffenburg-Alzenau 37 - 01	Au 33 - 01
Kreistag 1938 Aschaffenburg Metall III	NSDAP Kreistag Aschaffenburg Alzenau 22. u. 23. 5. 1937 Metall III	Pfingsten 1933 Sturmbann- Aufmarsch u. Sommerfest in Au Pappe II

Aue 00 - 01	Aue 33 - 01 	Aue 33 - 02 
KdF Aue Stoff im Metallrahmen III	Sächs. Gärtnertag Aue 12.-20.8.1933 Stoff II *	Aue Kreiskongress N.S.D.A.P. 16./ 17. 9. 1933 Metall III
Aue 36 - 01	Auerbach 34 - 01 	Augsburg 00 - 01 
Parkfest Aue 1936 Stoff im Metallrahmen II	Freilicht - Festspiele - Fürstenlager Auerbach (Bergstrasse) 1934 Metall II	Generalappell der Augsburger Arbeitsfront Metall II
Augsburg 00 - 02 	Augsburg 30 - 01 	Augsburg 31 - 01 
NSDAP Die Fahne hoch Kreis Augsburg Land Metall III	1530 Augsburg 1930 Metall II	Verbandstag Augsburg 15.- 16.8.31 Metall II
Augsburg 32 - 01 	Augsburg 35 - 01 	Augsburg 37 - 01 
24. Juli 1932 Gautag Schwaben Augsburg Metall III	NSKK Standerweihe u. Vereidigung Augsburg Gilbhard 1935 Metall III	15 Jahre NSDAP Augsburg Nov. 1937 Efoplast III

Augustusburg 00 - 01	Aumund 36 - 01	Aurich 33 - 01
Sonnenwendfeier Augustusburg Kunststoff — III	Kreistreffen Osterholz 1936 in Aumund Metall — III	60 jähr. Bestehen des Krieger - Vereins Aurich 2. u. 3. 9. 1933 Pappe — II

Aurich 38 - 01	Aussig 00 - 01	Aussig 37 - 01
Kreistag NSDAP Aurich 11.- 12.6.38 Metall — III	RW I. Reichsaufmarsch Aussig 3.- 5. Juli Metall: a) golden b) silbern — II	Erziehungstagung Aussig 1937 Deutscher Turnverband Metall — II

Aussig 37 - 02	Aussig 37 - 03	Aussig 37 - 04
"9" 10. Verbandstag 5. u. 6. Juni 1937 Metall — III	Erntedank 1937 SdP Aussig Metall — II	Aussig 1937 1. Mai 1937 Metall — II

Aussig 38 - 01	Aussig 38 - 02	
6. - 7. VIII. 1938 Tag der Freiheit Aussig Bund Prol. Freidenker i.d. CSR Glas — II	SdP Erntedank Aussig 1938 Holz — II	

Ich glaub' ich seh' nicht recht!
Hamburg hat endlich ein neues Fachgeschäft für Sammler

WIR FÜHREN FÜR SIE STÄNDIG IM ANGEBOT:

▷ *Orden und Ehrenzeichen*

▷ *Ordensminiaturen und Kleinabzeichen*

▷ *Verleihungsurkunden, Ausweise und andere militärische Dokumente*

▷ *Uniformen und Uniformeffekten*

▷ *Pickelhauben, Helme, Mützen, Schiffchen*

▷ *Säbel, Dolche und andere Blankwaffen*

▷ *Koppelschlösser und Ausrüstungsgegenstände*

▷ *Postkarten, militärische Fotos + Fotoalben*

▷ *militärische Bücher, Hefte + Zeitschriften*

▷ *WHW-Spendenabzeichen*

▷ *Elastolin / Lineol und anderes Militärspielzeug*

▷ *militärische Antiquitäten aller Art*

▷ *sowie militärische Fachliteratur in großer Auswahl*

Ankauf · Verkauf · Tausch
Sie finden uns im Herzen von Hamburgs City, nur 5 min. vom Rathaus!

Helmut Weitze
Neuer Wall 18, 1. Stock
2000 Hamburg 36
Telefon: 040 / 35 27 61

Öffnungszeiten:
Mo. - Fr. 10.00 - 13.00 u. 14.00 - 18.00
Sa. 10.00 - 13.00
oder nach telefonischer Vereinbarung

Bitte abonnieren Sie auch unsere Versandlisten, 4 Stück p. a. = DM 8,–

Babenhausen 35 - 01	Bach 35 - 01	Bacharach 33 - 01
90 Jahre Liedertafel Babenhausen XI. Kreissängertag 1935 Metall oh. Abb. II	Reichs- Kantate- Feier im Bach- Händel- Schütz Jahr 1935 Metall II	Hitlerhöhe am Rhein b. Bacharach 12.- 13. 8. 1933 Metall III
Backnang 36 - 01	Baden 00 - 01	Baden 00 - 02
Deutsche Meisterschaft i. Rasenkraftsp. Backnang 19.- 20.9. 1936 Metall III	KdF Gau Baden Metall II	Kraft durch Freude Gau Baden Ton IV
Baden 00 - 03	Baden 33 - 01	Baden 35 - 01
N.S.Gem. Kraft d. Freude Gau Baden Schwarzwald Metall III	Badischer Jugendtag 1933 Metall II	NSDAP Gau Baden 10 Jahre Kampf März 1925 März 1935 Metall III
Baden 35 - 02	Baden 36 - 01	Baden-Baden 33 - 01
N.S. Gemeinschaft Kraft durch Freude ! Gau Baden 1935 Metall II	Vaterländische Front Fahnenweihe Freiheitsbund Baden 4. Okt. 1936 Metall III	Badisch- Württebg. SA Treffen Ostern 1933 Baden-Baden Metall oh. Abb. III

Baden-Baden 34 - 01	Baden-Baden 35 - 01	Badnertag 34 - 01
109er Tag Baden-Baden 7.- 8. Juli 1934 Metall III	Kinder-Frühlingsfest Baden-Baden 1935 Strih Strah Stroh Pappe II	Badner- Tag 1934 Metall II
Bamberg 33 - 01	Bärenkeller 36 - 01	Barmstedt 34 - 01
Flugtag SA Bamberg 1933 Metall V	Siedler Volksfest Bärenkeller 1936 Preßpappe (bei Augsburg) III	SA Sportfest der Standarte 265 Barmstedt 2. - 3. 6. 1934 Metall III
Barmstedt 39 - 01	Bartelsdorf 36 - 01	Bartenstein 34 - 01
Schleswig - Holstein - Tag 1864 1939 am 10. u. 11. 6. 1939 in Barmstedt Metall III	Gemeinde = Turnhallen und Fahnenweihe des Stützpunktes Bartelsdorf 29.11.1936 Pappe II	kreiskongress Bartenstein 1934 Metall IV
Bassum 34 - 01	Bassum 37 - 01	Bautsch 35 - 01
SA Sturmfahnenweihe 5 / 213 Bassum 1. Juli 1934 Metall III	kreistag Grafschaft Hoya 29./ 30. Mai 1937 Bassum Metall III	Wiedersehensfest Bautsch 1.- 15. 8. 1935 Metall II

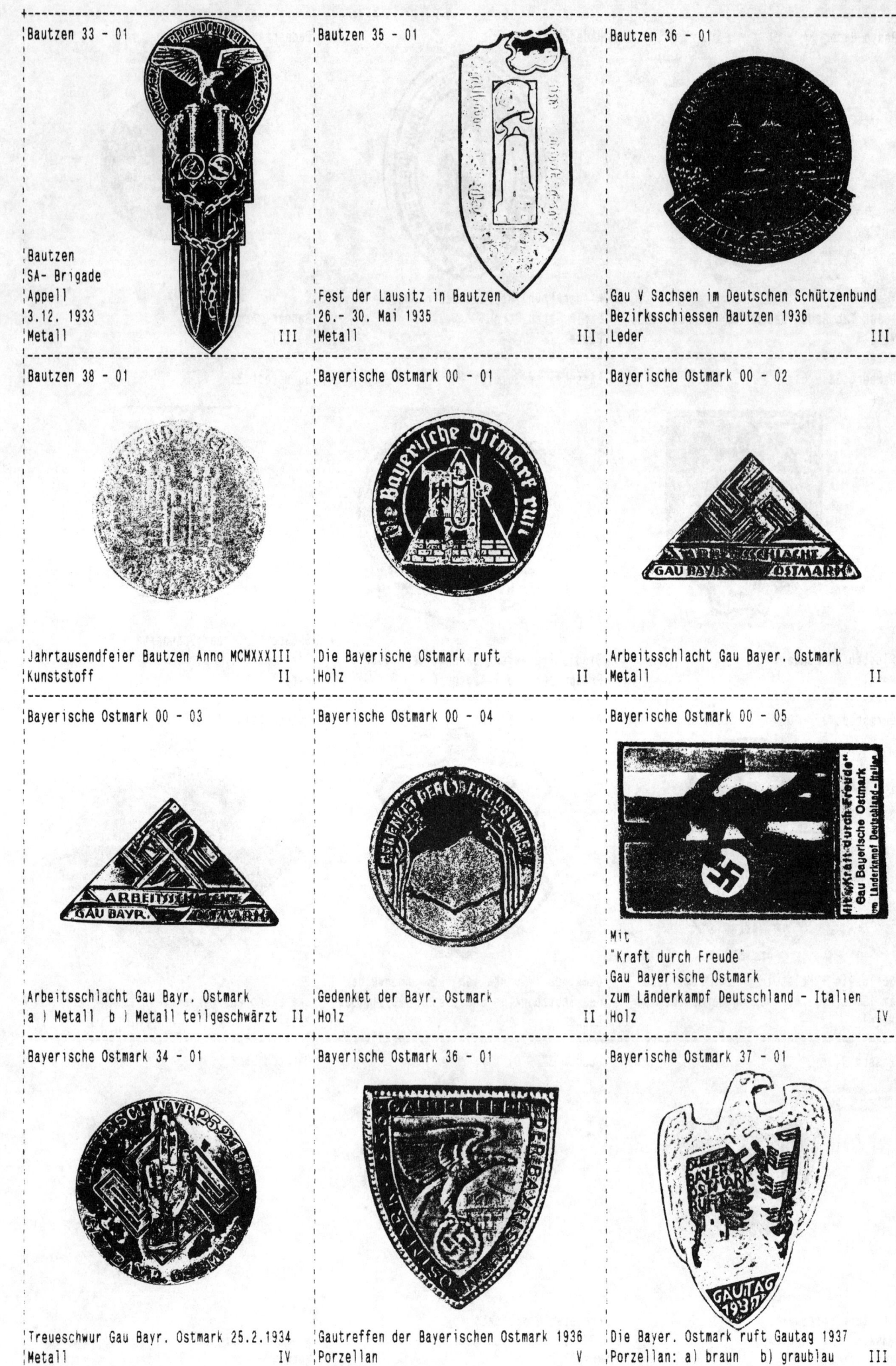

Bautzen 33 - 01	Bautzen 35 - 01	Bautzen 36 - 01
Bautzen SA- Brigade Appell 3.12.1933 Metall — III	Fest der Lausitz in Bautzen 26.- 30. Mai 1935 Metall — III	Gau V Sachsen im Deutschen Schützenbund Bezirksschiessen Bautzen 1936 Leder — III
Bautzen 38 - 01	Bayerische Ostmark 00 - 01	Bayerische Ostmark 00 - 02
Jahrtausendfeier Bautzen Anno MCMXXXIII Kunststoff — II	Die Bayerische Ostmark ruft Holz — II	Arbeitsschlacht Gau Bayer. Ostmark Metall — II
Bayerische Ostmark 00 - 03	Bayerische Ostmark 00 - 04	Bayerische Ostmark 00 - 05
Arbeitsschlacht Gau Bayr. Ostmark a) Metall b) Metall teilgeschwärzt — II	Gedenket der Bayr. Ostmark Holz — II	Mit "Kraft durch Freude" Gau Bayerische Ostmark zum Länderkampf Deutschland - Italien Holz — IV
Bayerische Ostmark 34 - 01	Bayerische Ostmark 36 - 01	Bayerische Ostmark 37 - 01
Treueschwur Gau Bayr. Ostmark 25.2.1934 Metall — IV	Gautreffen der Bayerischen Ostmark 1936 Porzellan — V	Die Bayer. Ostmark ruft Gautag 1937 Porzellan: a) braun b) graublau — III

Bayerische Ostmark 37 - 02  SA- Gruppe Bay. Ostmark 1937 Porzellan V	Bayerische Ostmark 37 - 03  Sport u. Wehrwettkämpfe SA- Gruppe Bay. Ostmark 1937 Porzellan IV	Bayerische Ostmark 38 - 01  Sport- u. Wehrwettkämpfe SA- Gruppe Bayer. Ostmark 1938 a) Leichtmetall b) schwere Form III
Bayerische Ostmark 39 - 01 Sport- u. Wehrwettkämpfe SA- Gruppe Bayer. Ostmark 1939 Porzellan IV	Bayerische Ostmark 40 - 01 Landesbauernschaft Bayer. Ostmark Kriegs- Ernte- Dank 1940 Metall X	Bayern 31 - 01 18. Bayr. Inf. Regt. 1881 - 1931 Metall III
Bayern 32 - 01 Wiedersehensfeier u. Denkmalsweihe 1932 ehem. Bayr. 22. Inf. Regt. Metall oh. Abb. II	Bayern 33 - 01  Tag der Jugend in Bayern Metall II	Bayern 34 - 01  1934 Rhein Moselfahrt N.S.G. Kraft d. Freude Gau Bayern 15.- 22. Juli Metall III
Bayern 34 - 02  Rügen-Fahrt 1934 NSG Kraft d. Freude Bayern Metall III	Bayern 37 - 01  70. Infanterie Rgt. Ehem. 23. Bayr. Rgt. Traditionsfeier 3.4.5. Juli 1937 Metall II	Bayreuth 30 - 01  Gauparteitag Oberfranken Mai 1930 Bayreuth Metall IV

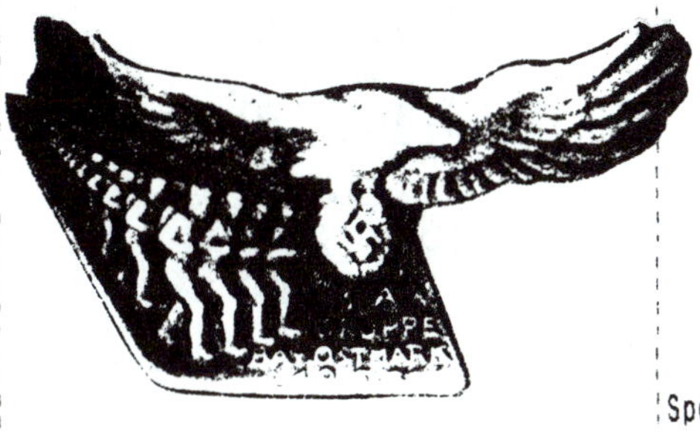

Bayreuth 32 - 01	Bayreuth 33 - 01	Bayreuth 36 - 01
Gautag Oberfranken Bayreuth Juli 1932 Der Main bleibt deutsch Großdeutschland erwacht! Metall — III	N.S. Flugtag Bayreuth Wagnerfestspiele 1933 Metall — V	Bayreuth 1936 Porzellan — V
Bayreuth 37 - 01	BDM 35 - 01	BDM 36 - 01
4. Reichstrachtentreffen Bayreuth 28.- 31.5. 1937 Porzellan — V	BDM Sommerlager Obergau 13 1935 Metall — III	BDM Sommerlager Obergau 13 1936 Metall — III
Bederkesa 34 - 01	Beelitz 00 - 01	Beetzendorf 36 - 01
SA Sportfest der Standarte 6 Pfingsten 1934 Bederkesa Metall — III	Zur Erinnerung an das Beelitzer Spargelfest Metall — II	40 jähr. Stiftungsfest der Freiw. Feuerwehr Beetzendorf 25. X. 1936 Pappe — III
Beilngries 36 - 01	Benneckenstein 38 - 01	Bensen 35 - 01
75 Jahre M.G.V. Beilngries 1936 Metall — II	1. Mai 1938 Benneckenstein Pappe — III	10 Jahre Deutscher Böhmerwaldbund Bensen 1925 - 1935 Holz — II

Berchtesgaden 32 - 01  Grossdeutscher Tag unter Adolf Hitler in Berchtesgaden 10.VII. 1932 Metall IV	Berchtesgaden 33 - 01  N.S.B.O. Kreistagung Berchtesgaden August 1933 Metall III	Berchtesgaden 34 - 01 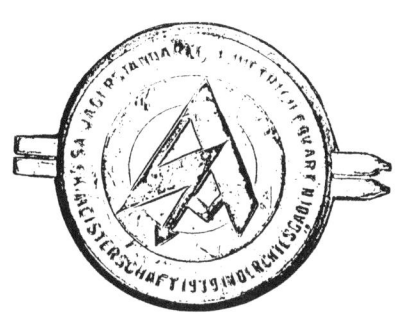 Deutsche und Heeres- Skimeisterschaften Berchtesgaden 7.- 12. Feb. 1939 SA u. SS Ski- Meisterschaften Metall / emailliert X
Berchtesgaden 34 - 02  Deutsche und Heeres- Skimeisterschaften Berchtesgaden 7.- 12. Feb. 1934 SA u. SS Ski- Meisterschaften Metall / emailliert X	Berchtesgaden 39 - 01 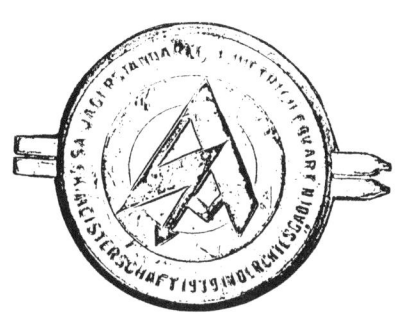 SA - Jägerstandarte 3 "Dietrich Eckart" Skimeisterschaft 1939 in Berchtesgaden Metall III	Berg.- Land 38 - 01  Kreistag d. NSDAP Berg.- Land 1938 Kunststoff III
Bergedorf 36 - 01  Bergedorfer Heimatwoche 1936 Metall II	Bergedorf 36 - 02  Niederdeutsche Tagung in Bergedorf 25. - 27. September 1936 Metall II	Bergedorf 37 - 01  Niederdeutsche Tagung 1937 Bergedorfer Heimatwoche Metall II
Bergedorf 38 - 01  Bergedorfer Heimatwoche 1938 Metall	Bergedorf 39 - 01  Bergedorfer Heimatwoche 1939 Metall II	Bergen 00 - 01  Thing - Stätte Bergen Rügen Metall II

Bergen 34 - 01	Bergheim 39 - 01 	Bergisch Gladbach 33 - 01 
Tag der Opfer der Arbeit Einweihung Erholungsheim Bergen 16.9.34 Metall III	Kreistag Bergheim 14. Mai 1939 Kunststoff III	Landratsamt Braune Woche B.- Gladbach Okt. 33 Metall III
Bergkamen 37 - 01 	Bergreichenstein 31 - 01 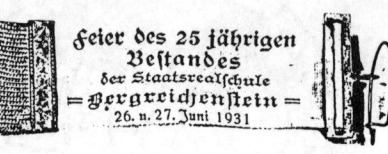	Bergzabern 37 - 01 
Hellweg-Fest der Leibesübungen Gau IX 26.- 27. 6. 37 Bergkamen Seidenbändchen x II	Feier des 25 jährigen Bestandes der Staatsrealschule Bergreichenstein 26. u. 27. Juni 1931 Seidenbändchen II	10 Jahre NSDAP Ortsgr. Bergzabern 1937 Metall III
Berlin 00 - 01 	Berlin 00 - 02	Berlin 00 - 03 
Gebt mir 4 Jahre Zeit Berlin Metall III	13. R.F.S.T. Berlin Metall III	NSG Kraft durch Freude Gau Gross-Berlin Leder III
Berlin 00 - 05	Berlin 00 - 06 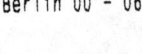	Berlin 00 - 07 
Gau Berlin Leistungsschau Kreis V Kunststoff oh. Abb. II	Gau Berlin an den Bodensee Holz V	KDF Gau Berlin nach Oberbayern Holz V

Berlin 00 - 20	Berlin 29 - 01 	Berlin 30 - 01 
Gau Berlin in die Berge Holz V	"Young" Nationalsozialistische Woche Berlin 1929 Metall V	9. Dragoner Tag Berlin 22.II. 1930 Hellblau - Hoch Verein ehem. 1. Garde Dragoner Stoff im Metallrahmen III
Berlin 31 - 01 	Berlin 31 - 02	Berlin 33 - 01 
Luftschiffer- Denkmalsweihe Berlin 10.5.31 Metall IV	Spartakiade Juli 1931 Berlin RSI Rote Sportlerinternationale Stoff im Metallrahmen III	SA- Treffen Berlin 5.6. Aug. 1933 Metall IV
Berlin 33 - 02 	Berlin 33 - 03 	Berlin 34 - 01 
Deutsche Heimat in Volkstracht und Tanz Erinnerung a. d. Gr. Trachtenfest am 19. März 1933 in Berlin Metall II	Länderkampf Deutschland Frankreich Berlin 1933 Metall IV	Funktagung Berlin 1934 Holz II
Berlin 34 - 02 	Berlin 34 - 03 	Berlin 34 - 04
Grosse Deutsche Funkausstellung Berlin 17.- 26. Aug. 1934 Metall II	1. Flieger - Treffen Berlin 1934 Metall IV	Internationaler Kongress Berlin 1934 Metall III

Berlin 34 - 05	Berlin 34 - 06	Berlin 34 - 07
Regimentsappell Berlin 1.- 2.9. 1934 Metall II	Deutscher Wirtschaft festes Bollwerk Grundsteinlegung zum Reichsbank - Neubau Berlin, 5. Mai 1934 Metall IV	32. Katholikentag im Bistum Berlin 24.6. 1934 Metall II
Berlin 35 - 01	Berlin 35 - 02	Berlin 35 - 03
Rundfunktagung RDR Berlin 1935 Holz II	2. Garde Dragoner Rgt. Jubiläumsfeier 4. - 6. Mai Berlin 1860 1935 Stoff im Metallrahmen III	Heimat- und Trachtenfest in Berlin - Steglitz - Lichterfelde - Lankwitz - Südende vom 29. Mai bis 4. Juni 1935 Seidenbändchen * II
Berlin 35 - 04	 Berlin 35 - 05	Berlin 35 - 06
I K Berlin 1935 (Internat. Filmkong.) Metall II	Neubau R.L.M. Berlin Richtfest am 12. Okt. 1935 Metall V	Kraft d. Freude Württ. Hohenz. in Berlin 1935 Metall III
Berlin 35 - 07	Berlin 35 - 08	Berlin 35 - 09
Frontsoldaten u. Kriegsopfer Ehrentag 26. Mai 1935 Berlin-Süd Metall III	Heimat- und Trachtenfest in Berlin - Steglitz - Lichterfelde - Lankwitz - Südende vom 29. Mai - 4. Juni 1935 Papier II	1860 1935 Jubiläumsfeier 4.- 6. Mai Berlin Königin Elisabeth G.Gr. RGT. 3. Stoff im Metallrahmen III

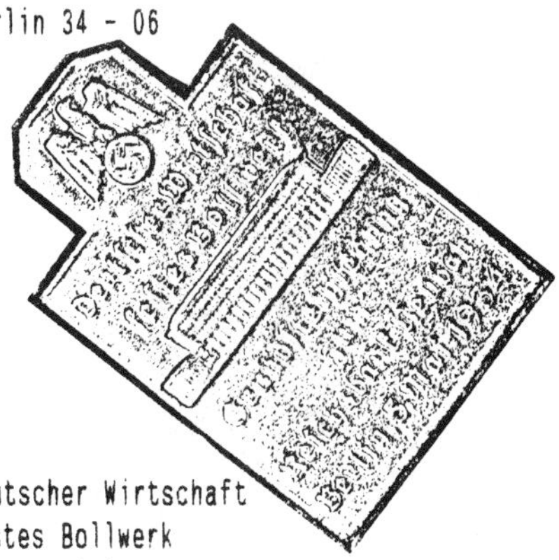

Berlin 36 - 01	Berlin 36 - 02	Berlin 36 - 03
1936 XI. Olympiade Berlin Metall / emailliert — III	Olympia Berlin 1936 Stoff im Metallrahmen — IV	Berlin 1936 Metall — V
Berlin 36 - 04	**Berlin 36 - 05**	**Berlin 36 - 06**
XI. Olympiade Berlin 1936 Metall / emailliert — X	Confederation Internationale des Societes d' Auteurs et Compositeurs XI. Kongress Berlin 1936 Leder — III	10 Jahre Gau Berlin 1926 - 1936 Metall — III
Berlin 36 - 07	**Berlin 36 - 08**	**Berlin 36 - 09**
1836 1936 4. F-Z Tag Berlin 1936 Stoff im Metallrahmen — III	SK Planina Ljubljana Berlin 1936 Metall mit Stoff — V	1. Dampferfahrt der Telefunken G.m.b.H. Berlin 22. 8. 36 Werder Pappe — II
Berlin 36 - 10	**Berlin 36 - 11**	**Berlin 36 - 12**
Reichsverkehrsgruppe Kraftfahrgewerbe Erste Reichstagung Berlin 1936 Metall — X	Kanu Zeltlager Berlin Olympische Spiele 1936 Metall — III	Reichstreffen Fußart. 11 Berlin 1936 Seidenbändchen — II

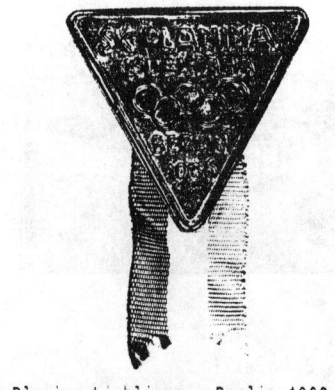

Berlin 36 - 13  5. Weltkeglerturnier Berlin Juli 1936 Metall V	Berlin 37 - 01 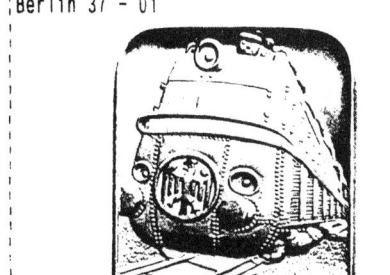 Reichsbahn - Sporttagung Berlin 1926 1937 Metall III	Berlin 37 - 02  Mit KdF zur Rundfunkausstellung 1937 Berlin Metall III
Berlin 37 - 03  Reichstreffen der NSKOV Berlin 1. Aug. 1937 Metall III	Berlin 37 - 04  Mit "k.d.F." Gau Sachsen zur Automobil-Ausstellung 1937 Berlin Holz V	Berlin 37 - 05  Betriebsfeier Tag der Arbeit 1937 1937 Berliner Druck- u. Zeitungsbetriebe A.-G. Stoff im Metallrahmen III
Berlin 37 - 06  RSL Reichsverkehrsgruppe Spedition und Lagerei Reichstagung Berlin 1937 Metall emailliert und Stoff X	Berlin 38 - 01  NSFK Reichsflugwettbewerb 1938 Bodenleitstelle Berlin Metall / emailliert X	Berlin 38 - 02  Mit KdF zur Funkausstellung Berlin 1938 Metall III
Berlin 38 - 03  Mit kdF zur Int. Handwerksausstellung Berlin 1938 Metall II	Berlin 38 - 04  Mit kdF zur Int. Autoausstellung Berlin 1938 Metall III	Berlin 38 - 05  Wer Musik liebt wählt Mende Funkausstellung Berlin 1938 kunststoff III

Berlin 38 - 06  12. Internationaler Gartenbau Kongress Berlin 1938 (Text Rückseitig) Porzellan im Metallrahmen V	Berlin 38 - 07  Internationale Handwerks Ausstellung Berlin 1938 Seidenbändchen * III	Berlin 38 - 08  Internationale Handwerks - Ausstellung Berlin 1938 Metall / emailliert V
Berlin 38 - 09  Internationale Automobil u. Motorrad - Ausstellung Berlin 1938 Metall / emailliert X	Berlin 38 - 10 Internationaler Prüfungs- und Treuhand Kongress Berlin 1938 Metall / emailliert V	Berlin 38 - 11  Zellcheming Berlin 1938 Metall III
Berlin 39 - 01  Reichstagung Deutscher Forstverein Berlin 1939 Metall II	Berlin 39 - 02  Sport und Mikrofon 16. Grosse Deutsche Rundfunk- und Fernseh- Rundfunk - Ausstellung Berlin 1939 Metall III	Berlin 39 - 03  Mit KdF zur Int. Autoausstellung Berlin 1939 Kunststoff in verschiedenen Farben V
Berlin 39 - 04  Weltmeisterschaft Berlin 1939 Metall / emailliert X	Berlin-Brandenburg 38 - 01  SA Gruppe Berlin Brandenburg Gruppenwettkämpfe 18/19 Juni 1938 Metall III	Berlin-Brandenburg 39 - 01  Wehrsportwettkämpfe 1939 SA- Gruppe Berlin - Brandenburg Metall III

Berlin-Steglitz 37 - 01	Berlin-Tempelhof 36 - 01	Berlin-Zehlendorf 35 - 01
50 Jahre Sanitätskolonne Berlin-Steglitz 1887 - 1937 Stoff im Metallrahmen IV	Winzerfest 1936 Bahnhofs Restaurant Tempelhof Berliner Str. 40 b Weinwoche Pappe I	Volks- und Sportwoche 19.- 26. Mai 1935 Berlin - Zehlendorf Seidenbändchen * II
Bernau 37 - 01	Bernburg 33 - 01	Bernburg 38 - 01
Niederbarnimer Kreistag d. NSDAP Bernau 10.- 11. Juli 1937 Metall III	1. Anhaltisches Hitlerjugend Treffen Bernburg 15. 10. 33 Metall III	Tag der NSDAP Kreis Bernburg 19.9. 1938 Kunststoff III
Bernburg 38 - 02	Beuel 36 - 01	Beuthen 33 - 01
800 Jahrfeier Bernburg 1138 1938 Metall III	"25" Garde - Kameradschaft Beuel u. Umg. 11.10.1936 Metall II	8 Jahre Untergau Oberschlesien 1925 1933 8./9. Juli Beuthen O/S Stoff im Metallrahmen IV
Beuthen 35 - 01	Bielefeld 30 - 01	Bielefeld 33 - 01
NSKOV - Tag Beuthen O/S 11. Aug. 1935 Metall IV	Bielefeld 1930 (Jungdeutscher Orden) Metall III	Horst Wessel- Tag Bielefeld 1933 Metall III

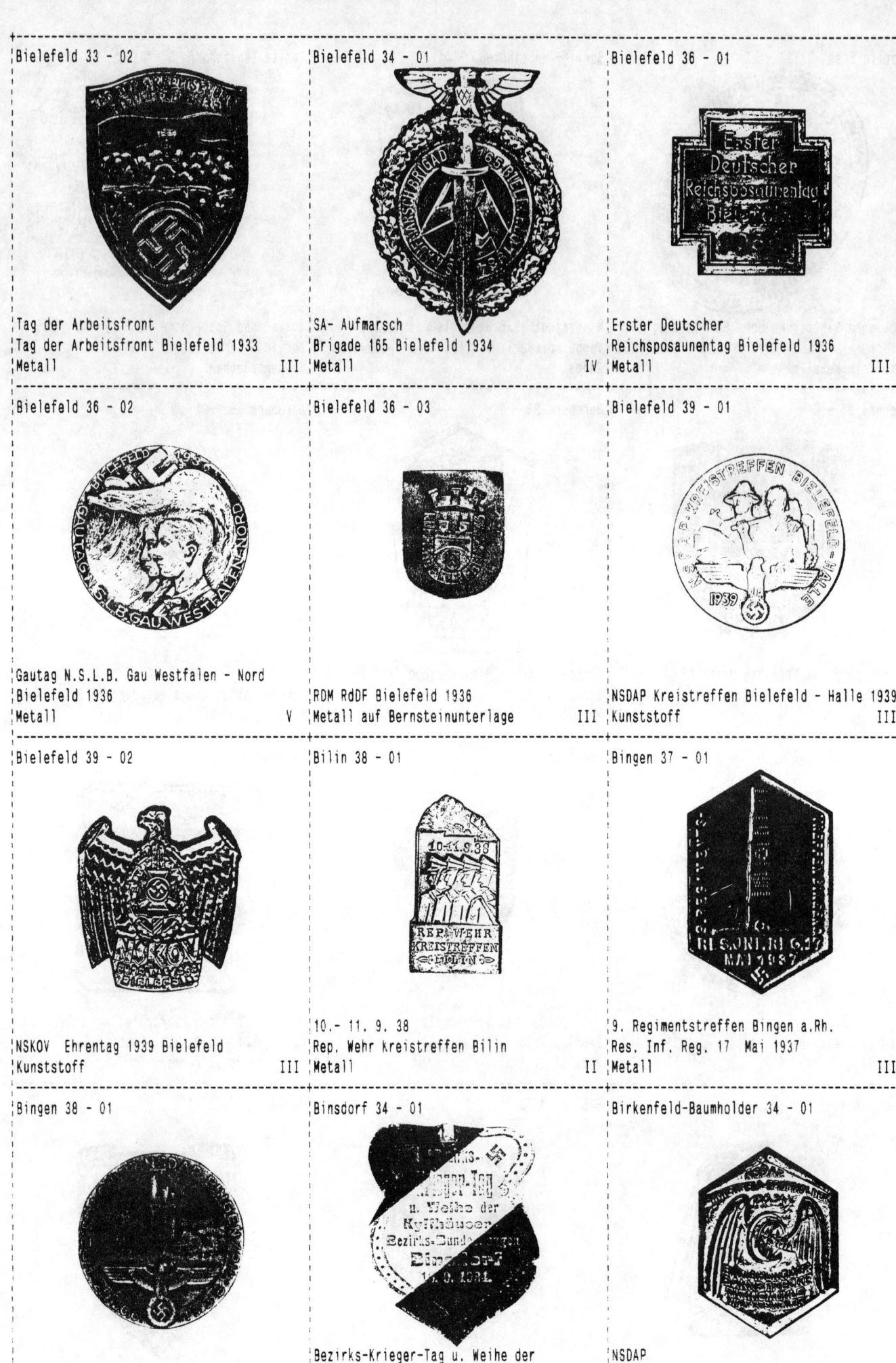

Bielefeld 33 - 02	Bielefeld 34 - 01	Bielefeld 36 - 01
Tag der Arbeitsfront Tag der Arbeitsfront Bielefeld 1933 Metall — III	SA- Aufmarsch Brigade 165 Bielefeld 1934 Metall — IV	Erster Deutscher Reichsposaunentag Bielefeld 1936 Metall — III
Bielefeld 36 - 02	Bielefeld 36 - 03	Bielefeld 39 - 01
Gautag N.S.L.B. Gau Westfalen - Nord Bielefeld 1936 Metall — V	RDM RdDF Bielefeld 1936 Metall auf Bernsteinunterlage — III	NSDAP Kreistreffen Bielefeld - Halle 1939 Kunststoff — III
Bielefeld 39 - 02	Bilin 38 - 01	Bingen 37 - 01
NSKOV Ehrentag 1939 Bielefeld Kunststoff — III	10.- 11. 9. 38 Rep. Wehr kreistreffen Bilin Metall — II	9. Regimentstreffen Bingen a.Rh. Res. Inf. Reg. 17 Mai 1937 Metall — III
Bingen 38 - 01	Binsdorf 34 - 01	Birkenfeld-Baumholder 34 - 01
Kreistag der NSDAP Bingen / Rh. 25./ 26. 6. 1938 Kunststoff — III	Bezirks-Krieger-Tag u. Weihe der Kyffhäuser Bezirks-Bundesflaggen Binsdorf 16.9. 1934 Pappe — II	NSDAP Birkenfeld-Baumholder 13. 5. 34 Einweihung der Bahnstrecke Türkismühle Wolfersweiler Metall — IV

Birkenfeld-Baumholder 37 - 01  Kreistag Birkenfeld Baumholder 26. Sept. 1937 Metall II	Bischofstein 35 - 01  1935 Deutscher Tag Bischofstein Ostpr. Metall IV	Bischofswerda 37 - 01  25 Jahre Seminar und Deutsche Oberschule Bischofswerda 19.- 20. Juni 1937 Seidenbändchen * II
Bitterfeld 39 - 01  Kreisappell Bitterfeld 1939 Metall III	Blankenburg 33 - 01  NSKK Zielfahrt und Motorsporttag Blankenburg Juli 1933 Metall III	Blankenburg 36 - 01  Kreistreffen 1936 Blankenburg Harz Metall III
Blankenburg 39 - 01  Kreistag Blankenburg / Harz 19./ 21. Mai 1939 Kunststoff IV	Blankenburg, Bad 35 - 01  Thüringer Eisenbahnertreffen Bad Blankenburg (Thür.) 29.9. 1935 Porzellan X	Blankenhain 35 - 01  Deutsche Stenografenschaft Kreisgebietstag Blankenhain i. Thür. 5. Mai 1935 Pappe II
Bleckede 35 - 01 Kreisparteitreffen der NSDAP Bleckede 7.4. 1935 Metall III	Bleckede 38 - 01 Treffen des Kreises Lüneburg in Bleckede 11.- 12. Juni 1938 Metall III	Bleicherode 31 - 01 X. Kyffh. Bundesschiessen 1756 - 1931 Schützenkomp. Bleicherode Stoff im Metallrahmen III

Bludenz 43 - 01	Bludenz 43 - 02	Blumenthal 33 - 01
Kreisschiessen Bludenz 1943 Metall (golden mit Eichenlaub) V	Kreisschiessen Bludenz 1943 Metall V	1. Kreisparteitag Osterholz i. Blumenthal 20.8.33 Metall III
Blumenthal 34 - 01	Blumenthal 36 - 01	Bocholt 36 - 01
23. Gebietsturnfest am 16. u. 17. Juni 1934 Blumenthal Pappe II	Feuerwehr - Bezirks - Führertagung i. Blumenthal Metall IV	NSDAP Kreistreffen Borken-Bocholt am 16.- 17. Mai 1936 Bocholt Metall III
Bochum 33 - 01	Bochum 34 - 01	Bochum 35 - 01
1483 10. Nov. 1933 Luthertag Bochum Metall III	NSKOV Treffen Bochum 1. Juli 1934 Metall III	Gautag der NSDAP Westfalen Süd Bochum 5.- 7.7. 1935 Metall III
Bochum 35 - 02	Bochum 35 - 03	Bochum 38 - 01
Ehrenmalweihe u. 75. Gründungsfeier I.R. 67 Bochum 18. Aug. 1935 Metall: a) bronze b) silber III	64. Führertag Landesverband Westfalen Kyffhäuser Bochum 1.- 2. 6. 1935 Metall III	Gautag 10 Jahre Westfalen Süd 27.- 29.5.38 Bochum Metall III

Bochum 38 - 02	Bochum 39 - 01	Bockenheim 41 - 01
Gau Verbandstag Westfalen Süd 18.19.und 20.6. 1938 Bochum (Stenographen) Metall III	NSDAP Kreistag Bochum 5.6. u. 7. Mai 1939 Metall III	Bockenheim 1941 Metall / emailliert IV
Bockhorn 34 - 01	Bodenbach 00 - 01	Bodenbach 36 - 01
1. Stammtreffen des Stammes Friesische Wehde IV / 2 / 59 Juni 1934 Bockhorn Pappe: a) rot b) weiß II	Antifasch. Jug. u. Arb.- Tag Bodenbach 26.- 27 Aug. Metall III	Gauturnfest Bodenbach 4.- 5. Juli 1936 Pappe: a) violett b) grün II
Bodenbach 36 - 02	Bodenbach 36 - 03	Bodenwerder 37 - 01
SJ 1936 Bodenbach Metall II	Böhmerwälder Heimatfest Bodenbach Juni 1936 Holz II	650 Jahrfeier der Münchhausenstadt Bodenwerder 18.- 25. Juli 1937 Metall II
Böhmisch Leipa 33 - 01	Boizenburg 30 - 01	Boizenburg 35 - 01
14. Hauptversammlung D.K.V. B. Leipa 1933 Metall II	Kreis Hagenow Kreistag Boizenburg / E. 20./ 21. Sept. 30 Metall III	Kreisparteitag Boizenburg 26./ 27. Januar 1935 Metall IV

Bonn 33 - 01 Rheinisch- Westfälischer Marinetag Bonn 1933 Metall IV	Bonn 35 - 01 Dehm op! 1.- 3. Juni 35 Bonn Stoff im Metallrahmen III	Bonn 36 - 01 50 Jahre Bonner Garde Kameradschaft 1886 1936 Stoff im Metallrahmen III
Bonn 37 - 01 Kreistag NSDAP Bonn 1937 Keramik V	Bonn 37 - 02 Kreistag NSDAP Bonn 1937 Keramik V	Bonn 37 - 03 Kreistag NSDAP Bonn 1937 Keramik V
Bonn 39 - 01 NSDAP Kreistag 1939 Bonn 1939 Material ? oh. Abb. III	Bonn 39 - 02 Kreistag Bonn 1939 Keramik V	Bonn-Hangelar 30 - 01 Erinnerung an die erste Landung des "Graf Zeppelin" Bonn-Hangelar 1930 Metall V
Borna 34 - 01 Deutsche Steno- Grafenschaft Kreis Leipzig Frühjahrstagung Borna d. 9. u. 10. 5. 1934 Metall III	Bornheim 35 - 01 Turngem. Bornheim 75 Jähr. Jubil. 29./ 30. 6. 1935 Stoff im Metallrahmen II	Bottrop 34 - 01 NSKOV Bezirkstreffen Münster-Gelsenkirchen in Bottrop 1. Juli 1934 Metall III

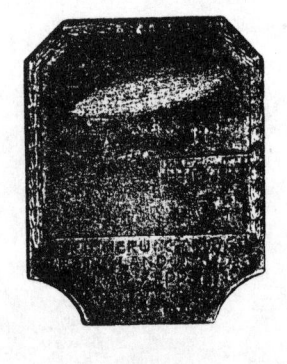

Bottrop 36 - 01 Landesverband Westfalen Deutsch. Reichs- kriegerbund (Kyffhäuserbund E.V.) 65. Führertag 13.- 15. 6. 1936 Bottrop Metall — III	**Boxen 38 - 01** Boxen Deutschland - England 2. 7. 38 Metall — IV	**Brandenburg 32 - 01** Hitlertag Brandenburg 27. Juli 1932 Metall — III
Brandenburg 33 - 01 Brandenburg 1933 Metall — III	**Brandenburg 37 - 01** I. Brandenburgisches Turn - und Sportfest Gau III DRL 1937 Metall — III	**Brandenburg 39 - 01** Fest der Freude Brandenburg 1939 Seidenbändchen — * — II
Brandis 33 - 01 NSDAP. Brandis Sommer - Sonnenwendfeier - 1933 Metall — III	**Braunau 32 - 01** Grenzlandtreffen in Braunau a / I. Joh. Phil. Palm Okt. 1932 Metall — III	**Braunau 32 - 02** SAJ SDAP Braunau August 1932 Metall — II
Braunau 33 - 01 Heim ins Reich 4. Gauturnfest Braunau a. Inn 17. 18. Juni 1933 1873 1933 Metall — III	**Braunau 34 - 01** Opfer- u. Gedenktag Braunau 1934 Metall — III	**Braunau 36 - 01** BdD Heimat- und Erntefest Braunau 29.u.30. 8. 1936 Metall — II

Braunau 36 - 02 SdP Treue Braunau 27. 9. 1936 Metall II	Braune Messe 00 - 01 Institut für Deutsche Wirtschafts- propaganda e.V. Braune Messe Metall: Höhe: a) 50 mm b) 55 mm III	Braune Messe 33 - 01 Braune Messe schafft Arbeit 1933 Bakelite IV
Braune Messe 34 - 01 Schwimmende Braune Messe am Rhein 1934 Metall: a) Kupfer b) Messing III	Braunlage 37 - 01 50 Jahre Harzklub- Zweigver. Braunlage 1887 - 1937 Metall II	Braunlage-Schierke 34 - 01 Deutsche Winterkampfspiele 1934 Braunlage - Schierke Metall / emailliert X
Braunschweig 31 - 01 S - A Treffen Braunschweig 17./ 18. Oktober 1931 Metall: Prägevarianten X	Braunschweig 31 - 02 a S - A Treffen Braunschweig 17./ 18. Oktober 1931 Metall: silbern a) hohl b) massiv X	Braunschweig 31 - 02 b S - A Treffen Braunschweig 17./ 18. Oktober 1931 Metall: bronziert (f. Ortsansässige ?) X
Braunschweig 31 - 03 Abgeordnetentagung des Deutschen Artillerie Verb. 1931 u. Feier des 40 J. Besteh. D.V. Ehem. Art. Braunschweig 3.- 6. Juli Metall III	Braunschweig 32 - 01 Not bricht Eisen 1931 . 1932 Braunschweigische Notgemeinschaft Metall II	Braunschweig 32 - 02 N.S. Flugtag 1932 Braunschweig Metall V

Braunschweig 32 - 03	Braunschweig 33 - 01	Braunschweig 33 - 02
Reichstagswahl 6. Nov. 1932 Braunschweig Metall IV	Beamtenkundgebung Braunschweig 16. Dezember 1933 Metall III	T.d.D.H. Braunschweig 18.- 19. Nov. 1933 Metall: a) Weißblech III b) emailliert V
Braunschweig 34 - 01	Braunschweig 34 - 02	Braunschweig 34 - 03
Niedersachsen Tag Braunschweig 23./ 24. VI. 1934 Metall / III	125 Jahrfeier Braunschw. Inf. Regt. 92 1934 Metall III	Landesgruppenfest der Kleingärtner und Kleinsiedler 29. Juli 1934 Ldsgr. Brswg. Pappe II
Braunschweig 34 - 04	Braunschweig 36 - 01	Braunschweig 36 - 02
Landesbauerntag Braunschweig 30.6.34 Metall III	Wettkampftage der SA Gruppe Niedersachsen 26.- 27.9. 1936 Braunschweig Metall III	Niedersächsischer Soldatentag Braunschweig 11. 10. 1936 Metall III
Braunschweig 37 - 01	Braunschweig 37 - 02	Braunschweig 37 - 03
Braunschweiger Heimatfest 1937 Kunststoff II	Kreistag Braunschweig - Stadt 16. - 24. Oktober 1937 Metall III	NSDAP Kreistag 3.- 4. Juli 1937 Kreisleitung Braunschweig - Land Metall III

Braunschweig 39 - 01	Braunschweig 39 - 02	Bräunsdorf 32 - 01
Kreistag Braunschweig - Stadt 1939 Kunststoff III	Polizeisportfest Braunschweig Gautag August 1939 Metall oh. Abb. III	Volksfest Bräunsdorf 16.7.32 Holz V
Breckerfeld 34 - 01	Bremen 00 - 01	Bremen 00 - 02
Saar-kundgebung Deutsch die Saar Breckerfeld 9.u.10. 6. 1934 Metall III	Flieger über Bremen Deutscher Luftsport - Verband Metall / emailliert V	D.L.V. Bremen Pappe II
Bremen 30 - 01	Bremen 30 - 02	Bremen 30 - 03
28. Kreisturnfest Bremen 1930 Stoff im Metallrahmen III	24. N.W.D. Schmiedemeister - Verb. Tag Bremen 17.- 18.5. 1930 Metall III	SA- Tag Bremen 16.11. 1930 Metall oh. Abb. III
Bremen 32 - 01	Bremen 32 - 02	Bremen 33 - 01
Nat. Soz. Flugtag Bremen 1932 Metall IV	SA - Treffen Bremen 10. VIII. 1932 Metall III	Kampfsporttage der SA Gruppe "Nordsee" d. NSDAP in Bremen 18.- 20. August 1933 Metall III

Bremen 33 - 02	Bremen 33 - 03	Bremen 34 - 01
Nordsee HJ Gebietstreffen Bremen 1933 Metall: a) golden b) silbern III	Tag des Deutschen Radfahrers Bremen 24. 9. 1933 Metall III	100 Jahre Bremer C.V.J.M. 1834 - 1934 Pappe II
Bremen 34 - 02	Bremen 34 - 03	Bremen 35 - 01
N.S.- HAGO Gauaufmarsch Bremen Juni 1934 a) Bakelite b) Metall V	Braune Hansa Messe Bremen 9.- 24.Juni 1934 Metall II	1. Gaufest des Deutsch. Reichsb. f. Leibesübungen im Gau Niedersachsen Bremen 18.- 21. Heuet (Juli) 1935 a) Metall b) mit Bändchen c) oval III
Bremen 35 - 02	Bremen 35 - 03	Bremen 36 - 01
HJ Reichssporttag Gebiet 7 Nordsee Bremen 27.- 29. 9.35 Metall III	SA- Gruppe Nordsee Sternritt nach Bremen August 1935 Metall V	Tag der SA - Gruppe Nordsee in Bremen 6.- 7. Juni 1936 Metall: a) goldfarb. b) silberfarb. III
Bremen 37 - 01	Bremen 37 - 02	Bremen 37 - 03
Leistungsschau Kreis 3 Bremen 13.- 19.9. 1937 Metall III	2. Gebietsaufmarsch Nordsee (7) Nordsee HJ dankt der Alten Garde Bremen 1937 Metall III	Deutsche Amateur-Box-Meisterschaften DABV Bremen 1937 a) bronzen b) silbern V

Bremen 37 - 04	Bremen 38 - 01	Bremen 38 - 02
Baugewerbetag zu Bremen 23.- 26. Juni 1937 Stoff im Metallrahmen III	Reichskolonialtagung Bremen 1938 Metall III	NSFK Ballon- Zielwettfahrt 29. Mai 1938 Roland Bremen (Text Rs.) Pappe IV
Bremen 38 - 03	Bremen 39 - 01	Bremen 39 - 02
Gautag der NSDAP Bremen 1938 Kunststoff IV	NSRL Kreisfest Bremen 1939 Kunststoff III	Führerbesuch Bremen 1.Juli 1939 Kunststoff III
Bremen 39 - 03	Bremen-Gröpelingen 30 - 01	Bremervörde 36 - 01
Nordsee SA Wettkampftage 1939 Bremen 7.- 9. VII. 1939 (Text Rs.) Kunststoff: a) mehrfarbig b) grau II	Bremen - Gröpelingen 1930 Herr mach uns frei Metall IV	NSDAP Kreistreffen Bremervörde 17.5. 1936 Metall III
Bremervörde 37 - 01	Bremervörde 38 - 01	Breslau 00 - 01
Fest der Leibesübung Kreis Elbe-Wesermündung in Bremervörde 26.- 27. Juni 1937 Pappe II	Kreistreffen Bremervörde 1938 Kunststoff III	(ausgegeben zum Deutschen Turn- u. Sportfest 1938 in Breslau) "Schwimmen" Holz III

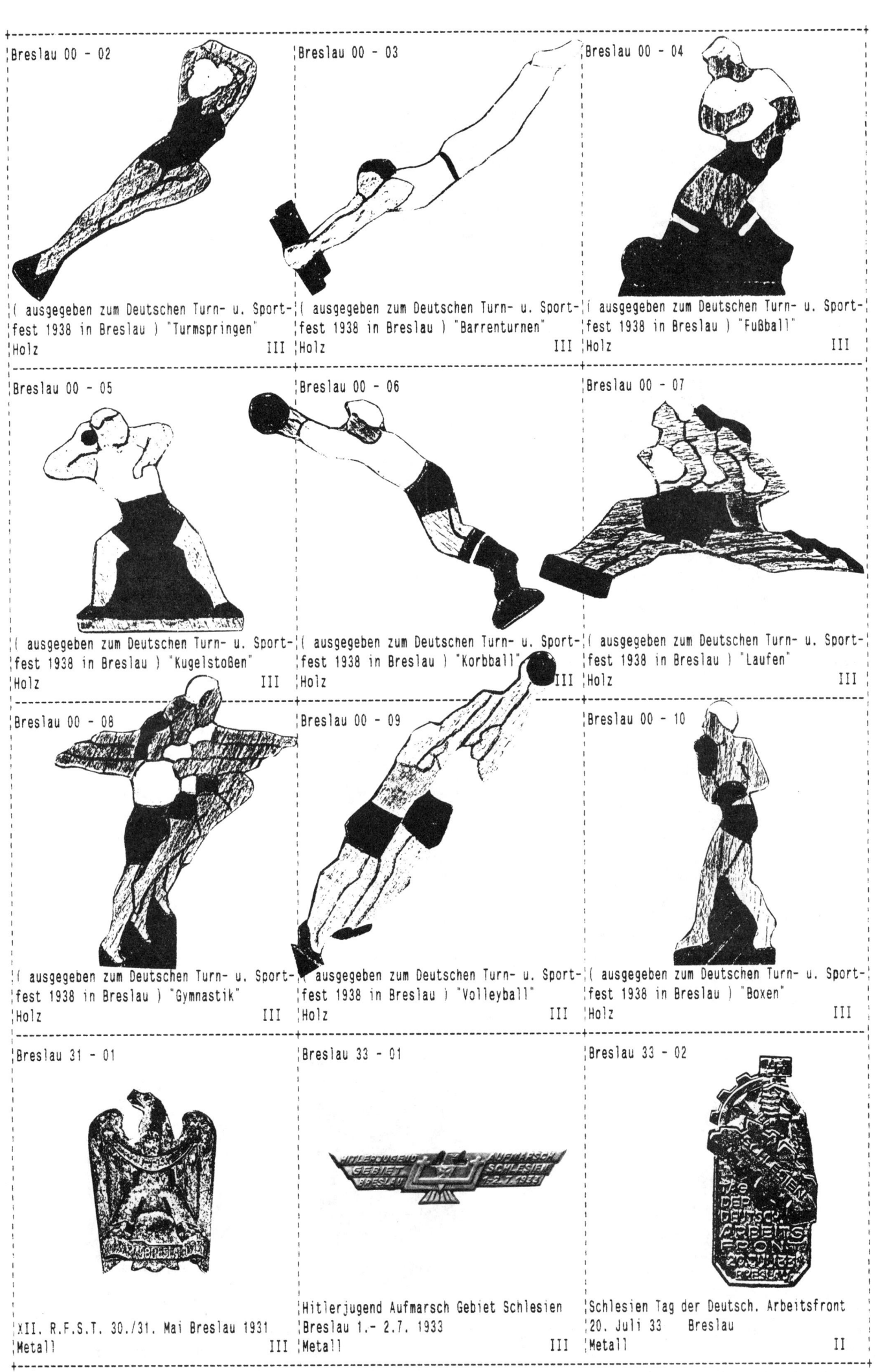

Breslau 00 - 02	Breslau 00 - 03	Breslau 00 - 04
(ausgegeben zum Deutschen Turn- u. Sport-fest 1938 in Breslau) "Turmspringen" Holz III	(ausgegeben zum Deutschen Turn- u. Sport-fest 1938 in Breslau) "Barrenturnen" Holz III	(ausgegeben zum Deutschen Turn- u. Sport-fest 1938 in Breslau) "Fußball" Holz III
Breslau 00 - 05	Breslau 00 - 06	Breslau 00 - 07
(ausgegeben zum Deutschen Turn- u. Sport-fest 1938 in Breslau) "Kugelstoßen" Holz III	(ausgegeben zum Deutschen Turn- u. Sport-fest 1938 in Breslau) "Korbball" Holz III	(ausgegeben zum Deutschen Turn- u. Sport-fest 1938 in Breslau) "Laufen" Holz III
Breslau 00 - 08	Breslau 00 - 09	Breslau 00 - 10
(ausgegeben zum Deutschen Turn- u. Sport-fest 1938 in Breslau) "Gymnastik" Holz III	(ausgegeben zum Deutschen Turn- u. Sport-fest 1938 in Breslau) "Volleyball" Holz III	(ausgegeben zum Deutschen Turn- u. Sport-fest 1938 in Breslau) "Boxen" Holz III
Breslau 31 - 01	Breslau 33 - 01	Breslau 33 - 02
XII. R.F.S.T. 30./31. Mai Breslau 1931 Metall III	Hitlerjugend Aufmarsch Gebiet Schlesien Breslau 1.- 2.7. 1933 Metall III	Schlesien Tag der Deutsch. Arbeitsfront 20. Juli 33 Breslau Metall II

Breslau 33 - 03 Ostdeutsches Kriegsopfertreffen Breslau 5.11.1933 Metall　　　　　　　　　　III	**Breslau 33 - 04** 1933 Breslau SA Metall　　　　　　　　　　III	**Breslau 33 - 05** NS Flugtag Breslau 1933 Schlesische Tageszeitung Metall　　　　　　　　　　IV
Breslau 34 - 01 Breslau 26.8.1934 Porzellan　　　　　　　　　IV	**Breslau 34 - 02** N.S.Hago Die Tat der Gemeinschaft dient dem Aufbau! Breslau, 23.3. - 5.4.34 Metall　　　　　　　　　　III	**Breslau 34 - 03** 2. Ostd. Kriegsopfer Treffen Breslau 3.6.1934 Metall　　　　　　　　　　III
Breslau 36 - 01 34. Bundesschießen Breslau 29.8. bis 6.9.1936 Gau IV Schlesien im Deutschen Schützenbund Leder　　　　　　　　　　　III	**Breslau 37 - 01** 12. Deutsches Sängerbundesfest und Feier des 75 jähr. Bestehens des deutschen Sängerbundes 1862 - 1937 Breslau 28.7. - 1.8.1937 Metall: a) schwarzer b) brauner Grund II	**Breslau 37 - 02** Deutsch- Österreichisch. Kameradschaftsabend　　1937 12. Deutsches Sängerbundesfest Breslau Metall　　　　　　　　　　III
Breslau 37 - 03 Sängerfest Breslau 1937 Kunststoff　　　　　　　　　II	**Breslau 37 - 04** Schlesier Gepäckmarsch 25.4.1937 SA Standarte 1 Breslau Metall　　　　　　　　　　IV	**Breslau 38 - 01** Deutsches Turn- u. Sportfest Breslau 1938 a) Metall b) m. Band "Obmannturnen" c) m. Band "Kampfrichterturnen"　III

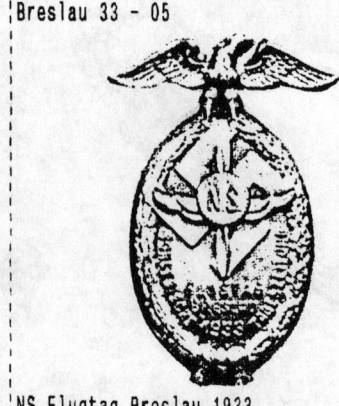

Breslau 38 - 02	Breslau 40 - 01	Bretten 36 - 01
Deutsches Turn- & Sportfest Breslau 1938 Seidenbändchen * II	Reichswettbewerb f. Saalflugmodelle Breslau 1940 Metall X	75 Jahrfeier Freiw. Feuerwehr Bretten 7.6. 1936 Metall oh. Abb. III
Brieg 34 - 01	Brilon 37 - 01	Brilon 39 - 01
Kreisführerschule Hans Huebenett Brieg 23. Juni 1934 Metall III	NSDAP Kreistag 1937 Brilon 23. - 26.9. Metall III	NSDAP Kreistag Brilon Juni 1939 Kunststoff III
Bruchsal 34 - 01	Bruchsal 34 - 02	Bruchsal 37 - 01
1. Badischer SA- Sporttag Bruchsal 1934 Metall III	80 Jähriges Jubiläum der Freiw. Feuerwehr Bruchsal 1934 Metall III	47. Badischer Pioniertag Bruchsal 1937 Metall III
Bruck 33 - 01	Bruck 36 - 01	Brunn 30 - 01
Unter- Bann 41 Obb. HJ Treffen in Bruck 29. VII. 33 Metall III	Landesausstellung Bruck a.d. Leitha 19.- 27.7. 1936 Metall oh. Abb. II	1. Juni 1930 Sturmfahne- u. Wimpelweihe Brunn a./Geb. Metall II

Buchen 33 - 01	Buchholz 36 - 01	Bückeberg 37 - 01
Deutsch die Saar NSDAP Grenzland - Kundgebung A.D. Leitersweiler Buchen 23.Juli 1933 Metall　　　　　　　　　　II	Kreistreffen Harburg - Land 6.u.7.6. 1936 Buchholz Metall　　　　　　　　　　III	17. 18.4. 1937 Kreistag des Bückeberg Kreises Pappe　　　　　　　　　　III
Bückeburg 33 - 01	Bückeburg 39 - 01	Büdelsdorf 00 - 01
Bückeburg Jungvolk Treffen 8. Okt. 1933 Metall　　　　　　　　　　III	1. Kreis- Turn- u. Sportfest 1939 in Bückeburg Stoff im Metallrahmen　　　III	1. Mai NSDAP Ortsgruppe Büdelsdorf Pappe　　　　　　　　　　II
Büdelsdorf 39 - 01	Buggingen 34 - 01	Bühl 33 - 01
KdF Volksfest am Büdelsdorfer Eiderstrand Sonntag. den 6. August 1939 Seidenbändchen　　　　　　II	Hilfe für Buggingen 1934 Metall　　　　　　　　　　II	Deutscher Tag Bühl 1933 Metall　　　　　　　　　　III
Bund der Deutschen 00 - 01	Bund der Deutschen 00 - 02	Bund der Deutschen 00 - 03
Sonnenwende BdD Holz　　　　　　　　　　　III	BdD Holz　　　　　　　　　　　III	BdD Metall　　　　　　　　　　II

Bund der Deutschen 00 - 04	Bund der Deutschen 00 - 05	Bund der Deutschen 00 - 06
BdD Pappe — II	BdD Metall / emailliert — V	Mein Goldenes Buch Textbüchlein — III
Bund der Deutschen 00 - 07	Bund der Deutschen 00 - 08	Bund der Deutschen 00 - 09
Kinderhilfswerk BdD Metall — II	Kinderhilfswerk BdD - SVH Holz in vielen versch. Farben — III	BdD helfet! SVH Porzellan — III
Bund der Deutschen 00 - 10	Bund der Deutschen 00 - 11	Bund der Deutschen 38 - 01
BdD SVH Metall auf verschied. Rosetten — III	BdD Der Heimat treu Metall — II	1938 BdD Osterspende Metall mit Papierauflage — III
Bund deutscher Osten 36 - 01	Burg 33 - 01	Burg 36 - 01
Bund deutsch. Osten Fridericusjahr 1936 Metall — III	17. Sept. 1933 Bergische Heimatspiele 800 Jahre Schloss Burg Oberbann HJ Roemryker Berge Metall — III	Nationale Festspiele Burg a.d.Wupper 1936 Bergisch - Land im Gau Düsseldorf Seidenbändchen x — II

Burgdorf 00 - 01	Burgdorf 32 - 01	Burgdorf 38 - 01
Burgdorf Metall II	Braunschw.- Hann. Stenographenverband Bezirkstag Burgdorf i.H. 4. u. 5. Juni 1932 Pappe II	3. Kreistreffen Burgdorf 2.u.3.Juli 1938 Kunststoff III
Burghausen 33 - 01	Burghausen 33 - 02	Burghausen 35 - 01
Kriegsopfer- Treffen am 29. 10. 1933 in Burghausen Metall III	Grenzland in Not, Kreistagung u. Grenzland Kundgebung i. Burghausen 22./ 23. Juli 1933 Kreis Altötting Metall III	Stadt Burghausen 1235 - 1935 Metall II
Burgstädt 35 - 01	Burladingen 38 - 01	Butjadingen 34 - 01
75 Jahrfeier TV Burgstädt 24.2. - 6. 8. 35 Metall III	5. Tagung der Hohenzollerischen Feuerlösch Polizei in Burladingen 2. u. 3. Juli 1938 Pappe oh. Abb. III	NSDAP Kreiskong. Butjadingen Einweihung Parteihaus Fahne 1923 17.18.3. 1934 Metall III
Butzbach 40 - 01		
Kriegserinnerungs- Bergfest Butzbach 18.8. 1940 Pappe III		

Calau 33 - 01	Calbe 36 - 01	Calw 37 - 01
5 Jahre NSDAP O-G Calau N/L 1.8.28 - 26.8.33 Metall III	Tausendjahrfeier Stadt Calbe / Saale 16.- 23. Aug. 1936 Metall III	100 Jahre Calwer Liederkranz Calw 28.- 30. Mai 1937 Leder II
Castrop-Rauxel 00 - 01	Castrop-Rauxel 00 - 02	Castrop-Rauxel 33 - 01
1100 Jahrfeier Castrop-Rauxel Fest der Jugend Metall oh. Abb. II	Saarkundgebung in Castrop-Rauxel Hände weg von der Deutschen Saar Metall III	N.S.B.O. Fahnenweihe Castrop - Rauxel 27. Aug. 1933 Metall III
Castrop-Rauxel 33 - 02	Caub 29 - 01	Celle 32 - 01
1. SA- Motorrad Fussball Wettspiel M 2/A Castrop-Rauxel-Nord 3. Sept. 1933 Metall IV	NSDAP Gau Hessen - Nassau - Süd 2. Sonnenwendfeier Caub a. Rh. 22. Juni 1929 Metall III	46. Verbandstag des Braunschweig.- Hannoverschen Stenographen-Verbandes in Celle 3.- 4.9. 1932 Pappe II
Celle 34 - 01	Celle 36 - 01	Celle 36 - 02
Treffen des 2. Hannov. Inf. Reg. 77 SA-Stand. 77 HJ-Bann 77 Celle 26.- 27. Mai 1934 Metall III	Feuerwehraufmarsch Celle 1936 Metall oh. Abb. III	Kreistreffen der NSDAP Celle 13. und 14. Juni 1936 Kunststoff III

Celle 38 - 01	Cham 37 - 01	Charlottenburg-Spandau 33 - 01
Kreistag der NSDAP Celle 2. und 3. Juli 1938 Kunststoff III	1000 Jahre Stadt Cham 17.- 25. Juli 1937 Holz III	Tag der Jugend 29. 10. 1933 Charlottenburg - Spandau Metall III
Chemnitz 00 - 01	Chemnitz 00 - 02	Chemnitz 31 - 01
KdF Volksfeste Kreis Chemnitz Pappe III	3. großer 104er Tag 11. - 13 Juli Chemnitz Erstmalig im Zeichen der neuen Wehrmacht Metall III	Chemnitz Sachsentag NSDAP 6.- 7. Juni 31 Metall IV
Chemnitz 32 - 01	Chemnitz 33 - 01	Chemnitz 33 - 02
SAJ Sachsentreffen 6. u. 7. Aug. 1932 Chemnitz Metall: a) silbern b) SAJ = rot III	Freiheitskundgebung Chemnitz 11.11. 1933 Metall IV	SA- Brigadetreffen Chemnitz 1933 Metall III
Chemnitz 33 - 03	Chemnitz 34 - 01	Chemnitz 34 - 02
NSDAP Kreistag Chemnitz 14. u. 15. Okt. 1933 Metall III	50 Jahre Friseur Innung Chemnitz 1934 Metall II	NSKOV Sachsentreffen d. Kriegsopfer 14. Oktober 1934 in Chemnitz Metall III

Chemnitz 34 - 03 Sportfest 1934 HJ Oberbann III / 16 Chemnitz Metall — III	**Chemnitz 34 - 04** 1884 "50" 1934 18.11. 1934 Vogtl. Verein Chemnitz Metall — II	**Chemnitz 35 - 01** NSDAP Chemnitz SA Brigade 34 1935 Metall — IV
Chemnitz 36 - 01 Ehem. Sächs. Reit. Artillerie Wiedersehensfeier Chemnitz 9.-11. Mai 1936 Metall — III	**Chemnitz 36 - 02** Tag d. Sä. schweren Artillerie Chemnitz 13.- 14. 6. 1936 Metall — III	**Chemnitz 36 - 03** Chemnitz 1936 3. Sächs. Landesbauerntag Ausstellung "Sachsen im deutschen Lebensraum" Leder — III
Chemnitz 36 - 04 10000 Pfauter-Maschinen 120000 Pfauter - Fräser Chemnitz, 25.4. 1936 Metall — II	**Chemnitz 37 - 01** NSDAP Chemnitz 1922 1937 Metall — III	**Chemnitz 37 - 02** 3. Reichskleingärtnertag Chemnitz 25.- 27.6.37 Metall — II
Chemnitz 38 - 01 Betriebsfahrt der MAFRASA - Werke Chemnitz 25.6.1938 Metall — II	**Chemnitz 38 - 02** Erzgeb. Blumenfest 1938 Chemnitz Holz — III	**Chemnitz 38 - 03** Wettkampftage der SA- Gruppe Sachsen Chemnitz 2.- 3. Juli 1938 Efoplast — III

Chemnitz 39 - 01 Wettkampftage der SA- Gruppe Sachsen Chemnitz 30. Juni - 2. Juli 1939 Leder III	Chemnitz 39 - 02 1939 Sommerkampfspiele der HJ Chemnitz 22. - 27. August Metall III	Chemnitz-Ebersdorf 36 - 01 75 jähr. Jubiläum des Sparverein "Eintracht" Chemnitz-Ebersdorf 18.7. 1936 Pappe II
Christen 34 - 01 Reichstagung Deutsche Christen 1934 Metall II	Clausthal-Zellerfeld 00 - 01 Oberharzer Heimattag und Nat. soz. Kundgebung Clausthal - Zellerfeld Pappe II	Coburg 32 - 01 Hitler in Coburg 1922 1932 Metall IV
Coburg 32 - 02 Schweden - Jahr Coburg 1932 Metall II	Coburg 33 - 01 Tag der nationalen Arbeit Coburg 1933 Pappe III	Coburg 35 - 01 75 Jahre DT Coburg 1860 1935 Metall III
Coburg 37 - 01 Gautreffen der alten Garde 15 Jahrfeier Adolf Hitler Marsch 1510 Coburg 1937 Porzellan V	Cochem 33 - 01 19.11. 1933 Cochem Schlageter Metall oh. Abb. III	Colditz 33 - 01 Kreistreffen Colditz 1933 Metall III

Columbus 35 - 01	Commern 35 - 01	Corbach 34 - 01
Columbus - Turnfahrt 1935 Metall mit Stoffband III	Eröffnungs- Thingspiel Commern 1935 Metall oh. Abb. II	Tag der Kameradschaft Bezirk Waldeck Corbach 3. Juni 1934 Metall III
Corbach 34 - 02	Coswig 37 - 01	Cottbus 33 - 01
SA Sporttreffen der Standarte Waldeck in Corbach 16.- 17. Juni 1934 "30" Metall oh. Abb. III	1187 1937 Coswig-Anh. Ton IV	N.S.B.O. Fahnenweihe Cottbus August 1939 Metall II
Cottbus 33 - 02	Cottbus 33 - 03	Cottbus 34 - 01
Tag der Arbeit Cottbus 1. Mai 1933 Metall III	Bund Deutscher Osten Untergr. Lausitz - West Cottbus 24. 9. 33 Metall III	Reit - Turnier Cottbus 1934 Metall oh. Abb. III
Cottbus 35 - 01	Cottbus 37 - 01	Crumbach 39 - 01
Flugtag Cottbus 1935 Metall X	NSDAP Kreistag Cottbus 1937 Metall III	1. Mai 1939 Crumbach Pappe II

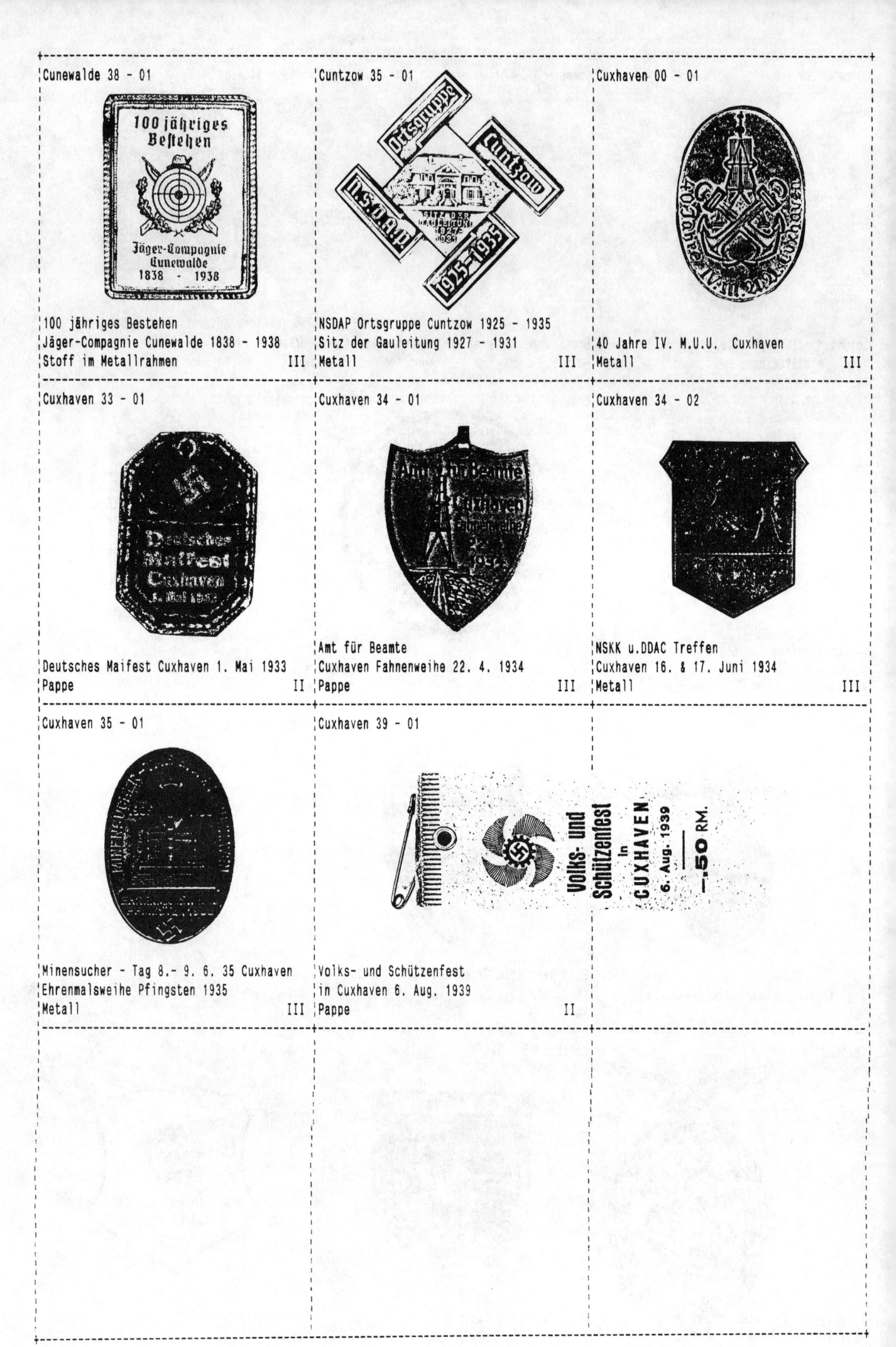

Cunewalde 38 - 01	Cuntzow 35 - 01	Cuxhaven 00 - 01
100 jähriges Bestehen Jäger-Compagnie Cunewalde 1838 - 1938 Stoff im Metallrahmen III	NSDAP Ortsgruppe Cuntzow 1925 - 1935 Sitz der Gauleitung 1927 - 1931 Metall III	40 Jahre IV. M.U.U. Cuxhaven Metall III
Cuxhaven 33 - 01	Cuxhaven 34 - 01	Cuxhaven 34 - 02
Deutsches Maifest Cuxhaven 1. Mai 1933 Pappe II	Amt für Beamte Cuxhaven Fahnenweihe 22. 4. 1934 Pappe III	NSKK u. DDAC Treffen Cuxhaven 16. & 17. Juni 1934 Metall III
Cuxhaven 35 - 01	Cuxhaven 39 - 01	
Minensucher - Tag 8.- 9. 6. 35 Cuxhaven Ehrenmalsweihe Pfingsten 1935 Metall III	Volks- und Schützenfest in Cuxhaven 6. Aug. 1939 Pappe II	

D.G.z.R.S. 00 - 01	D.G.z.R.S. 00 - 02	D.G.z.R.S. 00 - 03
D.G.z.R.S. Kunststoff — III	Deutsche Gesellschaft zur Rettung Schiffbrüchiger Metall — III	Deutsche Gesellschaft zur Rettung Schiffbrüchiger Seidenbändchen — III
D.G.z.R.S. 00 - 04	D.G.z.R.S. 00 - 05	D.G.z.R.S. 00 - 06
Deutsche Gesellsch. z. Rettung Schiffbrüchiger Metall — II	D.G.z.R.S. Kunststoff — III	D.G.z.R.S. Kunststoff — III
Dachau 33 - 01	Dachau 36 - 01	DAF 00 - 01
IX. Oberbayerisches Bundes-Schiessen Kgl. priv. Feuerschützengs. Dachau 1933 Metall — II	Fahnenweihe d. G. T. V. D'Schloßbergler Dachau 20.- 21. Juni 1936 Pappe — II	Porzellan — V
DAF 36 - 01	DAF 37 - 01	DAF 38 - 01
Ski- Lehrgang 1936 1937 Metall — III	Ski - Lehrgang 1937 1938 Metall — II	Sportappell der Betriebe 1938 Kunststoff — II

DAF 38 - 02	DAF 39 - 01	DAF 41 - 01
Ski - Lehrgang 1938 1939 Kunststoff II	Sportappell der Betriebe 1939 Kunststoff II	Wintersporttag der Betriebe 1941 Metall II
DAF 43 - 01	DAF 43 - 02	Dahlhausen 36 - 01
Wintersporttag der Betriebe 1943 Kunststoff II	Winter- Sporttag d. Betriebe 1943/44 Metall III	Tag der Arbeit 1936 Betriebsfest der Firma Hardt, Pocorny & Co. Dahlhausen - Wupper Seidenbändchen II
Daimler 34 - 01	Dalleschitz 37 - 01	Danzig 00 - 01
Gottlieb Daimler 1834 1934 Metall IV	BdD 1937 Tag der Heimat Dalleschitz Glas II	KdF Gau Danzig Metall IV
Danzig 00 - 02	Danzig 34 - 01	Danzig 34 - 02
KdF Gau Danzig Metall IV	Graph. Arbeiter im Deutschen Danzig 9.- 13. 8. 34 a) Kunststoff b) doppelte Größe III	BMD Braune Messe Danzig 1934 Ich gab Arbeit Metall IV

Danzig 34 - 03	Danzig 34 - 04	Danzig 37 - 01
1. Deutscher Gaststättentag Danzig 4.- 6. Juni 1934 Metall / emailliert V	Ostland - Turnfest Danzig 1934 Metall auf Bernstein V	Gauparteitag der NSDAP Danzig 7.- 10. Okt. 1937 Metall V
Danzig 38 - 01	Danzig 39 - 01	Darmstadt 31 - 01
1. Mai 1938 Gau Danzig Steingut farbig lasiert X	Kreis Danzig Aussenstadt Kreistag 1939 Metall IV	Sonnenwende 1931 Prov. Starkenburg NSDAP Darmstadt 27.- 28. Juni Metall III
Darmstadt 33 - 01	Darmstadt 33 - 02	Darmstadt 34 - 01
Sonnenwende Darmstadt 1933 Metall III	NSLB Gautagung Gau Hessen Darmstadt 8.- 9. Juli 1933 Metall III	Frauenschaftstreffen Kreis Darmstadt 1. Juli 1934 Metall oh. Abb. III
Darmstadt 35 - 01	Darmstadt 37 - 01	Darmstadt 37 - 02
Gautag Hessen - Nassau Darmstadt 1935 Leder III	Deutscher Reichsbund für Leibesübungen Gau XIII Kreis 4 1. Kreisfest Darmstadt 26.- 27.6.37 Metall II	SA Treffen Darmstadt 1937 Metall II

Darmstadt 38 - 01	Darmstadt 38 - 02	Delligsen 37 - 01
Kreistag Darmstadt 1938 Kunststoff III	Erste Großdeutsche Schwimm - Meisterschaften Darmstadt 8.- 10.Juli 1938 Kunststoff III	5. Kreistagung Alles für Deutschland 10./ 11.4. 1937 Delligsen Stoff im Metallrahmen III
Delmenhorst 32 - 01	Dessau 30 - 01	Dessau 32 - 01
10. Gauturnfest in Delmenhorst Oldenburger Turngau 18.- 19. Juni 1932 Kork - Stoff - Linoleum III	NSDAP Gauparteitag Magdeburg - Anhalt Dessau 30.31.8.30 Metall IV	Mitteldeutsches N.S. Treffen Dessau 2. u. 3. 7. 1932 Metall III
Dessau 33 - 01	Dessau 34 - 01	Dessau 35 - 01
"450" Lutherwoche in Dessau 1933 Metall III	N.S.D.F.B.St. Gauappell Magdeburg- Süd Anhalt- Harz Dessau 2.12.34 Metall oh. Abb. III	Ausstellung der NSV Dessau 22.- 2. Aug. 1935 Pappe III
Dessau 35 - 02	Dessau 36 - 01	Dessau 36 - 02
NSDAP Kreis- Dessau - Land Kunststoff III	NS Frauenschaft Gautreffen in Dessau am 24. Mai 1936 Metall oh. Abb. III	Antoinettenlyzeum zu Dessau 1786 1936 Metall III

Dessau 37 - 01	Dessau 38 - 01	Dessau 39 - 01
Dessau Bernburg Köthen Zerbst Kreistreffen mit Volksfest Gaustadt Dessau 4. Juli 1937 Metall — III	Gautag Magdeburg-Anhalt Dessau 1938 Metall — III	Kreistag der NSDAP Dessau 1. u. 2. Juli 1939 Metall — IV
Dessau 39 - 02	Detmold 34 - 01	Detmold 36 - 01
6 Jahre Reichsluftschutzbund Fahnenweihe Dessau 1939 Metall — III	Meine Stärke Deutschlands Macht Detmold 4./ 5.8.34 Metall — III	Detmold Aug. 1936 Metall — III
Deutsch-Chinesisch 00 - 01	Deutsch-Österreich 38 - 01	Deutsche Wehr 36 - 01
Deutsch - Chinesischer - Kreis Metall — IV	17. D.Ö.Z.M. 1938 (Kanumeisterschaften) Metall — III	Deutsche Wehr am Deutschen Rhein 7. III. 1936 Metall — V
Deutsche Woche 34 - 01	Deutscher Turnerbund 35 - 01	Deutscher Turnerbund 36 - 01
Deutsche Woche 1934 Kauft jetzt ! Glas — III	Werbetag 1935 Metall — II	1936 Deutscher Turnverband Gruppenbestläufe Metall — III

Deutschland-England 00 - 01	Deutschland-Schweden 37 - 01	Deutschland-Schweiz 34 - 01
	Leichtathletik Länderkampf Deutschland - Schweden 1937	Deutschland - Schweiz 19. August 1934
Metall / emailliert V	Metall / teilemailliert V	Metall / emailliert V
Deutschneudorf 37 - 01	Diekirch 42 - 01	Diepholz 37 - 01
Heimat- und Schulfest Deutschneudorf mit Deutschkatharinenberg 1637 1937	1. Kreistag in Diekirch 1942	NSDAP Kreistag Diepholz 1937
Holz IV	Metall III	Metall III
Diessen 33 - 01	Diez 34 - 01	Dillenburg 39 - 01
Tag der SA und SAR Diessen 16. Juli 1933	Saarsänger - Kundgebung Diez 1934	Kreistag der NSDAP Biedenkopf Dillenburg Dillenburg 8.- 9. Juli 1939
Metall III	Metall II	Metall III
Dillingen 31 - 01	Dingolfing 35 - 01	Dinkelsbühl 00 - 01
29. Gauturnfest des Oberdonauturngaues Dillingen 13.u.14. Juni 1931	Blut und Boden Kreisbauerntag Landshut Dingolfing 23. 11. 1935	Kinderzeche Dinkelsbühl
Metall II	Metall III	Metall II

DJ 34 - 01 D.J. Zeltlager 1934 Oberbann II / 8 Metall II	DJ 34 - 02 Pfingstlager Deutschen Jungvolk Burg Nanstein 1934 Metall III	DJ 34 - 03 Jungbanne 2/223 - 3/223 Pfingsttreffen Jagdschloss zum Possen 18.- 23. Mai 1934 Metall III
DKV 00 - 01 DKV Für die Deutsche Schule Metall I	DLV 00 - 01 Metall: a) eisen b) bronze c) silber V	DLV 00 - 02 Werbewoche des DLV Metall IV
DLV 00 - 03 Kunststoff IV	DLV 00 - 04 Metall IV	DLV 00 - 05 Erinnerung an den Flugtag Metall IV
DLV 00 - 06 Nationaler Flugtag Metall V	DLV 33 - 01 Deutschlandflug 33 - 01 Metall / emailliert X	DLV 33 - 02 N.S.- Flugtag 1933 Metall V

ID	Description	Material	Rarity
DLV 34 - 01	Deutschlandflug 1934	Metall / emailliert	X
DLV 34 - 02	Rhön - Segelflug - Wettbewerb 1934	Metall	IV
DLV 35 - 01	Deutschlandflug 1935	Metall und Bernstein	X
DLV 36 - 01	Rhön 1936	Kunststoff	IV
DLV 37 - 01	Harz - Thüringerwald - Flug 8.- 9. Mai 1937	Metall / emailliert	V
Döbeln 00 - 01	Heimatfest Döbeln	Metall	IV
Döbeln 30 - 01	Fest der Arbeit Döbeln 1930	Metall	III
Döbeln 31 - 01	Reichsbanner - Schwarz - Rot - Gold Gautreffen Döbeln 1931	Metall	III
Döbeln 34 - 01	Dr. Ley zum Gruss! Deutsche Arbeitsfront Döbeln 31. 7. 1934	Metall	III
Döbeln 34 - 02	NS- Sportfest Döbeln 26.- 27.5. 1934	Metall	III
Döbeln 35 - 01	Heimatfest Döbeln 1935	Metall	III
Döbeln 36 - 01	Sportfest der SA Standarte 139 Döbeln 27. 9. 1936	Metall oh. Abb.	III

Döbeln 37 - 01	Döbeln 39 - 01	Döbra-Berg 29 - 01
DRL Fest der Leibesübungen Döbeln 26./ 27. Juni 1937 Pappe II	2. Kreistag NSDAP Döbeln 5.- 11. VI. 1939 Metall III	Döbra - Schwur 16. Juni 1929 Döbra-Berg Metall V
DOK 35 - 01	DOK 36 - 01	DOK 41 - 01
DOK 1935 (Deutsche Ostseemesse Königsberg) Metall und Bernstein IV	DOK 1936 Leder und Bernstein V	DOK 1941 Bernstein IV
Domowina 34 - 01	Donau 34 - 01	Donau 39 - 01
Domowina 1934 Metall II	1934 Pfingsten Frühlingsfest B.D.M. Untergau Donau Metall III	Gruppen Wettkämpfe SA- Gruppe Donau 1939 Kunststoff III
Donauwörth 35 - 01	Dornbirn 40 - 01	Dorsten 37 - 01
Kreis - Appell Donauwörth 1935 Metall II	1890 - 1940 Ehren-Scheibe Toni Plankensteiner Kreisappell Dornbirn Metall IV	Kreistreffen der NSDAP Recklinghausen Borken-Bocholt Dorsten 1937 Metall III

Dortmund 32 - 01 Deutsche Kraftsport Meisterschaften 1932 in Dortmund Metall　　　　　　　III	Dortmund 32 - 02 4. Deutscher Reichskriegertag Dortmund 2./ 3. Juli 1932 Metall　　　　　　　II	Dortmund 32 - 03 DJK Deutsche Jugendkraft 3. Reichstreffen Dortmund 21. - 24. Juli 1932 Metall　　　　　　　III
Dortmund 33 - 01 SA Westfalen - Treffen Dortmund 8.- 9. Juli 1933 Metall　　　　　　　III	Dortmund 33 - 02 Westdeutsche Braune Messe Dortmund 8.- 17. Sept. 1933 Metall　　　　　　　II	Dortmund 33 - 03 Luthertag Dortmund 10. Nov. 1933 Metall　　　　　　　II
Dortmund 33 - 04 1. Westdeutscher Kriegsopfertag Dortmund = Köln Juli 1933 Metall　　　　　　　III	Dortmund 34 - 01 Treuekundgebung der Beamten des Industriegebietes Rheinland - Westfalen　Dortmund 1934 Metall　　　　　　　III	Dortmund 34 - 02 HJ Oberbann - Aufmarsch Dortmund 27. Mai 1934 Metall　　　　　　　III
Dortmund 34 - 03 16er Hacketäuertag Dortmund 1934 Metall　　　　　　　III	Dortmund 34 - 04 Rheinisch - Westfälischer Marinetag Dortmund 1934 Metall　　oh. Abb.　IV	Dortmund 35 - 01 N.S.D.F.B.St. Gautreffen Dortmund 6.- 7. April 1935 Metall　　　　　　　III

Dortmund 35 - 02 VEW Dortmund Tag der Arbeit 1935 Seidenbändchen II	Dortmund 35 - 03 Frontgeist. Wehrkraft. Ehre. Friede. Arbeit, Brot Frontkämpfer u. Kriegs- opfertag Dortmund 10.- 11. August 1935 Metall III	Dortmund 36 - 01 Gautag Westfalen - Süd Dortmund 19. - 21. 6. 1936 Metall III
Dortmund 36 - 02 Gautag Westfalen - Süd Dortmund 19. - 21. 6. 1936 Metall III	Dortmund 37 - 01 Dortmund zeigt Freude Kreistag 18.- 20.6.37 Metall IV	Dortmund 37 - 02 SA Sportkampftage der SA - Gruppe Westfalen 1937 Dortmund Metall IV
Dortmund 38 - 01 SA Sport u. Wehrwettkämpfe 1 - 2 - 3 - Juli 1938 Dortmund Kunststoff: a) grauer b) weißer Grund III	Dortmund 38 - 02 Reichstreffen in Dortmund Eiserne 47. Res. Division 28.- 30. Mai 1938 Pappe III	Dortmund-Hoerde 36 - 01 Spar- u. Bau- Verein e.G.m.b.H. D.- Hoerde 1936 Seidenbändchen * II
Dörverden 35 - 01 1. Mai 1935 NSDAP Dörverden Pappe II	Dresden 00 - 01 Finnlandfahrt Hitler-Jugend, Dresden Holz IV	Dresden 30 - 01 Karabieniers Wiedersehens - Feier in Dresden 31.5. - 2.6. 1930 Metall III

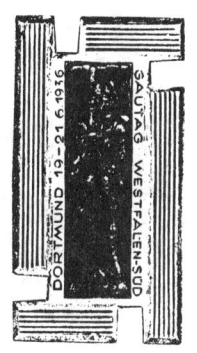

Dresden 30 - 02 I BDB Jubiläumstag Dresden 1880 - 1930 Porzellan III	Dresden 30 - 03 Deutscher Dentistentag 20.- 21. Sept. 1930 Dresden Metall III	Dresden 30 - 04 Arbeit.- Rad u. Kraftf. Bund Solidarität Bundesfest 1930 25.- 27. Juli Dresden Metall III
Dresden 31 - 01 1. Waffentag der Deutschen Kavallerie in Dresden 11.- 13.7. 1931 Metall III	Dresden 31 - 02 Deutscher Arbeiter Sängerbund Sachsen- treffen Dresden 18. u. 19. Juli 1931 Metall II	Dresden 33 - 01 Hans Schemm Haus NSLB Dresden 6.- 9. Okt. 1933 Metall III
Dresden 33 - 02 11. Sächs. Grenadiertag 13.- 15. Mai 1933 Dresden Metall II	Dresden 33 - 03 Dresden Brigade-Appell 5.11. 1933 Metall IV	Dresden 34 - 01 1. Hauptversammlung der A.N.R.B. 6.- 8. Aug. 1934 Dresden Metall oh. Abb. II
Dresden 34 - 02 N.S. Groß-Flugtag Dresden 1. Juli 1934 II. Platz Holz a) II. Platz b) III. Platz X	Dresden 34 - 03 1. Reichs - Theater - Festwoche Dresden 1934 Metall IV	Dresden 35 - 01 Sachsentreffen Dresden 1925 - 35 Metall III

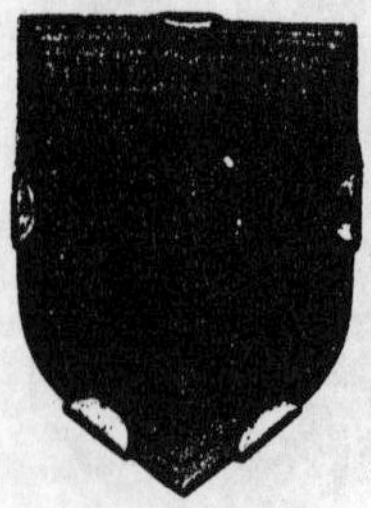

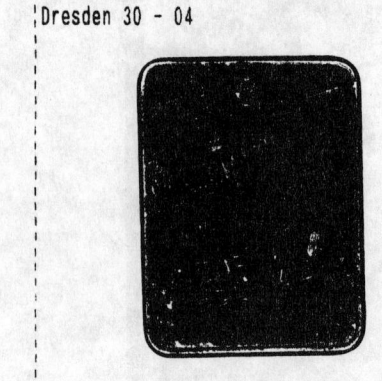

Dresden 36 - 01	 Dresden 36 - 02	Dresden 36 - 03
GRR 100 Dresden Pfingsten 1936 Metall — III	Appell der 192. Inf. Div. Dresden 30. Okt. - 2. Nov. 36 Metall — III	1. Reichsgartenbautag Dresden 1936 Leder — III
Dresden 36 - 04	**Dresden 36 - 05**	**Dresden 37 - 01**
Schiffahrtstag Dresden 1936 Porzellan — V	8. & 10.6. 1936 Dresden Seidenbändchen * I	3. Sächs. Fronsoldaten- u. Kriegsopfer Ehrentag Dresden 8.- 9.5. 1937 Metall — III
Dresden 37 - 02	**Dresden 37 - 03**	**Dresden 37 - 04**
Reichsarbeitstagung der RGB Stein u. Erde Dresden 25.- 27. 2. 1937 Porzellan — V	13. Sächs. Grenadiertag Dresden 5.- 7. Juni 1937 Metall — III	Volkspolitische Woche NSLB Gau Sachsen Dresden Ostern 1937 Metall — III
Dresden 38 - 01	**Dresden 38 - 02**	**Dresden 38 - 03**
GDMB 1938 Dresden Metall — II	7. Bundestag des Deutschen Jägerbundes und Tag der Schwarzen Brigade Sachsen Dresden 28. - 30. Mai 1938 Metall — III	Wahlkampf 1938 Großkundgebung mit Staatsminister Dr. Fritsch Dresden 8.4.1938 Seidenbändchen * III

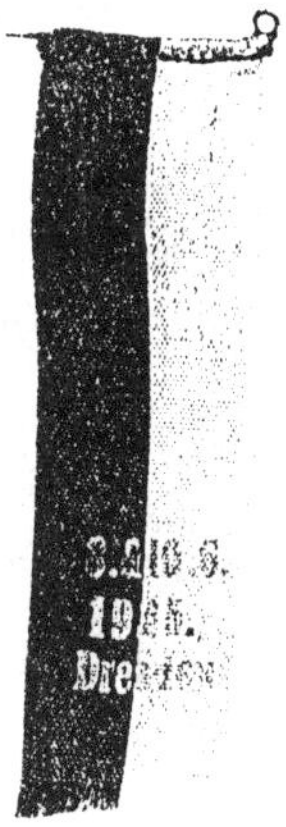

Dresden 39 - 01	Dresden 39 - 02	Dresden 44 - 01
Dresdner Studententag 1939 Metall III	Messina - Dardanellen Bundestag Dresden 1914 1939 Metall III	Dresdner Sportwoche 1944 Pappe III
Dresden-Heller 35 - 01	Dresden-Mickten 34 - 01	DRL 37 - 01
Vs. Grossflugtag Dresden-Heller 1935 Rs. Werdet Mitglied im Deutschen Luftsportverband Luftfahrt hilft Deutschland Steingut verschied. Ausführungen X	Um die Seele des Volkes NSDAP Die endlose Strasse 22.4. 1934 O.G. DR.- Mickten Metall III	1. DRL Kreisfest Harz 1937 Kunststoff III
Drossen 39 - 01	DSV 34 - 01	Dudenhofen 31 - 01
1929 1939 10 Jähr. Bestehen der NSDAP Ortsg. Drossen 20.8. Preßpappe III	D.S.V. Reichs- Jugend- Ski- Tag 1933 DSV 1934 Metall III	13. Pfälzer Zimmerschützen Bundesschiessen 1931 Dudenhofen Metall III
Duderstadt 33 - 01	Duderstadt 34 - 01	Duderstadt 34 - 02
1. Kreiskongress im 1000 jähr. Duderstadt 23. Juli 1933 Metall III	2. Kreiskongress der NSDAP Duderstadt 17. Juni 1934 Metall III	NS Kriegsopfertag Duderstadt 4.2.34 Metall oh. Abb. III

Duderstadt 35 - 01	Duderstadt 35 - 02	Duderstadt 37 - 01
1. Kreis - Sängerfest d. Sängerkr. 21 Südhannover im Sängerbund Niedersachsen Duderstadt 18.u.19. Mai 1935 Metall III	3. Kreistag d. N.S.D.A.P. Duderstadt 24. - 25. Aug. 1935 Metall III	Duderstadt / Eichsfeld 5. Kreistag der NSDAP 19. u. 20. Juni 1937 Duderstadt Metall III
Duderstadt 39 - 01	Duisburg 33 - 01	Duisburg 34 - 01
NSDAP 6. Kreistag Duderstadt 20. 21. Mai 1935 Metall III	Kundgebung der Deutschen Arbeitsfront Duisburg 29. Juli 1933 Metall II	1. National- Volksschiessen Duisburg 1934 Metall III
Duisburg 36 - 01	Duisburg 36 - 02	Duisburg 38 - 01
Kreistag Duisburg 1936 Metall III	1936 HDW Deutscher Bauvereinstag Duisburg Metall II	Wettkampftage SA Gruppe Niederrhein 10.- 12 Juni 1938 Metall: a) bronze b) silbern III
Duisburg-Hamborn 30 - 01	Duisburg-Hamborn 33 - 01	Duisburg-Meiderich 34 - 01
Polizei- Westkreismeisterschaften Schwerathletik - Ringen 1930 Polizeisportvereinigung Duisburg-Hamborn Metall III	1. Braune Messe Duisburg-Hamborn 15.- 23. Oktober 1933 Metall III	Hein Hammacher Hallen D.- Meiderich Juni 1934 Metall III

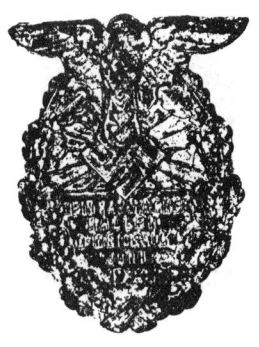

Dülmen 33 - 01 NSKK Bezirkstreffen Dülmen 22. Okt. 33 Metall III	Düren 34 - 01 Oberbann III Aufmarsch Düren 22. Apr. 1934 Metall III	Düren 37 - 01 40er Treffen in Düren 1937 Seidenbändchen * II
Düren 39 - 01 Kreistag Düren 1939 Metall III	Dürkheim, Bad 33 - 01 "25" Kgl. Inf. Leib- Regt. Bez. Bad Dürkheim Bad Dürkheim 1933 7. Mai Metall III	Dürrenberg, Bad 36 - 01 1936 Sonne in Bad Dürrenberg Brunnenfest Metall III
Dürrenberg, Bad 37 - 01 Kreisfeuerwehr- Verbandstag Bad Dürrenberg 26. u. 27.6.37 Metall oh. Abb. III	Dürrheim. Bad 37 - 01 S.A.- Reit- u. Spring- Turnier 31. Juli und 1. August 1937 im Kurpark Bad Dürrheim Pappe II	Düsseldorf 00 - 01 NSG. Kraft d. Freude Gau Düsseldorf Stoff im Metallrahmen III
Düsseldorf 32 - 01 SA - Treffen Düsseldorf 1932 Metall III	Düsseldorf 33 - 01 3. Waffentag der Deutsch. Kavallerie 1.- 3. Juli 1933 Düsseldorf Stoff im Metallrahmen III	Düsseldorf 33 - 02 HJ Gebiets Jugend - Tag Düsseldorf 28. 5. 1933 Schlageter Metall III

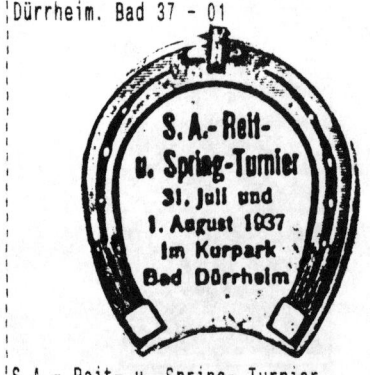

Düsseldorf 33 - 03	Düsseldorf 33 - 04	Düsseldorf 33 - 05
Düsseldorf 28. 5. 1933 Schlageter Metall III	N.S. Hago Gautagung Düsseldorf 8. Okt. 1933 Metall III	Düsseldorf 28.5. 1933 Schlageter Metall V
Düsseldorf 34 - 01	Düsseldorf 35 - 01	Düsseldorf 36 - 01
Schlageter Kundgebung Stirb und Werde Düsseldorf 26.- 27.5. 1934 Metall III	Frontsoldatentag Düsseldorf 30.6.35 Metall III	St. Barbara Uffz. Korps I./ A.R. 26 Düsseldorf 1936 Metall III
Düsseldorf 36 - 02	 Düsseldorf 36 - 03	Düsseldorf 37 - 01
Fahnenweihe Gebiet Ruhr - Niederrhein Düsseldorf 11. Okt. 1936 Metall III	N.S.G. Kraft d. Freude Urlaubsfahrt zum Schwarzwald 1936 Gau Düsseldorf Metall oh. Abb. III	Deutscher Gardetag Düsseldorf 1937 Stoff im Metallrahmen III
Düsseldorf 37 - 02	Düsseldorf 37 - 03	Düsseldorf 37 - 04
Grosse Reichsausstellung Schaffendes Volk Düsseldorf Schlageterstadt 1937 Metall III	Regiments - Treffen ehem. 16er Hacketäuer vom 3.- 5. Juli 1937 in Düsseldorf Metall III	1. Reichstagung der Fachgruppe Holzhandel Düsseldorf 1937 Metall III

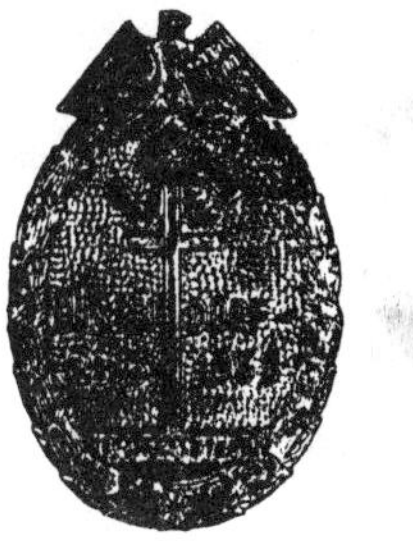

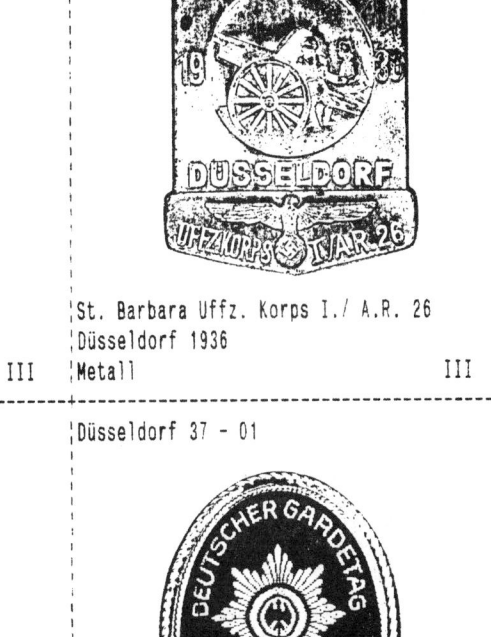

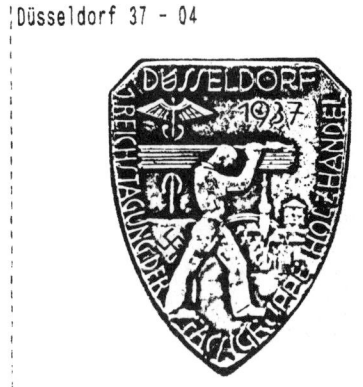

Düsseldorf 37 - 05 Schaffendes Volk Düsseldorf 1937 Halle 25 Erinnerung an die Kunststoffausstellung Kunststoff — II	**Düsseldorf 37 - 06** GW Düsseldorf 1937 Metall / emailliert — III	**Düsseldorf 37 - 07** N.S.D. Marine-Bund Bundestagung Juli 1937 Düsseldorf Metall — IV
Düsseldorf 38 - 01 1816 1938 2. Wiedersehensfeier P.B. 7 120 Jahre 6.- 8.6. Düsseldorf Metall — III	**Düsseldorf 38 - 02** Treffen der Landesgruppe Rheinland des RLB Düsseldorf 15. Mai 1938 Metall — III	**Düsseldorf 38 - 03** Schloss Jägerhof NSG KDF Gau Düsseldorf 1938 Stoff im Metallrahmen — III
Düsseldorf 39 - 01 1919 1939 Gründungsfeier 20 Jahre Freikorps Düsseldorf u. Fahnenweihe in Düsseldorf a. 12. März / 39 Kunststoff — III	**Düsseldorf-Mettmann 33 - 01** Kreis Düsseldorf - Mettmann Fahnenweihe N.S.K.V. Okt. 1933 Metall — III	**Dux 35 - 01** SJ Tag der Freiheit Dux 1935 Kunststoff — II

Reinhard Tieste   Belgarder Str. 5   2820 Bremen 77

SERIENSCHEINE

Ich unterhalte ein umfangreiches Lager
dieses interessanten Sammelgebietes.
Bitte Preisliste anfordern.

Ebelsberg 30 - 01	Ebensee 36 - 01	Eberbach 33 - 01
22. Brachet 1930 10 Jähr. Bestandfeier Dv. Turnver. Ebelsberg Metall II	JV Gaujugendtreffen Ebensee 7. 6. 36 Metall II	Aufmarsch Standarte 112 Himmelfahrt 1933 Eberbach Metall III
Ebern 33 - 01	Echterdingen 33 - 01	Echternach 42 - 01
Heimatwettkämpfe Bezirk Ebern 1933 Metall II	1908 5. Aug. 1933 Aus Flammenglut durch Opfermut zum Sieg ! Zeppelingedenktag Echterdingen Metall V	Echternach I. Kreistag 1942 Metall III
Eckernförde 38 - 01	Eckernförde 38 - 02	Eger 00 - 01
Feuerwehrtag Eckernförde 11.- 12. Juni 1938 Lederplastik oh. Abb. III	2. Wehrkampftag SA- Standarte 86 Eckernförde 27./ 28. 8. 1938 Metall III	Eger Sonnenwende Holz III
Eger 00 - 02	Eger 34 - 01	Eger 35 - 01
Oktoberfest - Sonderzug Reichsb. Betriebsamt Eger Stoff im Metallrahmen IV	Eger 1934 Metall II	Gauturnfest Eger 1935 Metall oh. Abb. II

Eger 36 - 01	Eger 38 - 01	Eibach 00 - 01
R.T.S.V. Eger 1. Gründ. Fest 1936 Metall　　　　　　　　　　　　II	Verbandstag Eger 1938 Stoff im Metallrahmen　　　　　II	Sonnenwendfeier Eibach Metall　　　　　　　　　　　II
Eichstätt 34 - 01	Eichstätt 34 - 02	Eichstätt 35 - 01
SA Frühjahrs - Aufmarsch der Standarte 10 in Eichstätt 1934 Metall　　　　　　　　　　　III	Erinnerungsfeier der 12. bay. Inf. Divis. Eichstätt 1934 Metall　　　　　oh. Abb.　II	Thingplatz - Weihe　Eichstätt 1935 Metall　　　　　　　　　　II
Eichstätt 37 - 01	Eichstätt 38 - 01	Eichwald 37 - 01
Jubiläumsvolksfest 4.- 12. Sept. Landwirtschaftsfest Eichstätt 1812 - 1937 Metall　　　　　　　　　　III	Volks- und Sommerfest Eichstätt 1938 Metall　　　　　　　　　　II	N... Turngau　1937　Eichwald Holz　　　　　　　　　　II
Eimsbüttel 36 - 01	Ein Volk bricht Ketten 00 - 01	Ein Volk, Reich 00 - 01
1911 - 1936　25 Jahre Kleingartenverein Eimsbüttel e.V. Pappe / Varianten in der Form　I	Ein Volk bricht Ketten Metall　　　　　　　　　　III	Ein Volk　Ein Reich Metall　　　　　　　　　　III

Ein Volk, Reich 38 - 01	Ein Volk, Reich, Führer 00 - 01	Ein Volk, Reich, Führer 00 - 02 ✗
Ein Volk Ein Reich 11.3. 1938 Metall III	Ein Volk - Ein Reich - Ein Führer Metall / emailliert V	Ein Volk Ein Reich Ein Führer Metall I
Ein Volk, Reich, Führer 33 - 01	 Ein Volk, Reich, Führer 38 - 01	Ein Volk, Reich, Führer 38 - 02
Ein Volk Ein Reich Ein Führer 19. Juni 1933 Metall III	Ein Volk - Ein Reich - Ein Führer 1938 Metall III	13. März 1938 Ein Volk - Ein Reich - Ein Führer Metall IV
Ein Volk, Reich, Führer 38 - 03	Ein Volk, Reich. Gott 00 - 01	Einbeck 33 - 01
13. März 1938 Ein Volk Ein Reich Ein Führer Metall IV	Ein Volk, Ein Reich, Ein Gott ! Metall mit Zellophanauflage II	Einweihung des Ehrenmals Einbeck 10. Sept. 1933 Pappe mit anhängd. Seidenbändchen * II
Einbeck 34 - 01	Einbeck 35 - 01	Einbeck 35 - 02
Einbeck 1934 Bez. Verein Hannover Metall mit Seidenbändchen III	16 j. Gründungsfeier d. Stahlhelms B.d.F. Ortsgruppe Einbeck 16./ 17.2. 1935 Pappe III	Massenfahnenweihe der Deutschen Arbeitsfront Kreis Einbeck 7.4. 1935 Metall III

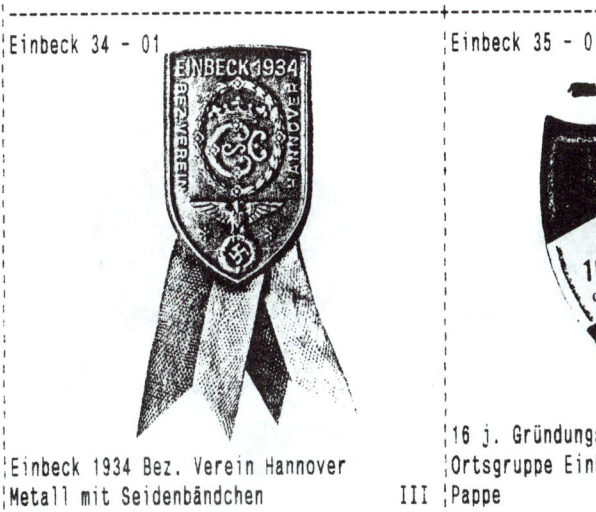

Einsiedel 00 - 01	Eisenach 00 - 01	Eisenach 33 - 01
Betriebsfahrt Maschinenfabrik Einsiedel G.M.B.H. Metall — II	Kommt nach Eisenach Metall — I	Gebietstreffen des NSLB Gau Thüringen am 4. und 5. Nov. 1933 in der Wartburgstadt Eisenach Metall — III
Eisenach 33 - 02	Eisenach 34 - 01	Eisenach 34 - 02
Die Wartburgstadt Eisenach grüßt die Führer der deutschen Arbeitsfront 19.10. 1933 Metall — III	Brigade 44 Brigade- Treffen Wartburgstadt Eisenach 21./ 22. April 1934 Metall — III	Saarland - Kundgebung Wartburg 5.8.34 Holz — IV
Eisenach 34 - 03	Eisenach 34 - 04	Eisenach 35 - 01
1. Kreisturnfest Kreis Wartburg Eisenach 1934 Metall — III	Kirchenbewegung Deutsche Christen Nationalkirchliche Bewegung Reichstagung Eisenach 20.- 22. Okt. 1934 Metall — III	Thür. Bach- u. Luthertage Eisenach / Wartburg 1935 "und wenn die Welt voll Teufel wär" Metall — III
Eisenach 35 - 02	Eisenach 35 - 03	Eisenach 36 - 01
Eisenach 1935 Metall — III	Kreistag d. NSDAP Eisenach 1935 Metall — III	Deutscher Wandertag Eisenach 1936 Metall — II

Eisenach 36 - 02 Kirchenbewegung Deutsche Christen Reichstagung 10.- 12. Okt. 1936 Eisenach Metall III	Eisenach 36 - 03 Wartburg Kreistag NSDAP 24. Mai 1936 Metall III	Eisenach 37 - 01 Deutsche Christen Nationalkirchliche Bewegung 4. Reichstagung Eisenach 9.- 11. Oktober 1937 Metall III
Eisenach 38 - 01 Deutsche Christen Reichstagung Nationalkirchliche Einung Eisenach 1938 Metall II	Eisenberg 31 - 01 Der Stahlhelm B.d.F. in Eisenberg / Th. Gautag Saale/Thüringen 12.- 13. Sept. 1931 Metall III	Eisenberg 34 - 01 1924 1934 Rs.: Ortsgruppe Eisenberg i. Thür. Porzellan V
Eisfeld 34 - 01 Kreistag Hilburghausen Eisfeld 7. u. 8.7.34 Metall oh. Abb. III	Eisleben 33 - 01 Eisleben 1933 Eine feste Burg ist unser Gott Metall II	Elbau 00 - 01 Fliegerlager Elbau Metall V
Elbmündung 37 - 01 NSDAP Kreis "Elbmündung" Tag der nation. Arbeit 1. Mai 1937 Seidenbändchen II	Elbmündung 38 - 01 Kreistreffen Elbmündung 1938 Kunststoff II	Elbogen 36 - 01 Gauturnfest Ober-Eger-Gau Elbogen 4.- 5. Heuet 1936 Metall III

Elgersburg 34 - 01	Elmshorn 35 - 01	Elmshorn 36 - 01
Einweihung Horst-Wessel Ehrenmal Elgersburg Th. 16.9. 1934 Metall — III	Jungbann Sportfest Jungbann "Nieder Elbe" 26./ 29. August Elmshorn Metall — III	Elmshorner Heimatwoche 1936 Metall — II
Elmshorn 37 - 01	Elmshorn 38 - 01	Elsterberg 34 - 01
Heimatwoche Elmshorn 1937 Metall — II	NSDAP Ortsgruppe Elmshorn 1. Mai 1938 Pappe — III	16. Ruinenfest Elsterberg i.V. 2.- 4. Juni 1934 Stoff im Metallrahmen — III
Elsterberg 38 - 01	Emden 00 - 01	Emden 33 - 01
Heimat- u. 17. Ruinenfest 18. bis 20. Juni 1938 Elsterberg / Vogtl. Stoff im Metallrahmen — III	26. Ostfriesisches Krieger- Bundesfest Emden Pappe — II	NS Kriegsopfervsg. Bezirkstagung Emden 19. u. 20.8.33 Metall — oh. Abb. III
Emden 35 - 01	Emmendingen 00 - 01	Emmerich 34 - 01
N.S.D.F.B.St. Gautag Emden 1935 Gau Oldenbg.- Ostfriesland Metall — III	NSG Kraft durch Freude Kreis Emmendingen Metall — III	700 Jahre Emmerich 30.5.- 3.6. 1934 Metall — III

Ems. Bad 34 - 019. Turnkreis 1. TurnkreisfestBad Ems 14. - 16. Juli 1934Seidenbändchen　　　　　　　II	Ems. Bad 35 - 0150 jähr. Jubiläum der Militär- undKriegerkameradschaft AlemanniaBad Ems am 3.- 5. Aug. 1935Seidenbändchen　*　　　　　II	Emscher-Lippe 32 - 01Reichstags Wahlkampf 1932Bezirk Emscher - LippeMetall　　　　　　　　　III
Engelhaus 34 - 01Bezirksbundesfest 1934　EngelhausMetall　　　　　　　　　II	Ennepe 36 - 01Kreistag Ennepe - Ruhr 25./26. Juli 36Metall　　　　　　　　　III	Ennepe 39 - 01Kreistag der NSDAP Ennepe Ruhr 1939Wir aber　Wir wachenMaterial ?　　　　oh. Abb.　III
Enns 33 - 01Starhemberg - Gedenkschiessen Enns 1933Metall　　　　　　　　　III	Eppingen 38 - 01Heimattag Eppingen 6.- 14. Aug. 1938Metall　　　　　oh. Abb.　II	Erfurt 30 - 01Reichstreffen der Roten SportlerErfurt 7.- 8. Juni 1930Metall　　　　　　　　　III
Erfurt 30 - 02XIII. Gausängertag Erfurt 28.- 29.6. 1930Metall　　　　　　　　　II	Erfurt 33 - 01Tag des Deutschen SoldatenErfurt 2. Aug. 1933Metall　　　　　　　　　III	Erfurt 33 - 02Thür. Gautreffen Erfurt 4.6.33Metall　　　　　　　　　III

Erfurt 33 - 03 Deutsche Arbeitsfront Aufmarsch Erfurt Sept. 1933 Metall　　　　　III	**Erfurt 33 - 04** Arbeit adelt　Braune Messe Erfurt 1933 Metall　　　　　III	**Erfurt 33 - 05** Ich gab Arbeit durch Kauf anlässlich der Braunen Weihnachtsmesse Erfurt 1933 Metall　　　　　III
Erfurt 33 - 06 NSBO Kundgebung Arbeitsfront Erfurt 23.7. 1933 Metall　　　　　III	**Erfurt 34 - 01** 4. Wiedersehensfeier 2. Rhein. Hus. Regt.9 Erfurt 26 - 27.5. 1934 Seidenbändchen　　*　　II	**Erfurt 34 - 02** N.S.B.O.　NS.HAGO und D.A.F. Tagung Erfurt 9.- 10.6. 1934 Metall　　　　　III
Erfurt 34 - 03 SA Brigade Treffen　Erfurt　Ostern 34 Metall　　　　　III	**Erfurt 34 - 04** K.d.F. Flugtag Erfurt. 21. X. 34 (Text rückseitig auf Papieraufkleber) Preßmasse　　　　IV	**Erfurt 35 - 01** 4. Postsängertreffen Erfurt 15.- 17.6. 1935 Metall　　　　　III
Erfurt 35 - 02 Ungarn - Tag SA Reiter Appell Erfurt 1935 Stoff im Metallrahmen　　III	**Erfurt 35 - 03** Thüringer SA- Reiter Appell Erfurt 8. Septbr. 35 Stoff im Metallrahmen　　III	**Erfurt 36 - 01** NSDAP Kreistag Erfurt Stadt 10.- 11. Okt. 1936 Metall　　　　　III

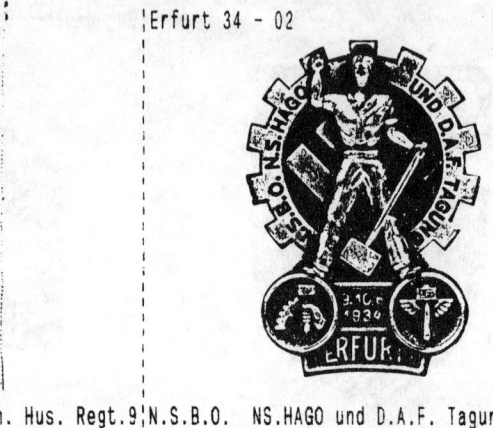

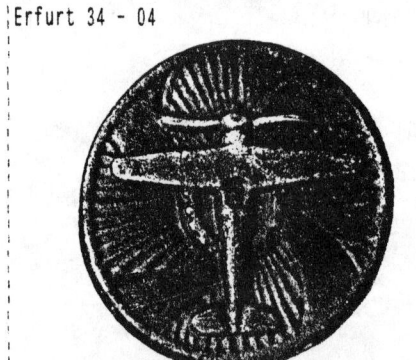

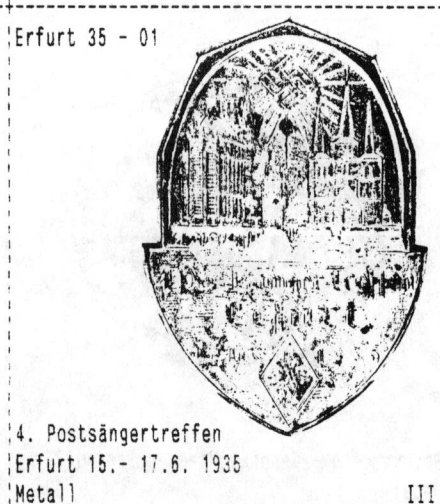

Erfurt 36 - 02	Erfurt 37 - 01	Erfurt 39 - 01
Zur 50 Jähr. Gründungsfeier der Marine-Kameradschaft Erfurt 1886 1936 Seidenbändchen * III	NSLB Gau Thüringen Gautag Erfurt 23.- 24. Okt. 1937 Metall III	Reichs-Sportwettkämpfe des NSKK Erfurt 29.- 30. Juli 1939 Metall IV
Erkelenz 37 - 01	Erkelenz 39 - 01	Erkrath 34 - 01
Kreistag der NSDAP Erkelenz 23. Mai 1937 Metall III	Kreistag Erkelenz 1939 Metall oh. Abb. III	Sankt Sebastianus Bruderschaft Erkrath 1484 - 1934 Metall II
Erlangen 33 - 01	Erlangen 34 - 01	Erntedankfest 33 - 01
Schlageter - Gedenktag Erlangen 26.5. 1933 Metall III	Erlanger Bergkirchweih Pfingsten 1934 Metall II	Erntedankfest 1. Okt. 1933 Metall III
Erwerblosen-Selbsthilfe 32 - 01	Erwitte 36 - 01	Erziehung 36 - 01
Erwerblosen-Selbsthilfe 1932 Metall II	1100 Jahre Erwitte 836 - 1936 Metall II	Haus der Deutschen Erziehung 12. Juli 1936 Porzellan III

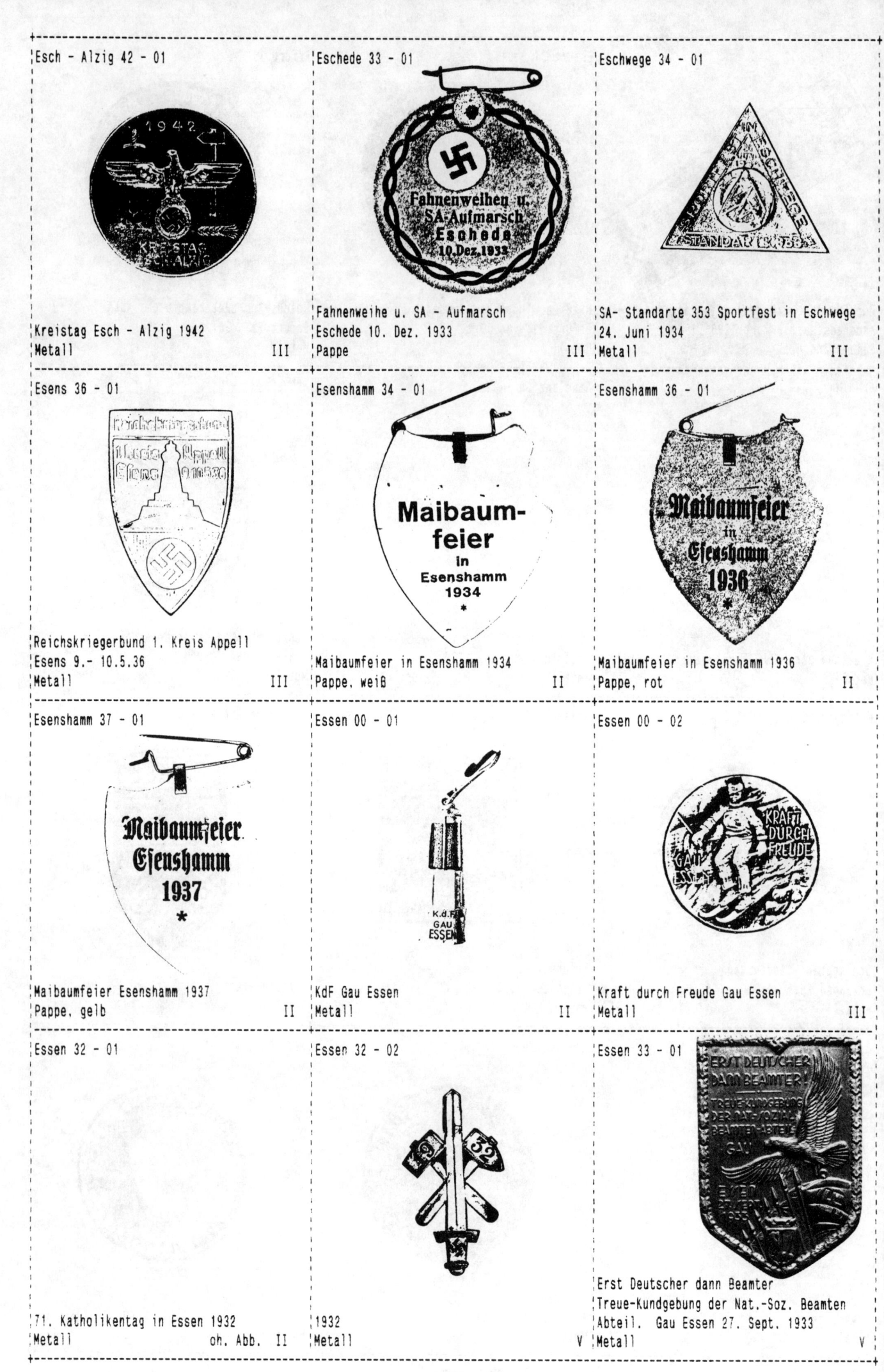

Esch - Alzig 42 - 01 Kreistag Esch - Alzig 1942 Metall III	Eschede 33 - 01 Fahnenweihe u. SA - Aufmarsch Eschede 10. Dez. 1933 Pappe III	Eschwege 34 - 01 SA- Standarte 353 Sportfest in Eschwege 24. Juni 1934 Metall III
Esens 36 - 01 Reichskriegerbund 1. Kreis Appell Esens 9.- 10.5.36 Metall III	Esenshamm 34 - 01 Maibaumfeier in Esenshamm 1934 Pappe, weiß II	Esenshamm 36 - 01 Maibaumfeier in Esenshamm 1936 Pappe, rot II
Esenshamm 37 - 01 Maibaumfeier Esenshamm 1937 Pappe, gelb II	Essen 00 - 01 KdF Gau Essen Metall II	Essen 00 - 02 Kraft durch Freude Gau Essen Metall III
Essen 32 - 01 71. Katholikentag in Essen 1932 Metall oh. Abb. II	Essen 32 - 02 1932 Metall V	Essen 33 - 01 Erst Deutscher dann Beamter Treue-Kundgebung der Nat.-Soz. Beamten Abteil. Gau Essen 27. Sept. 1933 Metall V

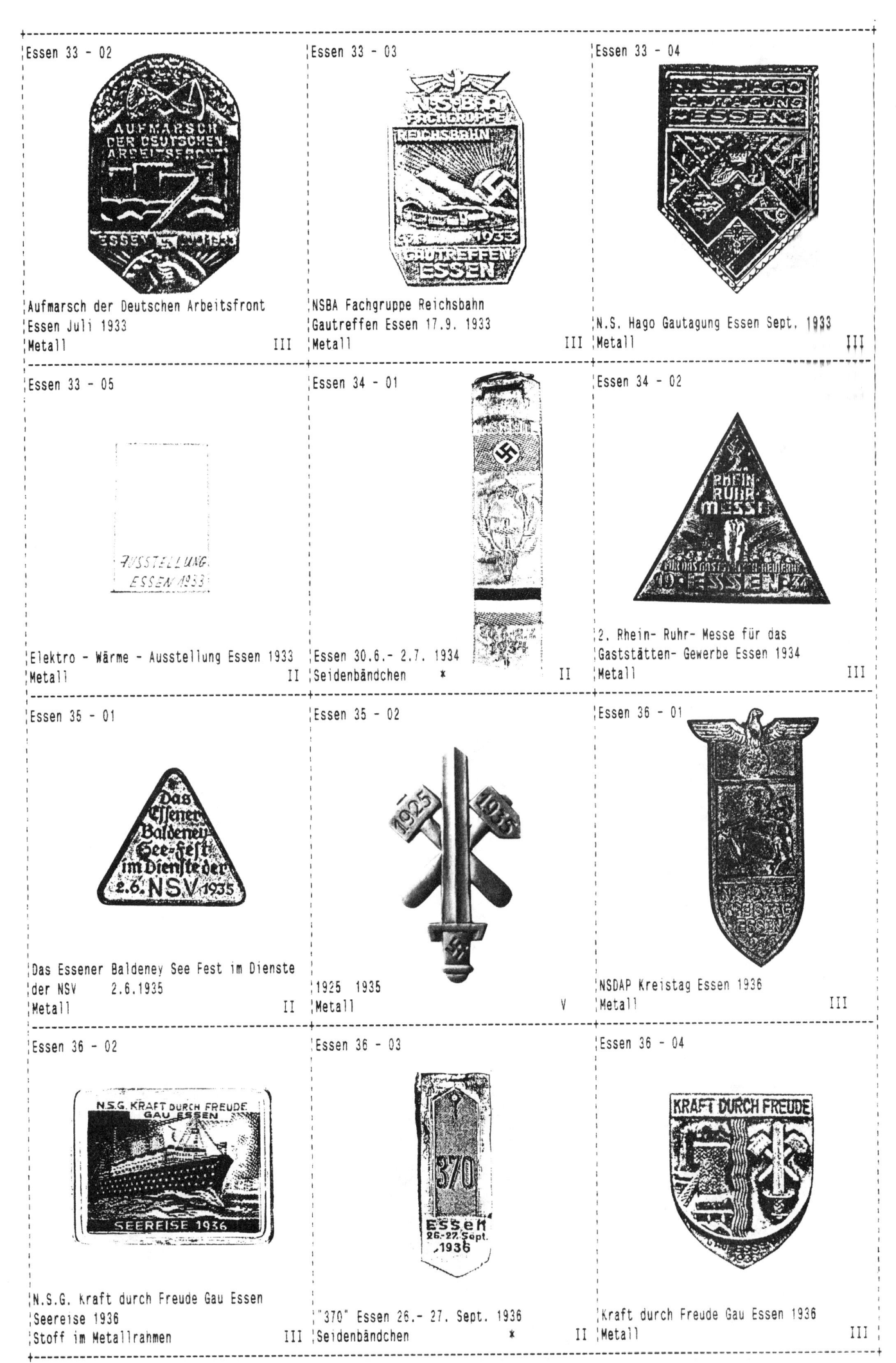

Essen 33 - 02	Essen 33 - 03	Essen 33 - 04
Aufmarsch der Deutschen Arbeitsfront Essen Juli 1933 Metall III	NSBA Fachgruppe Reichsbahn Gautreffen Essen 17.9. 1933 Metall III	N.S. Hago Gautagung Essen Sept. 1933 Metall III
Essen 33 - 05	Essen 34 - 01	Essen 34 - 02
Elektro - Wärme - Ausstellung Essen 1933 Metall II	Essen 30.6.- 2.7. 1934 Seidenbändchen * II	2. Rhein- Ruhr- Messe für das Gaststätten- Gewerbe Essen 1934 Metall III
Essen 35 - 01	Essen 35 - 02	Essen 36 - 01
Das Essener Baldeney See Fest im Dienste der NSV 2.6.1935 Metall II	1925 1935 Metall V	NSDAP Kreistag Essen 1936 Metall III
Essen 36 - 02	Essen 36 - 03	Essen 36 - 04
N.S.G. kraft durch Freude Gau Essen Seereise 1936 Stoff im Metallrahmen III	"370" Essen 26.- 27. Sept. 1936 Seidenbändchen * II	Kraft durch Freude Gau Essen 1936 Metall III

Essen 38 - 01 Gautag Essen 1938 Stoff, Pappe hinterlegt — III	Essen 38 - 02 II. Reichsgartenbautag Essen 21.8. 1938 Efoplast — II	Essen 38 - 03 DGTO Reichstagung Essen 16.- 19. Juli 1938 Metall — III
Essen 38 - 04 Wiedersehensfeier der Deutschen Nachrichtentruppe 2.- 4. Juli 1938 in Essen Seidenbändchen * III	Essen-Werden 34 - 01 St. Ludger - Jubiläum Essen - Werden 1934 Metall — III	Esslingen 35 - 01 Sommer u. Sportfest der DAF Kreis Esslingen 24. 25. Aug. 1935 Metall — III
Esslingen 37 - 01 DRL Kreis 12 Teck 1. Kreisfest Esslingen 17.- 18. Juli 1937 Metall — III	Etting 36 - 01 Jubiläumsgaufest d. Gauverbandes 2 anläßl. seines 25 jähr. Bestehens abgeh. v.G.T.E.V Tiefenbachtaler Etting 23. u. 24. Mai 1936 Pappe — II	Eugen Prinz 36 - 01 Prinz Eugen Gedenkfeier 1936 Metall — II
Eulenried 33 - 01 Eröffnung des Stahlhelm - Arbeitslagers Lindach Eulenried 25.V.33 Metall — III	Euskirchen 37 - 01 NSDAP Kreistag Euskirchen 1937 Metall — III	Eutin 34 - 01 Schleswig - Holsteiner Landarbeitertag Eutin 1934 Metall — III

Eutin 37 - 01

Volks- u.
Heimatfest
der Rosenstadt Eutin
18.u.19. Juli 1937
Seidenbändchen * II

Historische Antiquitäten

Europas bekannter Spezialist hilft Ihnen bei der Erweiterung Ihrer Sammlung.

Wir führen ständig im Angebot:
Orden & Ehrenzeichen, Historische Helme + Uniformen, Blankwaffen, Historische Porzellane + Kaisergeschenke, Gemälde mit histor. Motiven, Sammlungsstücke zu den Themen: Olympiaden, Marine + Luftfahrt, Studentika, Freimaurer, Allach-Porzellan, Cadinen, Reservistika, Polizei, Eisenbahn, Fachliteratur.

Fordern Sie unseren neuesten Spezialkatalog an.
Einzelkatalog für DM 10.–
Jahresabo DM 50.–
Spezial-Katalog 1. Orden + Ehrenzeichen, Urkunden, Blankwaffen, Militaria
Spezial-Katalog 2. Autographen, Politik, Militär-Geschichte
Spezial-Katalog 3. Antiquariats-Katalog, Militär, Geschichte, Politik, Plakate, Flugblätter, Graphik.

Verkaufsangebote jederzeit erwünscht

GALERIE D'HISTOIRE
ANDRÉ HÜSKEN

Dammtorstraße 12, 2000 Hamburg 36
Telefon 040 / 34 31 31, Telefax 040 / 35 41 03

Postgirokonto Hamburg, Kto. 4 341 88 - 206
Deutsche Bank Hamburg, Kto. 4 992 541 (BLZ 200 700 00)

SCHÜTZEN SIE SICH VOR FÄLSCHUNGEN!

Lassen Sie Ihre Sammlungsstücke durch einen weltweit anerkannten Experten und Sachverständigen begutachten und prüfen.

GALERIE D'HISTOIRE
André Hüsken

Dammtorstraße 12, 2000 Hamburg 36
Telefon 040/34 31 31, Telefax 040/35 41 03

Falkenau 30 - 01	Falkenberg 35 - 01	Falkenstein 00 - 01
Völkischer Tag Falkenau 2.u.3. August 1930	1925 / 1935 N.S.D.F.B.St. Ortsgruppe Falkenberg Kreis Falkenberg	SA- Flugtag Falkenstein i.V.
Metall IV	Metall III	Metall IV
Fallingbostel 38 - 01	Farmsen 36 - 01	Farmsen 38 - 01
Kreis Fallingbostel 1938	Farmsen Berner Heimatwoche 1936	Farmsen Berner Heimatwoche 1938
Kunststoff III	Metall I	Seidenbändchen * I
Farmsen 39 - 01	Fehrbellin 39 - 01	Feuchtwangen 34 - 01
Farmsen Berner Heimatwoche vom 10-18-Juni 1939	Fehrbelliner Festspiele am 17.u.18. Juni 1939 1675	Sportfest der S.A. Standarte 6 Feuchtwangen 17. 6. 34
Seidenbändchen I	Kunststoff III	Metall III
Fichtelberg 34 - 01	Finkenwärder 00 - 01	Finsterwalde 36 - 01
Fichtelberg Winter 1934 - 35	700 Jahrfeier Finkenwärder	600 Jahre Stadt Finsterwalde 1336 1936
Metall III	Metall II	Efoplast II

Fischern 33 - 01	Flatow 39 - 01	Flensburg 00 - 01
1923 1933 Eghalanda Fischern Metall II	NSDAP Kreistreffen Flatow 1939 Kunststoff III	Ständige Export Musterschau Flensburg Das Tor zum Norden Metall II
Flensburg 33 - 01	Flensburg 34 - 01	Flensburg 34 - 02
DAF NSBO Flensburg 22.10.1933 Metall III	Grenzlandkundgebung DAF Flensburg 30.6.34 Kunststoff II	N.S. Gemeinschaft Kraft durch Freude Feuerwerk 1934 Flensburg Pappe III
Flensburg 35 - 01	Flensburg 35 - 02	Flörsheim 37 - 01
Jungbann Aufmarsch Flensburg 28.- 29.9. 1935 Metall III	R.J.R. 86 Regimentstag Flensburg 29.- 30. 6. 1935 Metall III	NSDAP Main Taunus Kreisvolksfest in Flörsheim 31.7. - 2.8. 1937 Metall III
Forchheim 34 - 01	Forsthaus 34 - 01	Fraina 34 - 01
Standarten Erhebung SA- Standarte 3 Deutschland Erwache Forchheim 22.4. 1934 Metall III	Sommerfest der Fachschaft Post Forsthaus 15.7.34 Metall II	Kriegerdenkmal-Enthüllung und Weihe Fraina (Thaya) 7.u.8.juli 1934 Pappe I

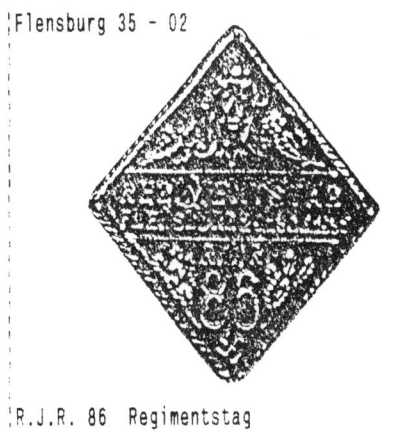

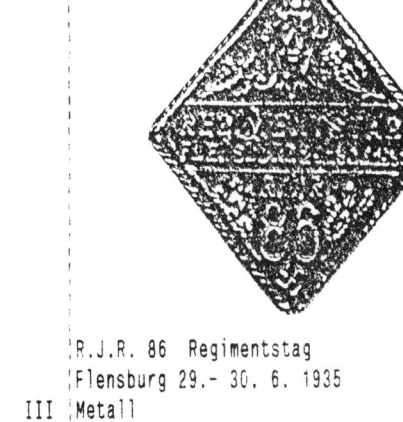

Franken 00 - 01 KdF Gau Franken Metall — II	**Franken 00 - 02** N.S.G. Kraft durch Freude Gau Franken Metall — II	**Franken 00 - 03** N.S.G. Kraft durch Freude Gau Franken Metall — II
Franken 00 - 04 Deutsche Arbeitsfront Gau Franken N.S.G. Kraft durch Freude Metall — II	**Franken 00 - 05** N.S.G. Kraft durch Freude Hochseefahrt Gau Franken Metall — oh. Abb. II	**Franken 00 - 06** K.d.F. Gau Franken Kunststoff mit Metallauflage — III
Franken 00 - 07 NSG Kraft d. Freude Gau Franken Metall — III	**Franken 00 - 08** K.d.F Gau Franken Metall — III	**Franken 00 - 09** N.S.G. Kraft d. Freude Gau Franken Metall — III
Franken 34 - 01 Deutsches Eck Franken - Rheinfahrt Kraft durch Freude 8. - 15.7. 34 Metall — III	**Franken 35 - 01** N.S.G. Kraft durch Freude Gau Franken Sonntagsfahrt 1935 Metall: a) silber b) golden — III	**Franken 35 - 02** NSG Kraft durch Freude Gau Franken Winter 1935/36 Metall — III

Franken 35 - 03	Franken 35 - 04	Franken 36 - 01
4 Quellen Lager Zeltlager 1935 Gebiet 18 Franken Metall — III	Spessart Lager Zeltlager 1935 Gebiet 18 Franken Metall — III	Zeltlager der Fränk. HJ 1936 Metall — III
Franken 36 - 02	Franken 36 - 03	Franken 36 - 04
Frankentag 1936 (Hesselberg) Metall — III	BDM Sporttag 1936 Obergau 18 Franken Metall — II	Kraft durch Freude Gau Franken 1936 1937 Metall — III
Franken 37 - 01	Franken 38 - 01	Franken 39 - 01
Kampftage der Fränkischen SA 1937 Metall — III	Kampftage der SA- Gruppe Franken 1938 Metall (Mittelstück auch Kopfstehd.) III	Gebietstreffen der Fränkischen Hitlerjugend 1939 Kunststoff — III
Franken 39 - 02	Frankenberg 39 - 01	Frankenthal 35 - 01
Kampftage der Fränkischen SA 1939 Metall — III	Kreistag 1939 Frankenberg Kunststoff — III	SA- Reitersturm 5/ 51 2. Reit- u. Springturnier Frankenthal 26. Mai 1935 Pappe — II

Frankenthal 37 - 01	Frankfurt 00 - 01	Frankfurt 30 - 01
Einweihung Marinegedenkstein Frankenthal 24./ 25.7. 1937 Metall　　　　　　　　　　III	Deutsche Kinderschar Ffm. Pappe　　　　　　　　　　　II	Gauparteitag Hessen - Nassau - Süd Frankfurt am Main 4.- 5.10.30 Metall: a) silber b) bronziert　III
Frankfurt 31 - 01	Frankfurt 32 - 01	Frankfurt 32 - 02
Deutsche Gesellsch. f. Gynäkologie Frankfurt a.M. Mai 1931 Metall　　　　　　　　　　II	XI. Deutsches Sängerbundesfest Frankfurt a.M. 21.- 24. Juli 1932 Metall　　　　　　　　　　II	11. Deutsches Sänger-Bundesfest Frankfurt a/ Main Juli 1932 Metall　　　　　　　　　　III
Frankfurt 33 - 01	Frankfurt 33 - 02	Frankfurt 33 - 03
53. Bundestag B. Deutscher Buchbinder ING. Frankfurt a.M. 5.- 8. Aug. 1933 Metall　　　　　　　　　　II	Denkmalsweihe mit Wiedersehensfeier d. 81er Bundes Unseren Toten im Weltkriege Frankfurt a.M. 3.u.4.6. 1933 Metall　　　　　　　　　　III	Tag der Deutschen Arbeit Frankfurt a.M. 1. Mai 1933 Metall　　　　　　　　　　II
Frankfurt 33 - 04	Frankfurt 33 - 05	Frankfurt 33 - 06
SS Aufmarsch Abschnitt XI Gruppe West Frankfurt a.M. 10.u.11.6. 1933 Metall　　　　　　　　　　V	Landestreffen der N.S.B.O. Hessen-Nassau Frankfurt a.M. 27. Aug. 1933 Metall　　　　　　　　　　III	1533 1933 Vierhundert Jahrfeier der Reformation in Frankfurt a.M. Metall　　　　　　　　　　II

Frankfurt 33 - 07 Frankfurt 21. Bundestag Deutscher Graveure u. Ziseleure 21.- 23. Juli 1933 Metall II	Frankfurt 34 - 01 Fahnenweihe d. NSDAP Gr. Frankfurt 1. Juli 1934 Metall II	Frankfurt 34 - 02 NSLB I. Reichstagung Frankfurt A.M. 3.- 5. Ernting 1934 Metall III
Frankfurt 34 - 03 1. Kriegsopfer u. Soldatentag Frankfurt A.M. 17.u.18 Nov. 1934 Metall III	Frankfurt 34 - 04 Deutsche Kinderschar d. N.S. Frauenschaft Juni 1934 Ffm. Pappe II	Frankfurt 34 - 05 Weihnachten 1934 Frankfurt a/M. Metall II
Frankfurt 35 - 01 Reichshandwerkertagung 1935 Frankfurt a.M. Metall II	Frankfurt 35 - 02 Tag der N.S.D.A.P. Kreis Groß - Frankfurt 6.7. 7.7. 1935 Metall III	Frankfurt 35 - 03 Deutscher Stenographentag 1935 Metall III
Frankfurt 36 - 01 Reichsnährstandsausstellung 1936 Frankfurt am Main a) Metall b) Leder II	Frankfurt 36 - 02 Gautag Hessen - Nassau Frankfurt am Main 1936 Metall III	Frankfurt 36 - 03 Betriebsfest der Firma J. S. Fries Sohn Frankfurt a.M. 1.5.1936 Seidenbändchen * II

Frankfurt 36 - 04 Tag der Wehrmacht Frankfurt-Main 16.3.36 Metall III	Frankfurt 36 - 05 Meenzerhof Sindlingen 1936 Metall / emailliert IV	Frankfurt 37 - 01 Reichstreffen der Ehem. Flakwaffe u. des Luftschutzes Frankfurt a.M. 8.u.9.Mai 1937 Metall III
Frankfurt 37 - 02 Reichstreffen der Kinderreichen Frankfurt a/M. 5.- 7. Juni 1937 Metall III	Frankfurt 37 - 03 Fest der Leibesübungen 25.- 27. Juni 1937 Kreis Frankfurt /M. Metall III	Frankfurt 38 - 01 NSDAP Kreistag Gross Frankfurt a.Main 18.- 20.6. 1938 Metall III
Frankfurt 38 - 02 Sportfest d. Betriebsgemeinsch. d. städt. Betriebe FFM. 17.u.18.9.38 Metall II	Frankfurt 38 - 03 "125" Jubiläums u. Wiedersehensfeier der 81er Frankfurt - M. 10.7.38 Metall III	Frankfurt 38 - 04 Frankfurter Volksblatt-Fahrten 1938 Metall II
Frankfurt 39 - 01 NSFK- Grossflugtag Gruppe 11 Hessen- Westmmark 2.Int. Luftrennen Deutsche Meisterschaft i. Geschicklichkeitsflug Frankfurt a.M. 28.- 30.7. 1939 Metall: a) bronze b) gold V	Frankfurt 39 - 02 Kreistag Groß - Frankfurt 24.u.25. Juni 1939 Metall III	Frankfurt 39 - 03 Deutsche Christen Nat. Kirchl. Einung Frankfurt a/M. 18. Juni 1939 Metall III

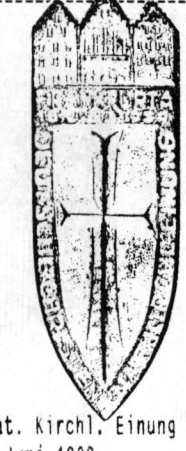

Frankfurt 40 - 01	Frankfurt 42 - 01	Frankfurt 43 - 01
Sportfest ABP Frankfurt a/Main 1940 Metall — III	Sport - Werbetage Frankfurt a/M 17.- 31. 5. 1942 Preßpappe — III	Sport - Werbetage 1943 NSRL Kreis 1 Frankfurt A.M. Preßpappe — III
Frankfurt-Oder 33 - 01	Frankfurt-Oder 33 - 02	Frankfurt-Oder 34 - 01
I. Treffen Kriegsverl. Frontsoldaten L.V. Kurmark Frankfurt- Oder 1933 Metall — III	Deutschlandflug 1933 Ostmark-Flugtag Frankfurt a/O. 10. September Metall — V	Gau Kurmark Frankfurt Gau- Parteitag 24.- 26. Februar 1934 Metall — III
Frankfurt-Oder 37 - 01	Frankfurt-Oder 39 - 01	Franzensbad 35 - 01
Kreistag Frankfurt a.d.O. 1937 Metall — III	Deutsche Polizei Meisterschaften Frankfurt / O. 1939 Metall — X	SdP Bezirkstreffen 14. u. 15. 9. 1935 in Franzensbad Holz — II
Franzensbad 36 - 01	Freiberg 34 - 01	Freiberg 38 - 01
Egerländer Volkstrachtenfest Franzensbad 18. - 19. Juli 1936 Metall mit Stoff — II	Freiberg 1934 Kreisparteitag Metall — III	1188 750 Jahre 1938 Freiberg i. Sa. Metall — II

Freiburg 32 - 01 NS- Flugtag Freiburg i. Br. 21.8.32 Badenflug Metall IV	**Freiburg 33 - 01** Bauerntag 1. Okt. 1933 Freiburg im Breisg. Pappe III	**Freiburg 33 - 02** 1. Bundesmusikfest Pfingsten 1933 Freiburg im Brsg. Metall II
Freiburg 34 - 01 Dr. Goebbels spricht im Freiburger Stadion 20. Juni 1934 Metall II	**Freiburg 34 - 02** 5. REK Gautag Freiburg i/ Br. 16.- 18. Juni 1934 Metall III	**Freiburg 34 - 03** Treue dem Führer 24.- 25.2. 1934 Freiburg i. Brsg. Metall III
Freiburg 34 - 04 I. Ober-Badische Braune Messe Freiburg / Br. 23. Juni - 4. Juli 1934 Metall III	**Freiburg 35 - 01** Kolonial-Ausstellung Juni - Juli 1935 Freiburg i. BRSG. Seidenbändchen * IV	**Freiburg 36 - 01** 2. Bad. Frontsoldaten- und Kriegsopfer Ehrentag Freiburg i.B. 20.21. Juni 1936 Metall III
Freiburg 36 - 02 SA- Brigade 54 marschiert! Freiburg i. Br. 22.- 23. Aug. 1936 Metall III	**Freiburg 36 - 03** "113" Regimentstag Freiburg i.B. 30. Mai 1. Juni 1936 Metall III	**Freiburg 37 - 01** 14er Treffen Freiburg 5.u.6. Juni 1937 Metall III

Freiburg 38 - 01	Freiburg 39 - 01	Freien Scholle 38 - 01
Landwirtschaftl. Genossensch. Tagungen Freiburg i.Br. 4.- 6. Mai 1938 Metall — III	1. Bad. Postsport und Postschutztreffen Freiburg / BRG. 28.- 29. Mai 1939 Metall — II	Fest der Freien Scholle 3.- 5. Sept. 1938 Seidenbändchen — * — II
Freiheit und Brot 36 - 01	Freiheitsspende 32 - 01	Freilassing 36 - 01
Freiheit und Brot 29. März 1936 Metall: a) golden b) silber — I	Freiheitsspende 1932 Metall — II	Platzweihe des Sportfeldes R.T. S.V. Freilassing 1936 Metall — III
Freinsheim 33 - 01	Freising 33 - 01	Freising 35 - 01
Vorderpfälz. Bundschuh- Tag Freinsheim 28. Mai 1933 Pappe — II	8./ 9. Juli 1933 11. Oberbayer. Führer- u. Ärztetag Verb. mit 50 jährigem Gründungsfest in Freising 1883 - 1933 Metall — III	Gewerbe - Ausstellung Freising 1935 Holz — II
Freital 37 - 01	Friedland 34 - 01	Friedrichsfelde 33 - 01
Reichsluftschutzbund Ortsgruppe Freital 29.5. 1937 Amtsträgerverpflichtung Metall — IV	Wallenstein - Gedenkfeier Friedland i. Böhmen 1634 1934 Metall — II	NSDAP Albert Leo Schlageter 1923/33 Ortsgruppe Friedrichsfelde Metall — III

Friedrichshafen 30 - 01	Friedrichshafen 33 - 01	Friedrichshafen 38 - 01
4. SA- Landtreffen Friedrichshafen 1. Juni 1930 Metall oh. Abb. III	Landesverband Württ. Uhrmacher 30. Verbandstag Friedrichshafen a/S 21.- 22.Mai 33 Metall mit Stoffbändchen III	Wettkämpfe der Marine SA Gruppe Südwest am 18./19. Juni 38 Friedrichshafen a/B. Metall III
Friedrichshagen 33 - 01	Friedrichswald 35 - 01	Frielendorf 37 - 01
Heimatwoche Friedrichshagen 1753 - 1933 Metall II	Kameradschaft gedient. Soldaten Friedrichswald Fahnenweihe 7./7. 1935 Preßglas II	Sportplatz-Einweihung in Frielendorf am 29. August 1937 Pappe II
Friesland 34 - 01	Frücht 31 - 01	Fulda 33 - 01
NSDAP Kreis Friesland Deutscher Tag 24. Juni 1934 Metall III	1831 1931 Freiherr v.u.z. Stein Deutschlands Führer in grosser Zeit 100 Jähriger Todestag 29. Juni 1931 Ruhestätte Frücht Metall III	NSBO & Arbeitsfront 16.u.17. Sept. 1933 Fulda Metall III
Fulda 34 - 01	Fulda 35 - 01	Fulda 35 - 02
10 Jahre NSDAP Fulda 16. u. 17.6. 1934 Metall IV	Reichswettkampf - Sporttag SA Standarte 418 Fulda Sept. 1935 Metall oh. Abb. IV	Kreistag des Rhönkreises d. NSDAP i. Fulda 2.u.3. 11. 35 Metall oh. Abb. III

Fulda 36 - 01 III. Kreisparteitag der NSDAP Kreis Fulda 1936 Metall — IV	Fulda 36 - 02  N.S.V. beim Schützenfest Fulda 1936 Holz — IV	Fulda 37 - 01 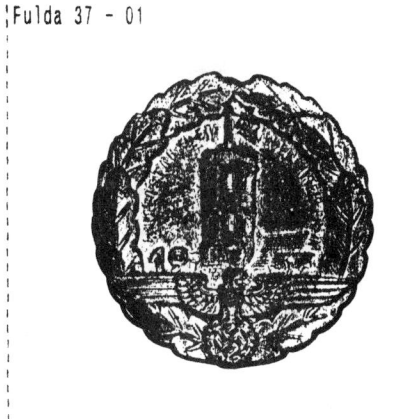 4. Kreistag der NSDAP Kreis Fulda 1937 Metall — III
Fulda-Gersfeld 36 - 01  Rhön Heimatfest 1936 50 Jahre Rhönklub e.V. 1876 Fulda - Gersfeld Metall — II	Fürstenfeldbruck 33 - 01  Fahnenweihe d. Sturmbann I/2 Fürstenfeldbruck Sept. 1933 Metall — III	Fürstenfeldbruck 35 - 01  Stamm II B 1/25 Deutsches Jungvolk Treffen in Fürstenfeldbruck Juli 1935 Metall — III
Fürstenfeldbruck 36 - 01  Stadterhebungsfeier Fürstenfeldbruck 1936 Metall — IV	Fürstenfeldbruck 37 - 01  1. DRL Kreisfest Kreis Gr. München Fürstenfeldbruck Juli 1937 Metall — III	Fürstenwalde 37 - 01  Kreistreffen im Lebuser Land 1937 Fürstenwalde / Spree Metall — III
Furth 00 - 01  100 Jahre Kriegerkameradschaft Furth i.W. Holz — III	Fürth 00 - 01  D.D.A.C. Ortsgruppe Fürth Seidenbändchen — III	Fürth 25 - 01  Nationalsozialistische Kundgebung Fürth i.B. 1925 Metall — V

Fürth 33 - 01	Fürth 33 - 02	Fürth 33 - 03
VI. Gausängerfest Fürth i./B. 15.- 16.7. 1933 Metall II	Erste N.S. Flugwoche Fürth i./B. Pfingsten 1933 Metall IV	Der Hund in Krieg und Frieden Flugplatz Fürth 1933 Metall IV
Fürth 33 - 04	Fürth 33 - 05	Fürth 34 - 01
Sportfest SS Sturm 5/I/3 Fürth 21.- 22. Oktober 1933 Metall X	Tag der Arbeit 1. Mai 1933 Fürth Metall III	I. Banntreffen des Bannes & Jungbannes B 24 Fürth 27.- 29. April Metall III
Fürth 37 - 01	Fürth 37 - 02	Fürth 37 - 03
Garnisionstag Fürth Pfingsten 1937 Metall III	75 Jähr. Bestehen der Freiw. Feuerwehr Fürth E.V. Metall III	2. Landestagung Bayer. Kleingärtner Für Blut und Boden Fürth 1937 a) Metall b) Preßstoff III
Füssen 35 - 01		
N.S.G.- K.d.F. Füssen 1935 Metall III		

Verlag für Militärhistorische Zeitgeschichte
Andreas Liebich
Schlesienstr. 1
6054 Rodgau 6
Tel. 06106/14811

Ankauf
Verkauf
Tausch
Beratung

Orden, Ehrenzeichen, Urkunden, Uniformen, Treff- und Blechabzeichen, Militärische Literatur, Fachliteratur usw.

4 Kataloge jährlich zum Abopreis DM 15,-

Bitte Probekatalog anfordern!

Gablitz 32 - 01	Gablonz 00 - 01	Gablonz 31 - 01
10j. Gründungsfest u. Bez. Jugendtreff. Gablitz 17.u.18./9. 32 Metall II	Krieger Denkmal Spende Gablonz a.N. Metall I	Wiedersehensfest der Heimat Söhne Gablonz a/N. 14.- 16. Aug. 1931 Metall II
Gablonz 34 - 01	Gablonz 36 - 01	Gablonz 37 - 01
SHF Tag der Heimat Gablonz a/N. 14. Okt. 1934 Metall II	70 DGMV Ausstellung Gablonz 1936 Metall II	BdD 2. Gaufest Gablonz a./N. 1937 Glas III
Gandersheim 30 - 01	Gandersheim, Bad 33 - 01	Gandersheim, Bad 33 - 02
Landwehr - Verbandsfest des Braunschweiger Landwehrverbandes Gandersheim 31.5./ 1.+ 2. 6. 30 Metall II	2. Kreiskongress 14. Mai 1933 Bad Gandersheim Metall III	I. Mai Tag der nationalen Arbeit N.S.D.A.P. Bad Gandersheim 1933 Pappe III
Gandersheim, Bad 34 - 01	Gardelegen 36 - 01	Garmisch 00 - 01
3. Kreiskongress Bad Ganderheim 2. Dez. 1934 Glas / schwarz III	Mitglieder- Veranstaltung der Verbraucher Genossenschaft Gardelegen 1936 Pappe II	Kreuzeck Garmisch Metall / emailliert V

Garmisch 36 - 01 40 Jähr. Jubiläum des Volks - Trachtenvereins Garmisch 1936 Metall II	Garmisch 36 - 02 Leichtathletik Wettkämpfe T.V.- Garmisch 20.9. 1936 Metall III	Garmisch-Partenkirchen 00 - 01 Garmisch - Partenkirchen Metall III
Garmisch-Partenkirchen 00 - 02 Garmisch - Partenkirchen Metall / Ringe farbig III	Garmisch-Partenkirchen 00 - 03 Garmisch-Partenkirchen NSKK 2./ M 85 Metall III	Garmisch-Partenkirchen 00 - 04 Olympiaort Garmisch Partenkirchen Metall / Ringe farbig IV
Garmisch-Partenkirchen 35 - 01 Deutsche Wintersport Meisterschaften Garmisch - Partenkirchen 1935 Metall III	Garmisch-Partenkirchen 35 - 02 Deutsche Wintersport Meisterschaften Garmisch Partenkirchen 1935 Metall / emailliert X	Garmisch-Partenkirchen 36 - 01 1. Volksmusik Tag Garmisch - Partenkirchen 6.u.7. Juni 1936 Metall II
Garmisch-Partenkirchen 36 - 02 Presse Eisschiessen d. IV. Olympischen Winterspiele Garmisch - Partenkirchen 1936 Metall V	Garmisch-Partenkirchen 36 - 03 IV. Olympische Winterspiele Garmisch - Partenkirchen 1936 Metall / emailliert V	Garmisch-Partenkirchen 36 - 04 IV. Olympische Winterspiele Garmisch - Partenkirchen 1936 Metall / emailliert X

Garmisch-Partenkirchen 36 - 05	Garmisch-Partenkirchen 36 - 06	Garmisch-Partenkirchen 36 - 07
IV. Olympische Winterspiele Garmisch - Partenkirchen 1936 Metall / emailliert V	IV. Olymp. Winterspiele Herren - Slalom Garmisch - Partenkirchen 1936 Seidenbändchen IV	D.u.OE. AV. 62 H.V. 1936 Garmisch - Partenkirchen Metall II
Garmisch-Partenkirchen 37 - 01	Garmisch-Partenkirchen 39 - 01	Garmisch-Partenkirchen 40 - 01
1. Kreisfest des D.R.L. Garmisch - Partenkirchen 1937 Metall III	III. Internationale Sportwoche Garmisch - Partenkirchen 1939 Metall / emailliert IV	V. Olympische Winterspiele Garmisch - Partenkirchen 1940 Metall / emailliert V
Gautag 00 - 01	Gauting 00 - 01	Gauting 33 - 01
Gautag (wohl Stahlhelmbund) Metall III	Gauting Metall II	2. Gauturnfest Gauting 1933 Metall II
Gauting 39 - 01	Geilenkirchen 35 - 01	Geilenkirchen 39 - 01
Turnverein Gauting E.V. 1901 5. Unterkreis -Turn u. Sportfest 20. Aug. 1939 Metall III	Kreistag der NSDAP Geilenkirchen 1935 Kunststoff III	Kreistag NSDAP 1939 Geilenk.- Heinsb. Metall III

Geinberg 34 - 01 21. Okt. 1934 Geinberg Metall III	Geislingen 34 - 01 Braune Messe Deutsche Woche Geislingen / STG. 1934 Metall III	Geldern 32 - 01 Gefallenen- Ehrung der Stadt Geldern 1932 Metall II
Geldern 36 - 01 Kreistag der NSDAP Geldern 1936 Metall III	Gelsenkirchen 00 - 01 Reichstreffen d. Ostd. Heimatverbände in Gelsenkirchen 14. 15. Juli Metall III	Gelsenkirchen 00 - 02 Gelsenkirchen Tag der Deutschen Arbeitsfront Metall III
Gelsenkirchen 33 - 01 Braune Messe Gelsenkirchen 1933 Industrie Handwerk Gewerbe Handel Metall III	Gelsenkirchen 33 - 02 Rheinisch - Westfälische Pfingst - Flugschau 4.u.5. 6. 1933 Gelsenkirchen - Flughafen Metall V	Gelsenkirchen 34 - 01 Wege zum Deutschen Osten Gelsenkirchen 8.- 13. 4. 34 Metall III
Gelsenkirchen 34 - 02 Saarkundgebung in Gelsenkirchen 13.5.34 Hände weg von der Deutschen Saar Metall II	Gelsenkirchen 34 - 03 Nicht Kapital schafft Arbeit- Arbeit schafft Kapital! Tag der Arbeitsschlacht Gels. Buer 21. März 1934 Gau Westf.- Nord Metall III	Gelsenkirchen 34 - 04 NSLB Gautagung 1934 Gelsenkirchen Metall III

Gelsenkirchen 36 - 01	Gelsenkirchen 37 - 01	Gelsenkirchen 38 - 01
Freiheit u. Ehre Gautreffen Westfalen - Nord 1936 Gautreffen Gelsenkirchen 1936 (Rückseitig) Stoff im Metallrahmen III	Gautreffen Westfalen - Nord 1937 Gelsenkirchen 25. - 28. Juni (rückseitig) a) roter b) brauner Kunststoff III	Gautreffen Westfalen - Nord 1938 24.- 26. Juni Gelsenkirchen (Rückseitig) Metall III
Generalgouvernement 41 - 01	Genf 36 - 01	Gengenbach 34 - 01
Ein Jahr NSDAP im Generalgouvernement 1941 Metall IV	25 Jahre Deutsche Kriegerkameradschaft Genf 1911 - 1936 Metall IV	Badischer Imkertag 1934 Gengenbach Metall II
Genthin 35 - 01	Gera 31 - 01	Gera 32 - 01
1. Kreis-Spiel- und Sportfest 24.- 25. Aug. 1935 Genthin Metall IV	NSDAP Thüringen 7. Gautag Gera 5. u. 6. September 1931 Metall IV	Thür. Jugendbund Gautag des G.D.A. Pfingsten 1932 in Gera Metall III
Gera 34 - 01	Gera 34 - 02	Gera 34 - 03
Gautag Gera 1934 Es lebe das ewige Deutschland Metall IV	D.A.F. Kreisaufmarsch Gera 1934 Metall III	Deutschlandflug 1934 Gera 24.6. Metall IV

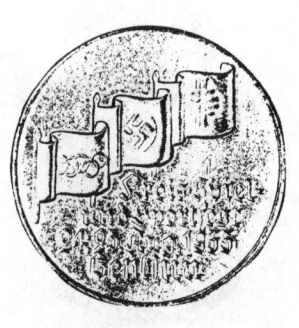

Gera 35 - 01 Kreisbauerntag Gera 18.- 19. II. 1935 Metall III	Gera 35 - 02 N.S.G. Kraft durch Freude Volsflugtag Gera 1935 Metall V	Gera 36 - 01 Kreistag Gera 22.- 23.8. 1936 Leder: a) rot b) blau III
Gera 37 - 01 SA Kampfspiele Gera 1937 a) Leder verschied. Farben b) Metall III	Gera 37 - 02 700 Jahrfeier Gera 21.- 29. August 1937 Leder III	Geringswalde 33 - 01 700 Jahrfeier der Stadt Geringswalde 2.- 4.9. 1933 Metall III
Germaniawerft 38 - 01 22. August 1938 Germaniawerft Metall / emailliert III	Germersheim 31 - 01 8. Waffengedenktag der ehem. K. Bayr. Schweren Artillerie am 15. - 16. August 1931 in Germersheim Metall III	Germersheim 37 - 01 Pfälzischer Waffengedenktag D.E.Schw. Artillerie 5. u. 6. Juni 1937 in Germersheim Rh. Metall III
Germersheim 38 - 01 60 Jahre 17. Inf.Reg. "Orff" Germersheim 9./ 10.7. 1938 Metall II	Gerolzhofen 35 - 01 Kreisturnfest Würzburg Mittelmain Gerolzhofen 20/21. Juli 1935 Metall III	Geschichte 38 - 01 Männer machen Geschichte 18.11. 1938 Pappe II

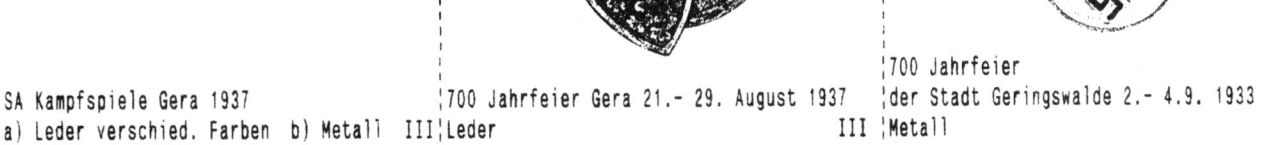

Giebelstadt 34 - 01 Festspiele Giebelstadt Geyer-Ruine 1934 Metall III	Giengen 37 - 01 1. Kreisfest Giengen-Brenz Kreis 2 Braunenberg des DRL 12.- 13. Juni 1937 Metall III	Giersdorf 34 - 01 Fahnenweihe der NSDAP OG. Giersdorf Rsgb. 21. 5. 1934 Nichts für uns alles für Deutschland Metall III
Gießen 33 - 01 Handel Handwerk Gewerbe Braune Messe Giessen 1933 Metall III	Gießen 34 - 01 116er Tag R 116 186 L 116 222 254 418 390 Gießen 21/22.7.1934 Metall III	Gießen 35 - 01 1. Gaufest Gau 12 im R.f.L. in Gießen 2.- 4.. 1935 Metall III
Gießen 37 - 01 100 Jähr. Bestehen Realgymnasium Oberrealschule Giessen 3.- 5.7. 1937 Stoff im Metallrahmen III	Gießen 37 - 02 116 Treffen 1937 Giessen 29./30. Mai Metall III	Gießen 37 - 03 116er Treffen 29./30. Mai 1937 Gießen Seidenbändchen II
Gladbeck 34 - 01 Einweihung des Ehrenmals Gladbeck 17.6. 1934 Metall III	Gladbeck 37 - 01 Deutsches Volk hilf dir selbst "4" Treffen Inspektion Gladbeck 1937 Metall oh. Abb. II	Glatz 36 - 01 Bund der Moltkefüsiliere Wiedersehensfeier 1.u.2.August 1936 Glatz Seidenbändchen II

Glaubitz 36 - 01	Glauchau 00 - 01	Gleiwitz 32 - 01
1886 1936 Schul- u. Dorf-Fest Glaubitz 5.- 7. Sept. Metall III	75 Jahre Verbraucher- Genossensch. e.G.m.b.H. Glauchau Pappe II	Macht Deutschland frei Liste 2 Land unterm Kreuz Hitlertag Gleiwitz O./S. 22. 7. 32 Metall IV
Gleiwitz 34 - 01	Glogau 00 - 01	Glogau 33 - 01
Goebbels Kundgebung Gleiwitz 6. Juni 1934 Metall III	Nordschlesischer Großflugtag Glogau Metall: a) silbern b) bronziert V	Nat. Flugtag Glogau 1933 Metall X
Glogau 33 - 02	Glückstadt 37 - 01	Gmünd 39 - 01
3.12 1933 Tag der alten Garde Kreisleitung Glogau Metall III	Kameraden - Treffen d. N.S.K.O.V. Glückstadt 8. Aug. 1937 Pappe III	Gmünder Fasnet 1939 Metall II
Goerlitz 31 - 01	Goisern 30 - 01	Gondelsheim 36 - 01
Grenzgau Oberlausitz Gautag Goerlitz 12.- 13.9. 1931 Metall II	SAJ Goisern 21.IX.30 Metall II	Denkmalweihe Gondelsheim 30.. 1936 Metall II

Gorgast-Manschnow 34 - 01	Görkau 35 - 01	Görlitz 33 - 01
Kreis Lebus 1. Kreistreffen 12.8.34 Gorgast - Manschnow Metall III	75 Jahre I.D.M.g.V. 1860 1935 Görkau 6.- 7. VII. 1935 Holz mit Stoff I	"19" Bannaufmarsch Oberlausitz Görlitz 24.9.33 Metall III
Görlitz 39 - 01	Goslar 32 - 01	Goslar 33 - 01
Volks- und Kinderfest 1939 Görlitz - Rauschw. Seidenbändchen * II	13. Niedersächsischer Malerbundestag Goslar 25./ 26. Juni 1932 Metall II	Hitlerjugend - Treffen d. Bannes S.- Hannov.- Braunschw. i. d. Kaiserstadt Goslar 1. Mai 1933 Metall III
Goslar 34 - 01	Goslar 34 - 02	Goslar 35 - 01
R D L Reichstreffen Goslar 1934 Metall III	2. Reichsbauerntag Goslar 1934 Metall IV	3. Reichsbauerntag Goslar 1935 Metall IV
Goslar 36 - 01	Goslar 36 - 02	Goslar 37 - 01
Reichsnährstand Blut und Boden Goslar 1936 Metall III	Jägertag in Goslar 1936 Metall III	Kreistag der NSDAP in Goslar 31.7.- 1.8. 1937 Nitroplast III

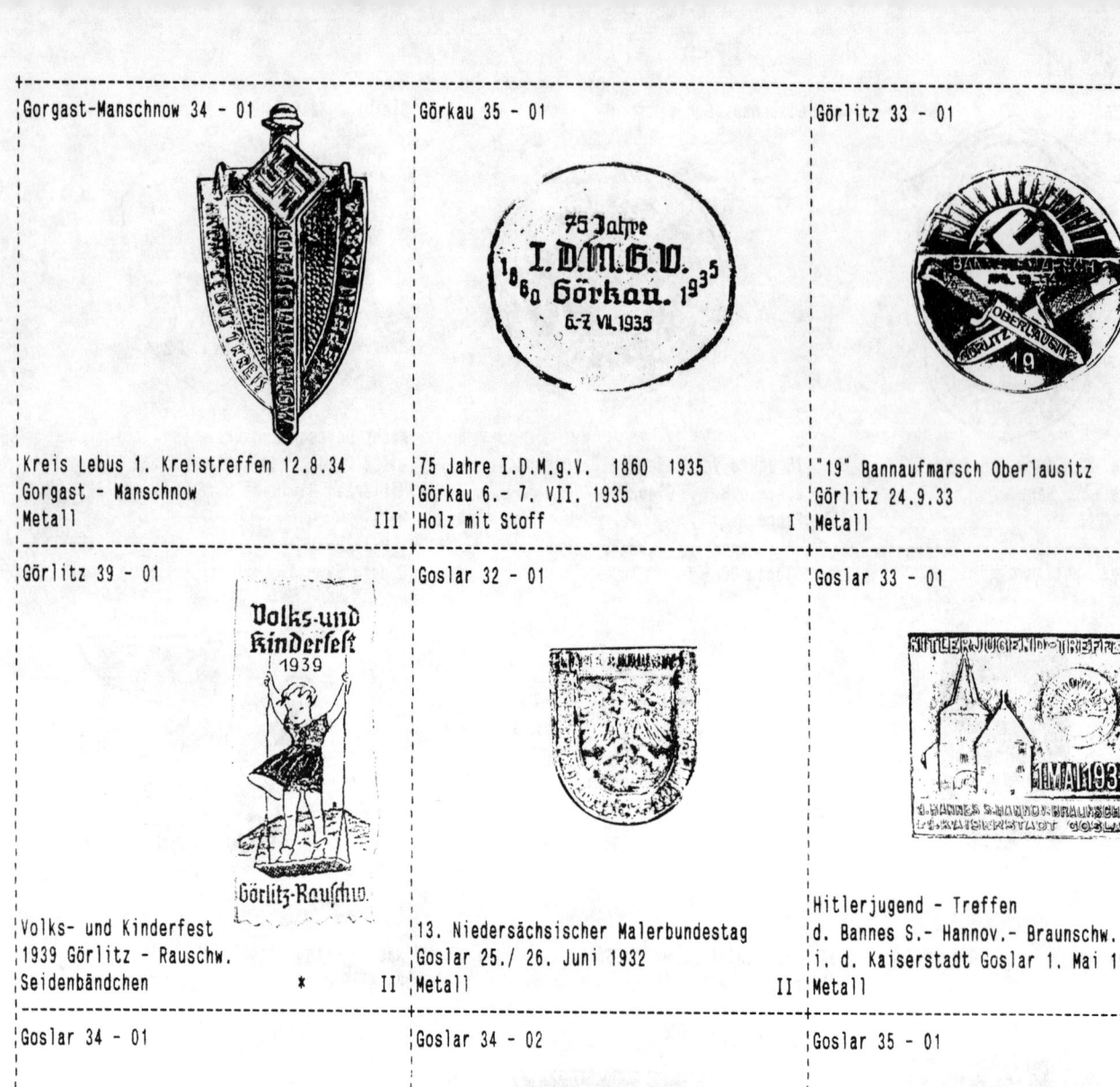

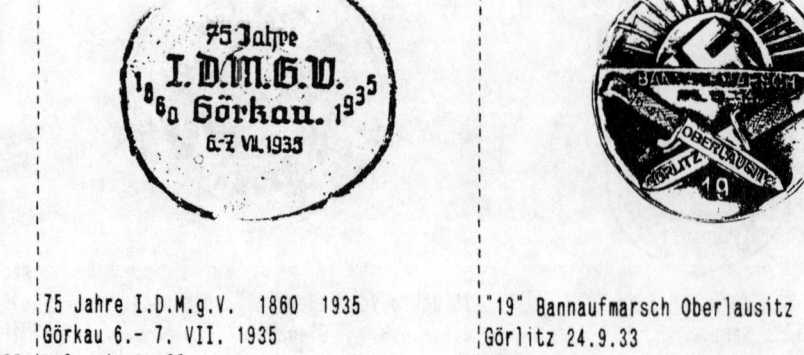

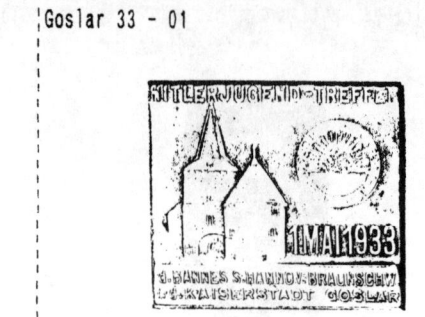

Goslar 38 - 01	Goslar 39 - 01	Goslar 39 - 02
Blut und Boden Goslar 1938 Metall III	Goslar Jägertreffen 1914 1939 Metall oh. Abb. III	Kreistag Goslar 21.- 25. Juni 1939 Kunststoff III
Gotha 33 - 01	Gotha 33 - 02	Gotha 33 - 03
14. SS St. Gotha 1. Okt. 1933 Metall V	"371" Regimentstag 30.9. u. 1.10. 1933 Gotha Metall III	Gotha Braune Messe 1933 Metall III
Gotha 34 - 01	Gotha 35 - 01	Gotha 36 - 01
I. Treffen der Beamtenschaft des Kreises Gotha 18.3. 1934 Metall oh. Abb. III	N.S.B.O. Aufmarsch am 26.u.27.10. 1935 Gotha Metall III	Kreistreffen N.S.D.A.P. Gotha 1936 Kunststoff oh. Abb. III
Gotha 36 - 02	Gotha 36 - 03	Gotha 36 - 04
Kreis Partei Tag Gotha Stadt u. Land 2. u. 3. Februar 1936 Kunststoff oh. Abb. III	DAF Aufmarsch Gotha am 6. u. 7. Juni 1936 Metall III	Bannaufmarsch 27.- 28.6. 1936 Gotha HJ 95 Metall III

Gotha 37 - 01 Gaujahrestagung der DAF Thüringen u. Traditionstreffen d. NSBO Gotha 1937 Kunststoff III	Gotha 39 - 01 Gotha NSBO - Tag Gautreffen der Deutschen Arbeitsfront Gau Thüringen 1939 Metall III	Göttingen 32 - 01 Hitlertag Göttingen 21.7.32 Metall III
Göttingen 33 - 01 Einigkeit macht stark Göttingen SA- Brigade-Tag 24.9. 1933 Metall III	Göttingen 34 - 01 Die Stadt ruft Göttingen Lenzing 1934 Metall III	Göttingen 34 - 02 Göttinger Schüzen- u. Volksfest 1934 Metall III
Göttingen 34 - 03 Gautagung des NSLB Gau Südhannover - Braunschweig Göttingen 27. 5. 1934 Metall III	Göttingen 35 - 01 Appell der SA- Brigade 57 Göttingen 1935 Metall III	Göttingen 35 - 02 Kreistag Göttingen 17. Nov. 1935 Metall IV
Göttingen 39 - 01 Kreistag in Göttingen 11. Juni 1939 Efoplast III	Graben 36 - 01 Heimattag 27.9. 1936 Graben Metall II	Gräditz 33 - 01 Fahnenweihe Ortsgruppe Gräditz 18. Juni 33 Metall V

Grafenwörth 32 - 01	Graslitz 33 - 01	Grassau 33 - 01
NSDAP 4.IX. 1932 Nazi Kirtag der Ortsgruppe Grafenwörth Metall — III	Musik und Heimatfest Graslitz 8.- 9. Juli 1933 Metall / emailliert — III	1000 Jahre Kirche Grassau 1933 Metall — II
Graz 30 - 01	Graz 39 - 01	Graz 39 - 02
E.D.T.V. Jahn Graz Fahnenweihe 1930 Metall — III	7. Auslandstagung d. Auslandsdeutschen in Graz 25.8.- 1.9.1939 Metall — III	Graz Stadt der Volkserhebung NSKOV Frontkämpfertreffen 7.5.39 Metall — III
Graz 39 - 03	Greifswald 34 - 01	Greifswald 39 - 01
1. Steirischer Gauhandwerkertag Graz Stadt der Volkserhebung 8.9.VII. 1939 Metall — III	Braune Messe in Greifswald vom 22. bis 30. 6. 1934 Metall — III	NSDAP Kreistreffen Greifswald 1939 Kunststoff — III
Greiz 34 - 01	Greiz 34 - 02	Greiz 36 - 01
SA- Brigade 41 Thür.- Ost Greiz 30.6.- 1.7.34 Metall: a) silber b) gold — III	NSDAP Kreistag Greiz 12.13. 5. 1934 Metall — III	Politsche Polatsche Kreistreffen der NSDAP Greiz 22. u. 23. August 1936 Leder — III

Greiz 37 - 01	Grieskirchen 32 - 01	Grieskirchen 32 - 02
Greiz Thür. Park- u. Schlosstadt 1000 Jahrfeier der Burg 14.- 18. Aug. 1937 Weberschifflein fliege Du ohne Rast, ... Seidenbändchen　　*　　II	Deutscher Tag Grieskirchen 8.u.9. Okt. 1932 Metall　　IV	Haltet Wort! Grieskirchen 20. Nov. 1932 Metall　　III
Grieskirchen 39 - 01	Grimma 33 - 01	Grimma 34 - 01
Bann-Sportfest HJ 1939 Griesk. 23.- 25.6. Metall　　III	Sonnenwendfeier des Kreises Grimma 1933 Metall　　III	2.12.24 - 2.12.34 NSDAP Ortsgruppe Grimma Metall　　III
Grimma 34 - 02	Grimma 34 - 03	Grimma 36 - 01
I. Kreissängerfest Gau Sachsen am 2. u. 3. Juni 1934 in Grimma Metall　　III	1934 Sonnenwende Kreis Grimma Metall　　III	75 Jahrfeier der Ortsgruppe Grimma und Herbst=Tagung des Kreisgebietes Leipzig der Deutschen Stenografenschaft 21. Okt. 1936 Seidenbändchen　　*　　II
Grimma 36 - 02	Gronau 37 - 01	Gröningen 34 - 01
Sporttag Standarte 179 Grimma 6. Sept. 36 Metall　　III	Gronau Grenzland Treffen 1937 Metall　　III	1000 Jahre Tausendjahrfeier der Stadt Gröningen 1934 Metall　　II

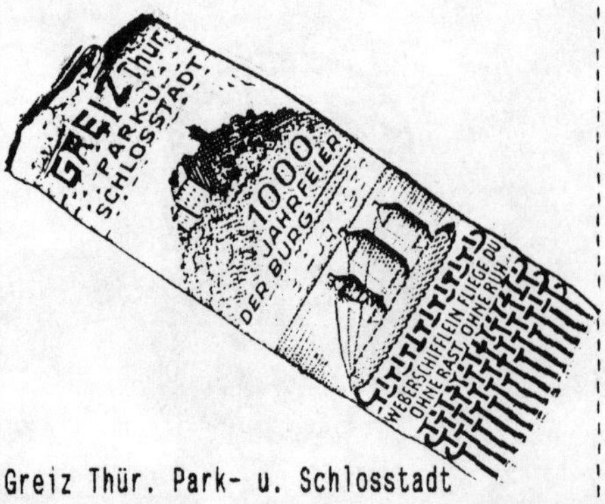

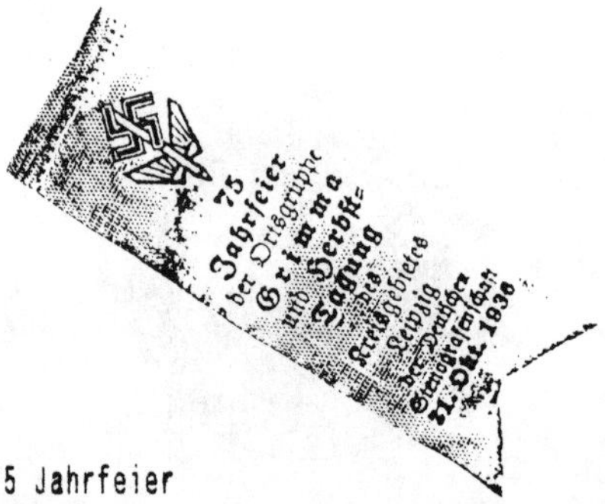

Groß-Gollnisch 36 - 01	Großalmerode 00 - 01	Großdeutschland 38 - 01
Weinfest im Reichs- Autobahnlager Groß- Gollnisch am 20.9. 1936 Pappe II	NS Frauentreffen Kreis Witzenhausen in Großalmerode Papier * II	Groszdeutschland ist unser 10. April 1938 Metall III
Großdeutschland 38 - 02	Großdeutschland 38 - 03	Großfriesen 00 - 01
Bekenntnis zu Großdeutschland 9.12.38 Pappe II	Groß Deutschland Volksabstimmung 10. April 1938 Ja Metall II	60 Jahre Sparverein Großfriesen Pappe II
Grossalmerode 34 - 01	Grossgründlach 34 - 01	Grosshabersdorf 35 - 01
Tag der SA Aufmarsch mit Vereidigung Standarte 439 Grossalmerode 6. Mai 1934 Metall III	Fürther Bezirksbauerntag Grossgründlach 22.5.34 Metall III	Mer. Ackerbautagung Grosshabersdorf 7.7. 1935 Metall III
Grosspostwitz 34 - 01	Grottkau 33 - 01	Grund, Bad 33 - 01
600 Jahrfeier Grosspostwitz 16.- 20. Juni 1934 Stoff im Metallrahmen II	Kriegsopfertag der NS Deutsch. Kriegsopferversorgung Kreisgr. Grottkau / Ottmachau 15.10. 1933 Metall III	43. Harzklub Hauptversammlung Bad Grund 26. u. 27. Aug. 1933 Metall II

Grund, Bad 33 - 02	Grund, Bad 35 - 01	Grünhain 34 - 01
Baustein für die August Sievert - Halle Volks-Sporttag 6.8.33 NSDAP Bad Grund Harz Metall III	Jubiläumswoche 1935 Bad Grund (Harz) Stoff im Metallrahmen II	1909 1934 25 Jahre Freiw. Sanitätskolonie v. Roten Kreuz Grünhain 25.- 26. 8. 1934 Metall III
Grünstadt 36 - 01	Grünwald 36 - 01	Guben 35 - 01
Grünstadt 1936 Holz II	Nordböhm. Frauen u. Kindertreffen Grünwald 20.- 21. 6. 1936 Metall II	Gautag Kurmark Guben 1.- 2. Juni 1935 Metall IV
Gundelsheim 35 - 01	Gundersheim 36 - 01	Gunzenhausen 34 - 01
Horst Wessel Brücke Gundelsheim 1935 Metall oh. Abb. III	1886 - 1936 50 j. Jubiläum Krieger- u. Soldatenkameradschaft Gundersheim Pappe II	13. Kreissingen Südwest Gunzenhausen 8.7. 1934 Metall III
Gunzenhausen 34 - 02	Güsten 39 - 01	
Banntreffen der HJ 12./ 13. Mai 1934 Gunzenhausen Metall III	NSRL Unterkreisfest Güsten 1939 Metall III	

Haag 33 - 01 Haag I.X. 1933 Oberst Stössel-Wimmer 1872 - 1933 Metall — II	Haag 38 - 01 Haag a.H. 12.6. 1938 1. Gausängerfest des Hausruckgaues nach der Heimkehr ins Reich Metall — III	Haan 31 - 01 SJ Jugendtag Haan 15.- 16. 1931 Metall — II
Haan 33 - 01 Ernte- Dankfest Gartenstadt Haan 1933 Seidenbändchen * II	Habenhausen 35 - 01 Ernte - Dankfest 1935 Habenhausen Seidenbändchen * II	Habenhausen 36 - 01 Ernte - Dankfest 1936 Habenhausen Seidenbändchen * II
Habenhausen 38 - 01 Ernte - Dankfest 1938 Habenhausen Seidenbändchen * II	Hadeln 34 - 01 Kreisparteitag Land Hadeln 1934 Metall — III	Hadersleben 35 - 01 Hadersleben 1885 - 1935 Jubiläumsfeier 15. / 16.VI. 1935 Pappe — II
Hagen 33 - 01 Fahnenweihe der N.S. Beamtenfachschaften Hagen 16.7.1933 Metall — IV	Hagen 33 - 02 I. N.S. Beamtentreffen Gau Westfalen Süd 8. Okt. 1933 Hagen Metall — III	Hagen 33 - 03 Deutsche Arbeitsfront Aufmarsch Hagen 10. Sept. 1933 Metall — III

Hagen 34 - 01 Aufmarsch der SA- Brigade 69 Hagen 8.4.34 Metall · III	Hagen 34 - 02 Blut und Ehre 1. Oberbannaufmarsch Oberbann Sauerland Hagen 24.6.34 Metall · III	Hagen 37 - 01 Kreistag der NSDAP Hagen 1937 Metall · III
Hahnstätten 35 - 01 2. Kreisfest 9. Kreis Hahnstätten mit 50 jährigem Bestehen des Turnvereins E.V. Hahnstätten 6.- 8. Juli 1935 Seidenbändchen * II	Haida 31 - 01 SJ Haida 1931 Metall · II	Haida 35 - 01 Volkstag Haida 1935 Metall · II
Hainichen 35 - 01 750 Jahrfeier Gellertstadt Hainichen 29.6. - 2.7. 1935 Metall · III	Halberstadt 33 - 01 Bannaufmarsch 165 HJ - DJ - BDM Halberstadt Okt. 1933 Metall · III	Halberstadt 34 - 01 Belehnung Albrecht des Bären mit der Nordmark 800 Jahr-Feier d. Reichstages Halberstadt 2.- 3. Juni 1934 Metall · III
Halberstadt 34 - 02 125 Jahrfeier D. Erstürmung von Halberstadt 29. Juli 1908 1934 Metall · III	Halberstadt 36 - 01 Deutsche Schwimm - Meisterschaften 18. und 19. Juli 1936 Halberstadt / Harz Metall · III	Halberstadt 37 -01 Ostharz - Treffen in Halberstadt am 20. Juni 1937 Metall · III

Haldensleben 00 - 01 NSDAP Kreis Haldensleben Ton — III	Haldensleben 39 - 01 Kreistag der NSDAP Haldensleben Juni 1939 Metall — III	Hall 31 - 01 VDA Landestreffen Hall 27.& 28.6. 1931 Metall — III
Halle 00 - 01 Sonderfahrt Reichsbahndirektion Halle/S. Metall — II	Halle 33 - 01 Denkmal - Weihe Krieger Ver. General Maerker Ehem. Angeh. d. Schutztruppen Halle a.S. u. Umg. 9.7.33 Metall — IV	Halle 33 - 02 NSBO Feiertag der Deutschen Arbeit Halle / S. 1. Mai 1933 Metall — III
Halle 33 - 03 Luther Festspiele 17.- 23. Sept. Halle 1933 Metall — III	Halle 34 - 01 Weihe d. Ehrenmals f.d. Gefallenen Eisenbahner im Reichsbahndir. Bezirk Halle (Saale) Die Fahne hoch! 4.11.1934 Metall — IV	Halle 34 - 02 Mitteldeutsche Heimattage in Halle 25.2. - 4.3. 1934 Metall — III
Halle 34 - 03 Führertagung N.S.D.F.B. (Stahlhelm) Kreisverband Merseburg-West Halle (Saale) 9./10. 8. 34 Metall — III	Halle 34 - 04 Laternenfest 1934 Halle Pappe — III	Halle 36 - 01 Laternenfest Halle /S. 1936 Metall — II

Halle 36 - 02 16. Wiedersehensfest R.I.R. 227 14.11. 1936 Halle=S Pappe — II	**Halle 36 - 03** Mitteldeutscher Frontsoldaten- und Kriegs- opfer Ehrentag Halle 1936 Metall — III	**Halle 36 - 04** 1936 1937 Hallescher Eisklub E.V. (Gegr. 1880) Eisbahnausweis Pappe — I
Halle 37 - 01 Laternenfest 1937 Halle/S. Preßpappe — I	**Halle 37 - 02** Laternenfest 1937 Halle/S. Preßpappe — I	**Halle 37 - 03** Laternenfest 1937 Halle/S. Preßpappe — I
Halle 38 - 01 Von der Saale zur Donau Laternen- u. Volksfest Halle /S. 5.- 8.8. 1938 Efoplast — II	**Halle 38 - 02** 47. Verbandstag Landw. Genossenschaften 1938 Halle / Saale Metall — II	**Halle 38 - 03** 83. Hauptversammlung des Gustav Adolf Vereins in Halle/S. 20.- 24. August 1938 Metall — II
Halle 39 - 01 Laternenfest Halle/Saale 1939 Metall — II	**Halle 39 - 02** Laternenfest Halle/S. Kindernachmittag 1939 Efoplast — II	**Halle 42 - 01** Reichsbahn- Sportwoche 1942 RBD- Bez. Halle Pappe — II

Halle-Leipzig 00 - 01	Halle-Merseburg 00 - 01	Halle-Merseburg 00 - 02
N.S.Gem. "Kraft durch Freude" Grossflugtag Mitteldeutschland Halle Leipzig Metall V	Land der braunen Erde N.S.G. Kraft durch Freude Gau Halle - Merseburg Metall II	NS Gemeinschaft "Kraft durch Freude" Gau Halle Merseburg An der Saale hellem ... Metall II
Halle-Merseburg 00 - 03	Halle-Merseburg 00 - 04	Halle-Merseburg 33 - 01
Gauappell Halle-Merseburg 4.- 6. Juni Metall III	K.D.F. Gau Halle Merseburg Metall III	Gau Appell Halle-Merseburg 1933 Metall III
Halle-Merseburg 35 - 01	Halle-Merseburg 35 - 02	Hallein 39 - 01
Gauappell Halle-Merseburg 15./16. Juni 1935 Metall III	Gauappell Halle - Merseburg 15./ 16. 6. 35 Metall III	N.S. Reichskriegerbund Kreisverb. Hallein Fahnenübergabe Hallein 14. Mai 1939 Metall III
Hallein 39 - 02	Hamburg 00 - 01	Hamburg 00 - 02
SA Treffen Hallein am 2. April 1939 Holz III	HJ Aufgebot Otto Blöcker Hamburg Metall III	KdF Gau Hamburg Metall III

Hamburg 00 - 03 K.d.F. Gau Hamburg Hummel- Hummel! Metall: a) bronze b) silbern — II	**Hamburg 00 - 04** Kraft durch Freude Gau Hamburg Metall auf farbigem Glas — III	**Hamburg 00 - 05** Kraft durch Freude Gau Hamburg Metall auf farbigem Glas — III
Hamburg 00 - 06 H. K. V. Stoff im Metallrahmen — III	**Hamburg 00 - 07** wie Hamburg 00 - 03, aber die Eimer abgestellt! Metall — II	**Hamburg 00 - 08** Kraft durch Freude Gau Hamburg Metall auf farbigem Glas — III
Hamburg 00 - 09 In's Wochenende mit Kraft d. Freude Gau Hbg. Metall — II	**Hamburg 28 - 01** Reichsfrontsoldatentag Stahlhelm Hamburg 1928 Metall — III	**Hamburg 30 - 01** R.I.K. Hamburg 1930 Metall — II
Hamburg 32 - 01 50 Jähriges Jubiläum v.d. Garde-Korps Hamburg 1932 Metall — III	**Hamburg 33 - 01** Braune Messe Hamburg 1933 Metall — III	**Hamburg 33 - 02** VDA Volksdeutsche Opferwoche 1933 L.V. Hamburg 24. Sept. - 1. Okt. Metall — II

Hamburg 33 - 03 1. Reichstreffen der Träger d. D.E.D.W. Hamburg 8.- 10.9. 1933 Metall　　　　　　　　　　　III	Hamburg 33 - 04 Motor SA　NSKK Werbewoche Hamburg 1933 Metall　　　　　　　　　　　IV	Hamburg 34 - 01 Flieger - Treffen Hamburg 1934 Metall　　　　　　　　　　　III
Hamburg 34 - 02 Handwerk - Handel - Gewerbe - Hamburg 23.3.34 Metall　　　　　　　　　　　II	Hamburg 34 - 03 H.J. Aufmarsch Hamburg Einweihung der Jug. Herberge Hein Godenwind 8. April 1934 Metall　　　　　　　　　　　III	Hamburg 34 - 04 Nordische Bauwochen Hamburg 1934 Siedeln schafft Volkes Kraft Metall　　　　　　　　　　　III
Hamburg 34 - 05 1. Gau- Parteitag Hamburg Parteigründungsfeier Hamburg 24.2.34 Vereidigung d. Polit. Leiter 25.2.34 Metall: a) hohlgeprägt b) halbhohl　IV	Hamburg 34 - 06 Kriegsopfertag Hamburg 24.6.34 Metall　　　　　　　　　　　II	Hamburg 34 - 07 N.S.D.F.B. (Stahlhelm) Frontsoldatentag Hamburg 9. XII. 34 Metall　　　　　　　　　　　III
Hamburg 34 - 08 Kreisturnfest Hamburg 3. Juni 34 Seidenbändchen *　　　　　　II	Hamburg 35 - 01 5. Waffentag der Deutschen Kavallerie in Hamburg 21.- 23.6.1935 Metall　　　　　　　　　　　III	Hamburg 35 - 02 Kreishandwerkertag 1935 Hamburger-Land Pappe　　　　　　　　　　　II

Hamburg 35 - 03 Reichsnährstand Blut und Boden Eröffnungsfeier der 2. Reichnährstands- ausstellung Hamburg 28.5.1935 Metall III	Hamburg 35 - 04 Aufmarsch d. D.R.f.L. Ortsgr. Hamburg Jahnmalweihe 22.9.35 Metall III	Hamburg 35 - 05 K.d.F. Gau Hamburg Allgäufahrt Januar 1935 Holz IV
Hamburg 35 - 06 Hamburg 15.- 17.6. 1935 Metall III	Hamburg 36 - 01 Weltkongress für Freizeit und Erholung Hamburg 1936 Porzellan II	Hamburg 36 - 02 Aufmarsch SA- Gruppe Hansa Hamburg Schwerin 25.- 26.4. 1936 Metall IV
Hamburg 36 - 03 76. Denkmalsweihe Hamburg 15.III.1936 Metall III	Hamburg 36 - 04 100 Jahre Deutscher Rudersport Hamburg 3.- 6. Juli 1936 Metall III	Hamburg 37 - 01 1887 - 1937 5. u. 6. Juni 1937 Hamburg - Wandsbek Pappe II
Hamburg 37 - 02 Hamburg - Besuch unter Führung Arthur Fabian Antonistraße 3 Ruf 427090 1937 Pappe II	Hamburg 37 - 03 Finnland Deutschland Länderwettkampf im Turnen Hamburg 26. März 1937 Metall / emailliert III	Hamburg 37 - 04 Reichstagung Deutscher Guttempler 5.- 10. August Hamburg 1937 Stoff im Metallrahmen III

Hamburg 38 - 01	Hamburg 38 - 02	Hamburg 38 - 03
HJ Reichskampf Hamburg 1938 Metall / HJ Raute emailliert X	4. Reichstreffen Hamburg 1938 Deutsch - Ostafrika Metall IV	4. Reichstagung der NSG Kraft durch Freude Hamburg 9.- 12.6. 1938 Lederplastik III
Hamburg 38 - 04	Hamburg 39 - 01	Hamburg 39 - 02
DDAC Ortsgruppen Hamburg Schwerkriegs- beschädigten- Fahrt 1938 Seidenbändchen * III	SA- Wettkampftage 1939 SA- Gruppe Hansa Hamburg 14.- 18. Juni Kunststoff II	Sonnenwendfeier NSDAP Kreis Hamburg 4 21.6.39 Kunststoff III
Hamburg 39 - 03	Hamburg 39 - 04	Hamburg 39 - 05
Sonnenwende 1939 NSDAP Kreis Hamburg 2 Kunststoff III	Reichstagung Kraft durch Freude Hamburg 1939 Porzellan: a) weiß b) mehrfarbig III	Grossdeutsche Schwimm - Meisterschaften Hamburg 1939 Efoplast III
Hameln 00 - 01	Hameln 34 - 01	Hameln 34 - 02
650 Jahrfeier der Rattenfängersage Hameln Metall II	Kreisgruppen - Turnfest Rattenfängerstadt Hameln 1934 Metall II	N.S.K.O.V. Kreisopfer - Treffen 650 Jahrfeier der Rattenfängersage Hameln 27. Mai 1934 Metall III

Hameln 34 - 03	Hamm 33 - 01	Hamm 33 - 02
HJ Bann 164 Weser Leine Sportkämpfe Hameln 16.9.34 Metall III	24.9. 1933 Fahnenweihe der N.S.B.A. u. N.S.K.O.V. Kreis Hamm Unna Metall III	33. Hammer Turn u. Spielfest 7.- 8. Sept. 1935 Metall III
Hamm 33 - 03	Hammelburg 38 - 01	Hanau 32 - 01
Westdeutsche Leichtathletik - Meisterschaften Hamm i.W. 1933 Metall II	64. Mainfränkischer Feuerwehrtag Hammelburg 1938 Metall III	I. Wiedersehensfeier Ehem. R.I.R. 88 Hanau 1932 Metall II
Hanau 34 - 01	Hanau 38 - 01	Handwerk 00 - 01
Kreis Hanau Generalmitgliederappell 1934 Metall III	Kreistag der NSDAP Hanau 1938 Metall III	Deine Hand dem Handwerk a) emailliert b) Messingblech c) Pappe II
Handwerk 00 - 02	Handwerk 00 - 03	Handwerk 00 - 04
Holz II	Bernstein mit Metallauflage II	Reichshandwerkwoche Kaufe beim Handwerk Seidenblumen u. Bändchen * IV

Handwerk 33 - 01	Handwerk 34 - 01	Handwerk 35 - 01
Des Handwerks Dank 1933 Metall III	23.3.- 6.4. 1934 Sei Handwerk u. Handel Treu ohne Wandel Metall II	Tag des deutschen Handwerks 1935 Holz I
Handwerk 38 - 01	**Handwerk 39 - 01**	**Handwerk 39 - 02**
Tag des deutschen Handwerks 1938 Metall I	Tag des deutschen Handwerks 1939 Metall I	Tag des deutschen Handwerks 1939 Metall, Rs. graviert V
Hannover 30 - 01	**Hannover 30 - 02**	**Hannover 31 - 01**
Landesverbandstag Hannover 24.- 25. Mai 1930 Metall III	25. Verbandstag d. Reichsbundes der Zivildienstberechtigt. Provinzialverband Hannover vom 17.- 19.5. 1930 Hannover Pappe II	Vereinigte Norddeutsche Liedertafeln Jahrhundertfeier Hannover 20,21.6. 1931 Metall II
Hannover 31 - 02	**Hannover 31 - 03**	**Hannover 32 - 01**
D.L.G. Hannover 1931 Metall II	Langensalza 1866 * 1931 27. Juni 65 Jährige Erinnerungsfeier 27.u.28.6.31 Hannover Metall II	"10" Jubiläum Verb. Schiessen Verband ehem. Jäger u. Schützen Niedersachsen 4.u.5. Juni 1932 Hannover Metall II

Hannover 32 - 02 Stahlhelm Gautag Hannover - Stadt 9./10. Juli 1932 Metall III	Hannover 32 - 03 Nat. Soz. Kampfwoche Kreis Hannover Stadt 26. Okt. - 6. Nov. 1932 Metall III	Hannover 33 - 01 14. R.F.S.T. Hannover 1933 Metall III
Hannover 33 - 02 Generalappell d. Nordwestdeutschen Handwerks u. Gewerbes Hannover 22. Oktober 1933 Metall III	Hannover 33 - 03 Treuekundgebung Kriegsopfer NSDAP Hannover 2.11.33 Metall III	Hannover 33 - 04 Stenographen-Tagung 16. u. 17. Sept. 1933 Hannover Pappe II
Hannover 33 - 05 Nordbund Pfingsten Hannover 1933 Metall II	Hannover 34 - 01 Gau Süd - Hannover - Braunschweig NSDAP Parteitag 23./ 25.2. 1934 Hannover Metall III	Hannover 34 - 02 Regimentstag Juni 1934 Hannover Metall II
Hannover 34 - 03 Gesellschaft Deutscher Naturforscher u. Ärzte 93.Versamml. Hannover 16.- 20.9.34 Metall III	Hannover 34 - 04 Sonnenwende Hannover 21.6. 1934 Metall II	Hannover 34 - 05 Reichstreubund Verband Hannover Führer-Tagung 27.5. 1934 Metall III

Hannover 34 - 06 Zum 50 Jubiläum 1884 - 1934 Verein d. Fuhrunternehmer v. Hannover u. Umg. E.V. Metall — III	Hannover 34 - 07 Reichsverband der Elternschaften an den Mittelschulen Pfingstwoche Hannover 1934 Metall — III	Hannover 34 - 08 Regimentstag Füs. Regt. 73 2.u.3. Juni 1934 Hannover Metall — II
Hannover 34 - 09 L.J.R. 6 Hannover 30.9. - 1.10. 1933 Metall — III	Hannover 35 - 01 Süd Hannover Braunschweig Gautag 1935 Hannover 28.- 30. VI. Metall — III	Hannover 35 - 02 Wettkampftage der SA- Gruppe Niedersachsen 6.- 8. Sept. 1935 Hannover Metall — III
Hannover 35 - 03 R.D.B. Gautagung Hannover 1935 Erst Deutscher dann Beamter Metall — II	Hannover 35 - 04 N.S.K.O.V. Treffen Hannover 20. Jan. 1935 Metall — III	Hannover 35 - 05 Tag des Niedersächsischen Kohlenhandels Hannover 25. Mai 1935 Stoff im Metallrahmen — III
Hannover 35 - 06 1. Gautag d. D. Rechtsfront Hannover 1935 Metall — III	Hannover 35 - 07 Regimentsbund D. Ehem. R.E.R. 4 15. Stiftungsfest und Denkmalsweihe 7. u. 8.9.35 Hannover Metall — III	Hannover 35 - 08 C. C. & G. P. Co H. 1. Mai 1935 Metall mit Stoff — II

Hannover 35 - 09 Sonnenwendfeier NSDAP Hannover 22.6.1935 Metall III	Hannover 37 - 01 RIR 73 Regimentstag Hannover 5. u. 6. Juni Hannover Metall III	Hannover 37 - 02 Waffenringtagung der Deutschen Nachrichtentruppe 9.- 11. Oktober 1937, 1927 Hannover 1937 Seidenbändchen * III
Hannover 37 - 03 Regimentstag der Scharnhorster mit Denkmalsweihe 29.- 30. Mai 1937 Hannover Seidenbändchen * II	Hannover 38 - 01 Maifest in Hannover 1938 für die Gefolgschaft der R.Rube & Co. A-G Weende Seidenbändchen * II	Hannover 39 - 01 Sportfest Wehrkreis XI DAF Abt. Wehrmacht Hannover 13.- 14.5.1939 Metall III
Hannover 39 - 02 Gau - Kriegertag Hannover 7. Mai 1939 Pappe II	Hannover 39 - 03 Niedersächsisches Gausängerfest Hannover 1939 Metall II	Hannover 39 - 04 Maifeier 1939 J.C. König & Erhardt Hannover Stoff im Metallrahmen III
Hannover 39 - 05 Reichs-Ehrentag der Lebensretter 10. u. 11.6. 1939 Hannover Seidenbändchen * III	Hannover-Hainholz 36 - 01 50. Stiftungsfest Krieger-Kameradschaft Hannover-Hainholz 7./8.6. 1936 0.30 Pappe II	Hansa 38 - 01 SA- Gruppenwettkämpfe SA- Gruppe Hansa 1938 Metall III

Harburg 33 - 01	Harburg 38 - 01	Hardenburg 00 - 01
Gautag Ost - Hannover Harburg W'burg Juli 1933 Metall III	Kreistag Harburg - Land 1938 Metall III	Gaufreilichtbühne Hardenburg Kunststoff II

Hariksee-Amern 00 - 01	Harleshausen 36 - 01	Harrachsdorf 37 - 01
Sommernacht Hariksee - Amern Metall II	H.J. Heim- und Schwimmbadweihe Harleshausen 24.5. 1936 Pappe II	Sudetendeutsche Schneelaufmeisterschaften Harrachsdorf 1937 Metall II

Harrachsdorf 38 - 01	Harzburg 00 - 01	Harzburg. Bad 00 - 01
Teufelsberg Läufe 5.- 6. März 1938 Harrachsdorf-Neuwelt Riesengebirge Metall III	100 Jahre Heilbad Harzburg Metall I	Es grüne die Tanne es wachse das Erz Gott schenke uns allen ein fröhliches Herz Kraft durch Freude in Bad Harzburg Metall II

Harzburg, Bad 31 - 01	Harzburg, Bad 34 - 01	Harzburg, Bad 35 - 01
Gautreffen Hitlerjugend Gau Süd Hannover Braunschweig zu Bad Harzburg 26.- 27. Scheiding 1931 Metall III	Haus Kurt Schmalz Bad Harzburg Einweihung 4.2. 1934 Metall III	NSKOV Harz- Treffen Bezirk Braunschweig-Hildesheim in Bad Harzburg 26.5.35 Pappe II

Harzfahrt 34 - 01	Harzklub 36 - 01	Hassel 35 - 01
Drei Tage Harzfahrt 9.- 11.V. 1934 Kunststoff — II	50 Jahre Harzklub 1886 - 1936 Metall — II	Befreiungsfeier Hassel 1. März 1935 Seidenbändchen — * — II
Hassfurt 35 - 01	Hassfurt 38 - 01	Hassfurt 39 - 01
500 Jahre Ritterkapelle 400 Jahre Latein- schule 700 Jahre Stadt Hassfurt 1235 1935 Metall — II	Kreistag 1938 Hassfurt Metall — III	Kreistag 1939 Hassfurt Metall — III
Hassia 00 - 01	Hassia 34 - 01	Hassmersheim 39 - 01
Kriegerkameradschaft Hassia Metall — II	Kriegerkameradschaft Hassia 1874 1934 Metall — II	49. Badischer Pioniertag Hassmersheim 1939 Metall — III
Hattingen 35 - 01	Hattingen 37 - 01	Hausen 35 - 01
Wiedersehensfeier der alten Parteigenossen Gau Westfalen Süd Hattingen Ruhr 15.- 17. Juni 1935 Metall — III	15 Jahre Ortsgruppe der NSDAP Hattingen- Ruhr Treue zum Führer 18.X.1922 18.X.1937 Metall — III	Hebels Heimathaus Hausen i.W. 1760 - 1935 Metall — II

Heide 33 - 01 Landesturnier 8.-10. Sept. 1933 Heide i.Holst. Metall III	Heide 39 - 01 2. Nordmark - Liederfest 1939 Kunststoff II	Heidekreis 34 - 01 Heidekreis-Parteitag 1934 Metall II
Heidelberg 00 - 01 Reichsfestspiele Heidelberg Metall II	Heidelberg 00 - 02 Heidelberger Kinderhilfe Stoff im Metallrahmen II	Heidelberg 31 - 01 SA Treffen Heidelberg 20.- 21.6. 1931 Metall: a) silber b) bronziert III
Heidelberg 33 - 01 V.W.A. Bez. Jugendtreffen Heidelberg Sept. 1933 Stoff im Metallrahmen II	Heidelberg 34 - 01 Lederarbeiter-Treffen Heidelberg 15.4.34 Metall III	Heidelberg 36 - 01 550 Jahre Universität Heidelberg 1386 1936 Glas im Metallrahmen IV
Heidelberg 37 - 01 Landwirtschaftl. Genossensch. Tagungen 4.- 6. Mai 1937 Heidelberg Metall III	Heidenau 38 - 01 Weihe vom Platz der SA Stadt Heidenau 23./24.4.38 Pappe III	Heilbronn 33 - 02 1. Württ. Geländesporttag SA Standarte 122 VfR von 96 Heilbronn 27.8. 1933 Metall III

Heilbronn 34 - 01	Heilbronn 34 - 02	Heilbronn 34 - 03
33. Schwäb. Liederfest Heilbronn a.N. 1934 Metall III	122er Treffen Heilbronn 3. Juni 1934 Metall III	Heilbronner Sport-Werbe-Woche 27.5. - 3.6. 1934 Metall III
Heilbronn 34 - 04	Heilbronn 36 - 01	Heilbronn 38 - 01
33. Allgem. Liederfest Schwäb. Sängerbundes Heilbronn 1934 Metall III	4. Schwäbischer Frontsoldaten und Kriegsopfer Ehrentag Heilbronn 17./ 18. Okt. 1936 Metall III	Heilbronn 23.- 24. April 1938 Fussa. 14 I./A.R. 71 Metall III
Heiligenstadt 33 - 01	Heiligenstadt 36 - 01	Heimburg 33 - 01
Der Stahlhelm B.d.F. Heiligenstadt 28.5.33 Metall III	HJ - 222 - DJ 27/28. 6. 1936 Aufmarsch - Sportfest Heiligenstadt Metall III	Sommersonnenwende Gefolgschaft XI 17.6.33 Heimburg Metall III
Helgoland 17 - 01	Helmstedt 34 - 01	Helmstedt 34 - 02
17. Nov. Gefecht bei Helgoland N.S.D.M.B. Metall IV	HJ Bann 255 Treffen Helmstedt Ostern 1934 Metall III	Jungbann - Aufmarsch Helmstedt 20.- 21. Okt. 1934 Metall III

Helmstedt 34 - 03 NSDAP Kreis Helmstedt Juleum Weihe Haus Kurt Schmalz in Helmstedt 1934 Metall — III	Helmstedt 37 - 01 Kreistag der NSDAP Helmstedt 1937 Lederplastik — III	Hemau 34 - 01 Faust-Gedenksteinenthüllung Hemau 1934 Metall — III
Hemelingen 36 - 01 Kreis-Krieger-Verbandsfest Hemelingen 1936 Pappe — II	Hennickendorf 33 - 01 NSDAP Fahnenweihe Hennickendorf Kreis Niederbarnim 27. 8. 33 Metall — III	Henningsdorf 34 - 01 SA Standartenbesichtigung 224 Henningsdorf 10.6. 1934 Metall — III
Herborn 34 - 01 Stamm- Treffen des Stammes 2/88 Ostern 1934 Herborn Pappe — III	Herborn 35 - 01 1. Reit- u. Fahrturnier Herborn 13. u. 14. 7. 1935 Pappe — III	Herford 36 - 01 Kreis-Treffen der N.S.D.A.P. Herford 23./24.5.36 Metall — III
Herford 37 - 01 Wiedersehensfeier ehem. Nachrichtentruppen 12.- 14. Juni 1937 Herford i/W. Seidenbändchen oh. Abb. II	Herne-Castrop-Rauxel 39 - 01 Kreistag der NSDAP. Herne-Castrop-Rauxel 14.-16.April 1939 Kunststoff — III	Herrenberg 35 - 01 HJ Sporttreffen Bann 126 Herrenberg 10.- 11. Aug. 1935 Metall — III

Hersfeld ,Bad 36 - 01	Hersfeld 39 - 01	Herten 35 - 01
Bad Hersfeld 736-1936 Plastik　　　　　　　II	Kreistag der NSDAP. Hersfeld 1./2.7.1939 Plastik　　　　　　　III	Kreistreffen d. NSDAP Recklinghausen Land Herten 24.3. 1935 Metall　　　　　　　III
Herzberg 36 - 01	Herzog Ernst Wald 34 - 01	Herzogenaurach 32 - 01
Kreissängerfest d.Sängerkreises ELSTER verb. mit 100 Jahr. Bestehen der M.G.V. Herzberg 1836 i.Herzberge 27.u.28.6.1936 Metall　　　　　　　III	Eintrittsmarke Herzog Ernst Wald Fest 1934 Metall　　　　　　　II	Notarbeit im Dienst der Stadt Herzogenaurach Metall　　　　　　　II
Herzogenaurach 34 - 01	Herzogenaurach 36 - 01	Hesselberg 29 - 01
Heimattag Herzogenaurach Weihe des Kiliansbrunnen 1934 a) Metall b) Metall auf Stoffrosette III	1. Bay. Gefl. Züchtertag Herzogenaurach 15. Juli 1936 Metall　　　　　　　III	NSDAP Gau Mittelfranken Hesselberg 1. Mittelfränkisches Gautreffen 23.6.29 Metall　　　　　　　V
Hesselberg 30 - 01	Hesselberg 31 - 01	Hesselberg 33 - 01
NSDAP Gau Mittelfranken Hesselberg 1930 Deutschland erwache! Metall　　　　　　　IV	N.S.D.A.P. Gau Mittelfranken Hesselberg 1931 Metall　　　　　　　III	N.S.D.A.P. Deutschland ist Erwacht! Gau Mittelfranken Hesselberg 1933 Metall　　　　　　　III

Hesselberg 34 - 01 N.S.D.A.P. Hesselberg Treffen Gau Mittelfranken 1934 Metall III	**Hesselberg 35 - 01** Frankentag Hesselberg NSDAP.Gau Franken 1935 Metall III	**Hesselberg 35 - 02** Hesselberg Zeltlager 1935 Gebiet 18 Franken Metall III
Hesselberg 37 - 01 Frankentag Hesselberg 1937 Metall III	**Hesselberg 38 - 01** Frankentag Hesselberg 1938 Metall III	**Hesselberg 39 - 01** Frankentag HESSELBERG 1939 Metall III
Hessen 31 - 01 Hitler in Hessen Hessen erwacht Landtagswahl November 1931 Metall III	**Hessen 34 - 01** D.A.F. HESSEN Landestreffen Leder II	**Hessen 36 - 01** Tag des N.S.K.K. Motorgr. Hessen 1936 Metall III
Hessen 39 - 01 Gruppenwettkämpfe der SA-Gruppe Hessen 1939 Pappe III	**Hessen-Nassau 00 - 01** Reichsverband ambulanter Gewerbetreibnder Deutschlands Gau:Hessen-Hessen-Nassau-Rheinpfalz Metall III	**Hessen-Nassau 00 - 02** Für Treue Dienste 15 Gau Hessen-Nassau Metall III

Hessen-Nassau 00 - 03 N.S.G. Kraft durch Freude Gau Hessen-Nassau Metall III	Hessen-Nassau 00 - 04 NSG Kraft durch Freude Urlaub am Rhein Gau Hessen Nassau Metall III	Hessen-Nassau 00 - 05 NSG Kraft durch Freude Hessen Nassau Metall III
Hessen-Nassau 00 - 06 N.S.Gem. Kraft durch Freude Rhein Main Gau Hessen-Nassau Metall III	Hessen-Nassau 33 - 01 Arbeit und Friede Gauparteitag Hessen-Nassau 1933 Metall III	Hessen-Nassau 34 - 01 Tag der Hunderttausend Aufmarsch d.HJ Gebiet 13 Hessen-Nassau 25.-26.8.34 Metall III
Hessen-Nassau 34 - 02 Tag der Hunderttausend Aufmarsch d.HJ Gebiet 13 Hessen-Nassau 1.u.2.9. 1934 Metall III	Hessen-Nassau 34 - 03 N.S. Gemeinschaft Kraft durch Freude Urlaub am Rhein Gau Hessen - Nassau Metall III	Heydebreck 34 - 01 Heydebreck 1. Mai 1934 Metall III
Hildburghausen 36 - 01 NSDAP Kreistag - Hildburghausen 1936 Glas III	Hildesheim 30 - 01 79er Regimentstag Hildesheim 1930 Metall III	Hildesheim 32 - 01 Stahlhelm Wehrsporttreffen 1932 Gau Hildesheim Material ? oh. Abb. III

Hildesheim 33 - 01 Sportmonat September Reg. Bez. Hildesheim 1933 Metall II	Hildesheim 33 - 02 Deutscher Tag der NSDAP Hildesheim 13.8. 1933 Metall III	Hildesheim 33 - 03 N.S. Kriegsopfertag Hildesheim 17. Sept. 1933 Metall III
Hildesheim 33 - 04 Hildesheimer Kulturwoche 1933 17.- 24. September Metall III	Hildesheim 33 - 05 1483 10. Nov. 1933 Luthertag Hildesheim Metall II	Hildesheim 33 - 06 SA Appell 29. Okt. 1933 SA Standarte 79 Hildesheim Metall III
Hildesheim 34 - 01 NSDAP Kreisleitung Hildesheim - Stadt Kreistagung am 15.4.34 Metall III	Hildesheim 35 - 01 NSDAP Kreistagung Hildesheim 23/. 24.2.35 Metall III	Hildesheim 35 - 02 1885 1935 Hildesheim 50 Jahrfeier 18.- 20.5. 1935 Metall II
Hildesheim 36 - 01 Gautag Süd- Hannover- Braunschweig Hildesheim 12.- 14. Juni 1936 Metall III	Hildesheim 37 - 01 Kreistag Hildesheim 1937 Kunststoff II	Hildesheim 38 - 01 Am 10.4. 1938 stimme ich mit Ja! Kundgebung Gauleiter Rust Hildesheim 7.4. 1938 Efoplast III

Hildesheim 39 - 01 Ein Volk ein Reich ein Führer Kreistag der NSDAP Hildesheim 12.- 14.5. 1939 Efoplast — III	**Hildesheim 39 - 02** 79er Rgt. Appell u. 100 Jahrfeier Gibraltar Hildesheim 10.u.11. Juni 1939 Stoff im Metallrahmen — III	**Hildesheim 39 - 03** Deutsche Meisterschaften im Turnen NSRL Hildesheim 1.2. Juli 1939 Metall — III
Hindenburg 00 - 01 "Treu übers Grab hinaus" Metall — II	**Hindenburg 38 - 01** SA- Gepäckmarsch Hindenburg 1938 Pappe — III	**Hindenburg-Hitler 33 - 01** Hindenburg Hitler 30.1.1933 5.3.1933 Metall — IV
Hirschberg 34 - 01 AAJV Hirschberg Pfingsten 1934 Metall — II	**Hirschberg 35 - 01** Fahnenweihe Arbeitsgruppe 103 Hirschberg 20.- 21.7.1935 Metall — III	**Hirschberg 36 - 01** Hirschberger Riesengebirgswoche 1936 Metall — II
Hitler Adolf 00 - 01 Metall — III	**Hitler Adolf 00 - 02** Adolf Hitler Metall — IV	**Hitler Adolf 00 - 03** Adolf Hitler Deutschlands Führer Metall — III

Hitler Adolf 00 - 04 Reichskanzler Adolf Hitler Metall III	**Hitler Adolf 00 - 05** Metall III	**Hitler Adolf 33 - 01** Der Wille ist alles 20. April 1933 Adolf Hitler unser Führer a) Metall b) mit Seidenband III
Hitler Adolf 33 - 02 44. Geburtstag Reichskanzler Adolf Hitler 20. April 1933 Metall III	**Hitler Adolf 39 - 01** 1889 1939 20.4. Porzellan V	**HJ 00 - 01** Für des Führers Jugend Metall: a) bronze b) silber III
HJ 00 - 02 Aus wenigen wurden viele Metall III	**HJ 00 - 03** Hitlerjugend - Tatjugend Metall II	**HJ 00 - 04** Wir fliegen Metall IV
HJ 00 - 05 223 Metall III	**HJ 00 - 06** Widukind Metall: a) golden b) silbern III	**HJ 00 - 07** Aufbruch der Jugend Metall III

HJ 00 - 08 Metall II	HJ 00 - 09 Ich helfe der Jugend des Führers Metall II	HJ 00 - 10 Hitler-Jugend Deutschlands Zukunft Seidenbändchen III
HJ 00 - 11 (Frau laufend) Kunststoff: a) farbig b) uni III	HJ 00 - 12 (Frau beim Weitsprung) Kunststoff: a) farbig b) uni III	HJ 00 - 13 (Frau beim Kugelstoßen) Kunststoff: a) farbig b) uni III
HJ 00 - 14 (Mann laufend) Kunststoff: a) farbig b) uni III	HJ 00 - 15 (Mann werfend) Kunststoff: a) farbig b) uni III	HJ 00 - 16 (Mann beim Weitsprung) Kunststoff: a) farbig b) uni III
HJ 34 - 01 21. Juni 1934 Porzellan II	HJ 34 - 02 Hitlerjugend Banntreffen Bann - B 21 7.- 8. Juli 1934 Metall III	HJ 34 - 03 H-J Bannaufmarsch 289 13./ 14.10. 1934 Blut und Ehre Metall oh. Abb. III

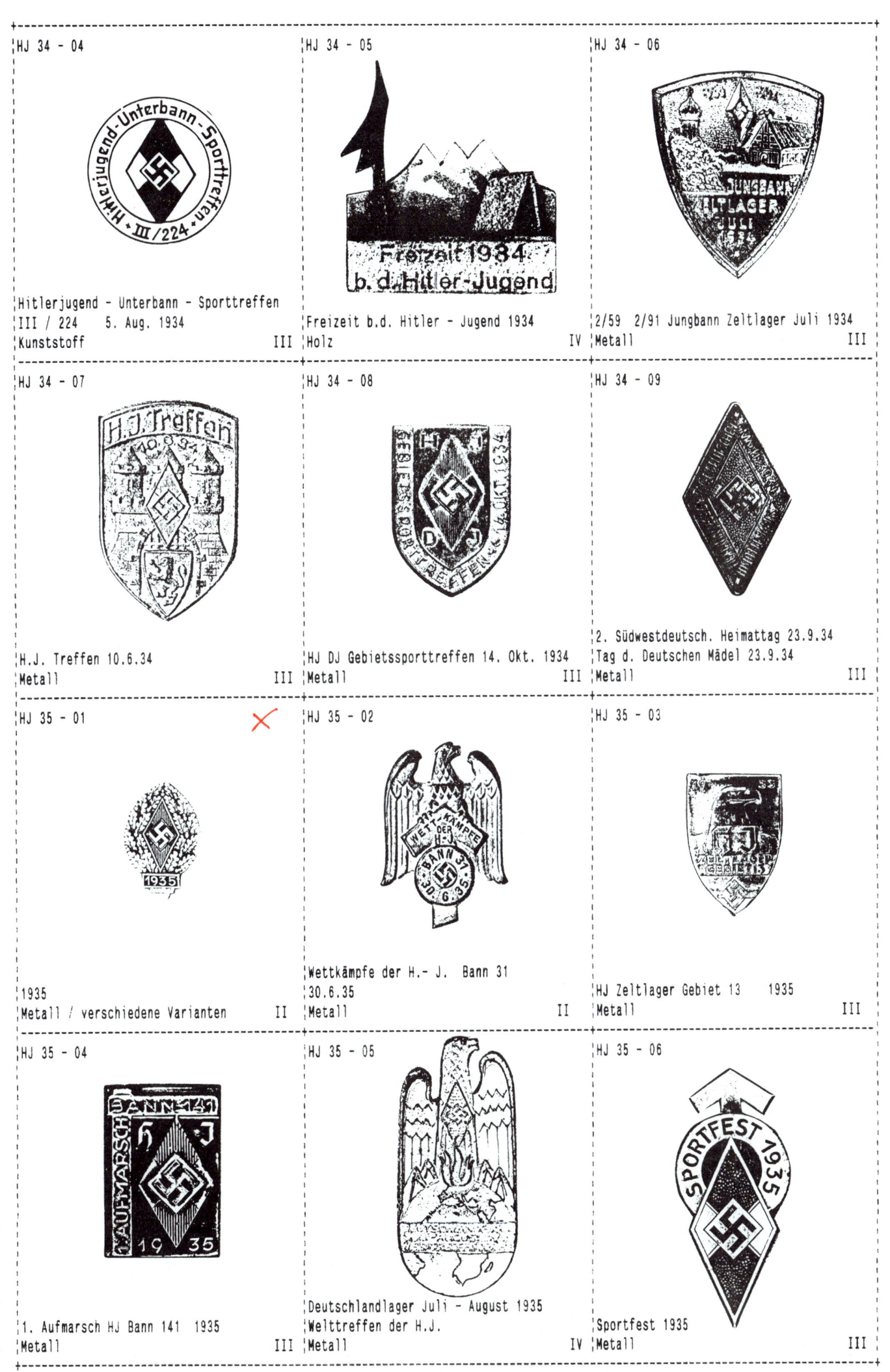

HJ 34 - 04	HJ 34 - 05	HJ 34 - 06
Hitlerjugend - Unterbann - Sporttreffen III / 224 5. Aug. 1934 Kunststoff III	Freizeit b.d. Hitler - Jugend 1934 Holz IV	2/59 2/91 Jungbann Zeltlager Juli 1934 Metall III

HJ 34 - 07	HJ 34 - 08	HJ 34 - 09
H.J. Treffen 10.6.34 Metall III	HJ DJ Gebietssporttreffen 14. Okt. 1934 Metall III	2. Südwestdeutsch. Heimattag 23.9.34 Tag d. Deutschen Mädel 23.9.34 Metall III

HJ 35 - 01	HJ 35 - 02	HJ 35 - 03
1935 Metall / verschiedene Varianten II	Wettkämpfe der H.- J. Bann 31 30.6.35 Metall II	HJ Zeltlager Gebiet 13 1935 Metall III

HJ 35 - 04	HJ 35 - 05	HJ 35 - 06
1. Aufmarsch HJ Bann 141 1935 Metall III	Deutschlandlager Juli - August 1935 Welttreffen der H.J. Metall IV	Sportfest 1935 Metall III

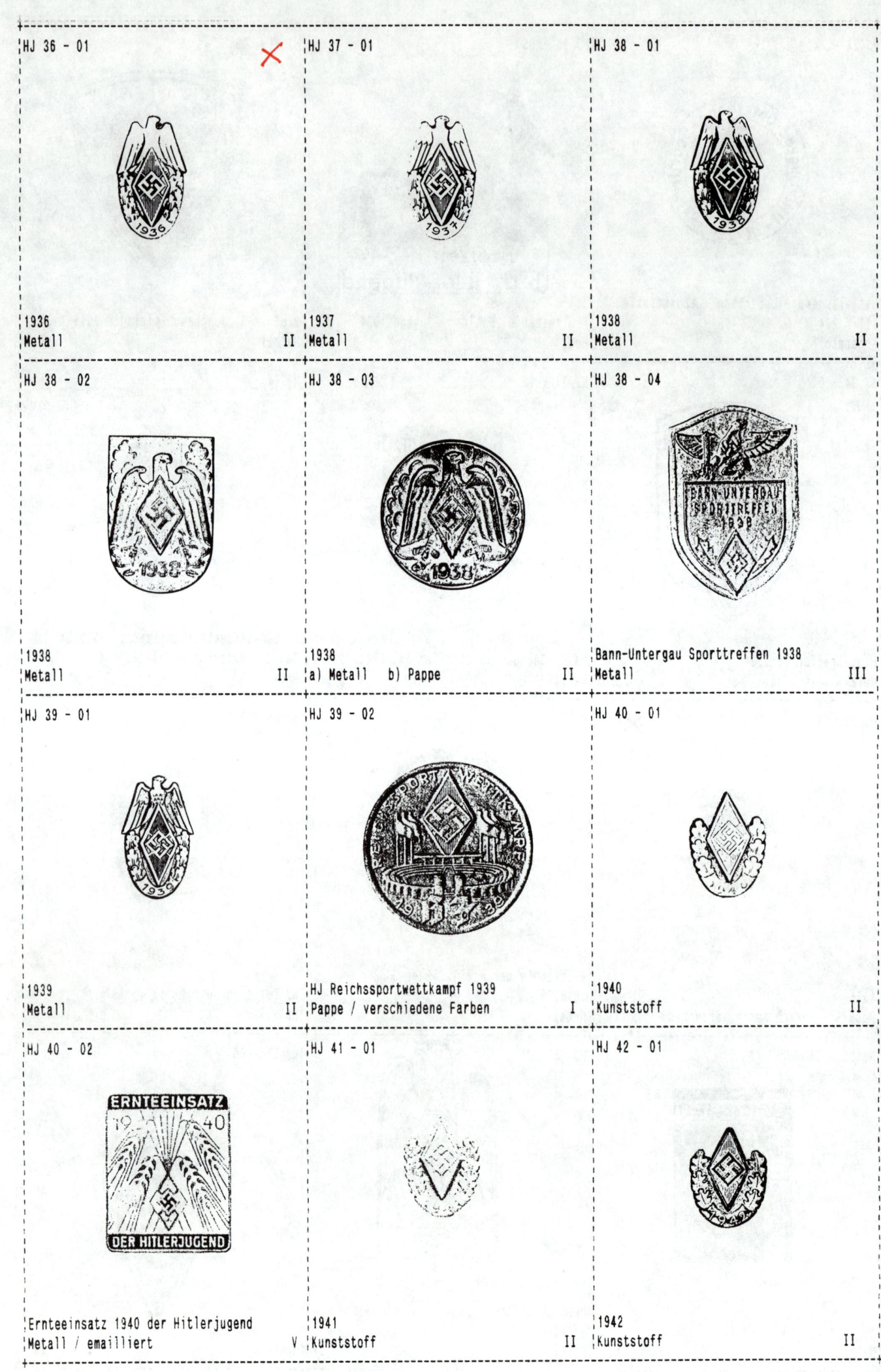

HJ 36 - 01	HJ 37 - 01	HJ 38 - 01
1936 Metall II	1937 Metall II	1938 Metall II
HJ 38 - 02	HJ 38 - 03	HJ 38 - 04
1938 Metall II	1938 a) Metall b) Pappe II	Bann-Untergau Sporttreffen 1938 Metall III
HJ 39 - 01	HJ 39 - 02	HJ 40 - 01
1939 Metall II	HJ Reichssportwettkampf 1939 Pappe / verschiedene Farben I	1940 Kunststoff II
HJ 40 - 02	HJ 41 - 01	HJ 42 - 01
Ernteeinsatz 1940 der Hitlerjugend Metall / emailliert V	1941 Kunststoff II	1942 Kunststoff II

HJ 43 - 01	Hochland 34 - 01	Hochland 36 - 01
1943 Metall IV	H.J. Hochland Zeltlager 1934 Metall III	HJ Hochland Lager 1936 Metall III
Hochland 37 - 01	Hochland 38 - 01	Hochland 38 - 02
Gruppenwettkämpfe SA Gruppe Hochland 1937 Metall IV	SA- Gruppenwettkämpfe Gruppe Hochland 1938 Metall III	NS. Reichskr. Bund Landesgebiet Süd (Hochland) Meisterschaften 1938 Metall III
Hochland 39 - 01	Hochland 39 - 02	Höchstadt 33 - 01
SA- Gruppenwettkämpfe SA- Gruppe Hochland 1939 Metall III	Gruppenwettkämpfe 1939 NSKK- Motorgr. Hochland a) Lederplastik b) Metall III	1633 * 1933 Heimattag Höchstadt a.d. Aisch 28. Mai 1933 Pappe II
Hof 00 - 01	Hof 32 - 01	Hof 33 - 01
Kraft durch Freude Luisenburg Festspiele Hauptkreis Hof Metall II	Grenzland in Not! 17. Juli 32 N.S.D.A.P. Hof Metall III	NSBO-Aufmarsch in Hof 6.8. 33 Pappe II

Hof 33 - 02	Hof 36 - 01	Hof 39 - 01
Generalappell der Nordoberfränk. Arbeiter Hof /Saale OKT.1933 Metall — III	80 jähr. Jubiläum der Freiw. Feuerwehr Hof 15./16. Aug. 1936 Metall — III	Kreistag Hof 4.-11.6.1939 Pappe — III
Hofgastein 33 - 01	Hofheim 30 - 01	Hofheim 35 - 01
I. Pongauer Bez. Turnfest Mai 1933 Hofgastein Sturmfahn. u. Wimp. Weih. Metall — III	Haupttagung des Rhön-Klubs Hofheim 21.-23.Juni 1930 Metall — II	75 jähr.Jubiläum Turnverein Hofheim 13.-15.7.1935 Stoff x — II
Hohe-Mandling 31 - 01	Hoheneggelsen 34 - 01	Hohenelbe 37 - 01
6. Gauturnfest Hohe-Mandling 6.9. 1931 Metall — II	60 jähr. Bestehen des Kriegerver. Hoheneggelsen 15.- 16. 7. 1934 Pappe — II	BdD Fest aller Deutschen Hohenelbe 2.- 5. Heuets 1937 Metall: a) bronze b) silber — II
Hohenlimburg 33 - 01	Hohenstein 37 - 01	Hohenstein 38 - 01
Hohenlimburg-Nachrodter-Fahnenweihe 28.10.1933 Metall — III	SdP Bezirkstreffen Hohenstein 1937 Metall — III	60 jähr. Bestandesfest des Kranken- Unterstützungs- Vereines Hohenstein u. Umg. 22.5. 1938 Seidenbändchen — II

Hohenstein-Ernstthal 36 - 01 Großer Preis von Europa 5.7.1936 Hohenstein-Ernstthal Leder — IV	**Hohenstein-Ernstthal 38 - 01** Stadt-u.-Heimatfest Hohenstein-Ernstthal 2.-6. Juli 1938 Stoff im Metallrahmen — III	**Hohenstein-Ernstthal 38 - 02** Stadt- u. Heimatfest Hohenstein-Ernstthal 2.- 6. Juli 1938 Stoff im Metallrahmen — II
Hohenwerfen 00 - 01 Gauburg Hohenwerfen Metall — oh. Abb. II	**Hollfeld 36 - 01** Werbetag der Arbeitsgemeinschaft zur Verschönerung des Stadtbezirkes Hollfeld 12. 7. 1936 Pappe — II	**Hollfeld 37 - 01** Ortsgruppe d. NSDAP Volks- Sport und Schützenfest 17.- 19. Juli 1937 Hollfeld Kunststoff — III
Holzkirchen 37 - 01 Blut und Boden Kreisbauerntag Holzkirchen Stadelberg 1.8.1937 Metall — IV	**Holzkirchen 37 - 02** 15 Jahre NSDAP Ortsgruppe Holzkirchen 1922 = 1937 Metall — IV	**Holzmann Ph. A.G. 39 - 01** Ph. Holzmann A.G. 1. Mai 1939 Metall — II
Holzminden 37 - 01 Kreistreffen Holzminden 17.-18.4.1937 Porzellan — V	**Homburg 35 - 01** Aufmarsch des DRfL Ortsgr. Homburg Jahnmalweihe 22.9.35 Metall — III	**Homburg 36 - 01** Freiheit Durch Treue Erinnerungsfeier 13. Januar 1936 Homburg Pfalz-Saar Metall — III

Homburg 36 - 02	Homburg 37 - 01	Homburg, Bad 00 - 01
25 Leibertreffen u. Saarbefreiungsfeier Homburg - Saar 1936 Metall III	Heimattage Homburg 20.- 29.- 30.August 1937 Metall II	Laternenfest Bad Homburg Metall II
Homburg, Bad 34 - 01	Homburg, Bad 36 - 02	Honnef 34 - 01
Sportfest Sturmbann VI Standarte P 63 Bad Homburg 1934 Metall oh. Abb. III	Laternenfest Bad Homburg 26.27.u.28.9.1936 Metall II	Oberbann - Treffen Honnef 1934 Metall III
Horn 33 - 01	Horn 35 - 01	Horn 39 - 01
Freiw. Feuerwehr Horn 60 J. Bestandsfest 9.VII. 1933 Metall III	N.Ö. Heimatschutz Appell der I. Brigade Horn 26. Mai 1935 Metall III	D.R.K. Kreistag Horn 1939 Metall III
Horneburg 35 - 01	Hotzenplotz 31 - 01	Höxter 33 - 01
NSDFB Horneburg 5.5. 35 Holz III	Bezirksfest der NSDAP Hotzenplotz 19.7.31 Metall III	6. Reichstagung d. Reichsverbandes Deutscher Baumeister Höxter 15.-19.6. 1933 Stoff im Metallrahmen II

Hoya 39 - 01

2. Kreistag NSDAP Grafsch.
Hoya 1.u.2.7.1939
Metall   III

Hude 39 - 01

Kreiskriegertag Hude 1939
Kunststoff   III

Hunsrück 33 - 01

Hunsrück-Aufmarsch d. Stahlhelm B.D.F.
Bismarckturm 22./23.Juli 1933
Metall   III

Husum 35 - 01

NSDAP Gau Schleswig - Holstein
Amt f. Beamte Gau- Beamten- Tag
15./ 16. 6. 35 Husum
Metall   III

Husum 35 - 02

Sporttreffen d. Gruppe 76 des Reichs-
arbeitsdienst. in Husum 3.u.4. 8. 1935
Pappe   III

NORDDEUTSCHES AUKTIONSHAUS FÜR HISTORICA (GBR)
NEUMÜNSTER (HAGENACKER /VOLKERT)

2350 Neumünster · Haart 68
Telefon (0 43 21) 4 38 39

Geschäftszeiten: Montag – Freitag 14.00 - 18.00 Uhr oder nach Absprache

Achtung!

*Ab sofort bietet unser Auktionshaus
neben unserem Fotoservice einen*

Videoservice

in den Systemen VHS und 8 mm an.

Sie erhalten gegen eine Gebühr von 19,- DM eine 15 Minuten-Cassette
über die von Ihnen gewünschten Auktionslose.

Katalogbestellungen bitte an das
Norddeutsche Auktionshaus für Historika Neumünster
Haart 68 · 2350 Neumünster

Einzelkatalog 18 DM   *Jahresabo 50 DM*

Manfred Volkert · Jörg Hagenacker

Iburg 33 - 01	Ihrhove 32 - 01	Ilmenau 30 - 01
Grenzlandtagung Iburg 1933 Pappe II	1882 - 1932 50 jähr. Stiftungsfest Kriegerverein Ihrhove Pappe II	Stahlhelm Sporttag Ilmenau i. Th. v. 15.- 17. Aug. 1930 Metall III
Ilmenau 36 - 01	Immenstadt 39 - 01	Imst 44 - 01
Kameradschaftstreffen der Motorstandarte 43 Ilmenau 1936 Metall III	1924 - 15 Jahre - 1939 NSDAP Ortsgruppe Immenstadt 25. April 1939 Metall III	Kreisschiessen Imst 1944 Metall V
Ingolstadt 30 - 01	Ingolstadt 34 - 01	Ingolstadt 34 - 02
Nationalsozialistische Kundgebung SA Aufmarsch Ingolstadt 11.5. 1930 Metall III	10 Jahre Ingolstädter Nat. Soz. Frauen- schaft Gründungsfest Mai 1924 1934 Metall V	Sonnwendfeier 1934 Standarte 10 Ingolstadt Metall III
Ingolstadt 34 - 03	Ingolstadt 35 - 01	Ingolstadt 36 - 01
SA Brigade 83 Alles für Deutschland Ingolstadt 1934 Metall III	10. Waffen- Gedenktag der ehem. K.B. Schweren Artillerie Ingolstadt 1935 Metall III	13 10 Wiedersehensfeier Ingolstadt 20./22.6. 1936 Preßpappe III

Ingolstadt 37 - 01	Innere Mission 00 - 01	Innere Mission 34 - 01
15 Jahre Kampf um Ingolstadt 1922 - 1937 Metall III	Volkstag der Inn. Mission Pappe I	Volkstag der Inner. Mission 15. April 1934 Metall III
Innien 33 - 01	Innsbruck 30 - 01	Innsbruck 33 - 01
Fahnenweihe N.S.B.O. Innien 15. Okt. 1933 Metall III	3. Bundesturnfest 1930 in Innsbruck Deutscher Turnerbund Metall * IV	FIS - Wettkämpfe 1933 Innsbruck Metall / emailliert IV
Innsbruck 36 - 01	Innsbruck 36 - 02	Innsbruck 38 - 01
30 Jahre Sportverein Innsbruck 16.- 24. Mai 1936 Material ? oh. Abb. II	FIS Wettkämpfe 1936 Innsbruck Metall / emailliert V	Der Führer in Innsbruck 5.4. 1938 Metall IV
Innsbruck 39 - 01	Innsbruck 39 - 02	Innsbruck 40 - 01
Tiroler u. Vorarlbg. Schikämpfe Innsbruck 1939 SA Metall III	1. Verbandstag d. Fleischer - Handwerks Grossdeutschlands Innsbruck 1939 Metall / teilemailliert V	Tiroler u. Vorarlbg. Schikämpfe Kreisappell der NSDAP Innsbruck 1940 Metall III

Ipsheim 30 - 01	IR 00 - 01	IR 00 - 02
Gautag Ipsheim Pfingsten 1930 Metall IV	Verein d. Feldzugs Teilnehmer L.I.R. 74 Metall III	Feld Art. Rgt. König Karl N. 13 Metall III
IR 00 - 03	IR 32 - 01	IR 33 - 01
Weltkrieg 1914 / 1918 Erinnerungsabzeichen IR 87 Metall III	Denkmalweihe und Wiedersehensfeier 20.u.21. Aug. 1932 I.R. 118 Metall II	27.8. 1933 "82" Metall III
IR 35 - 01	IR 38 - 01	IR 38 - 02
75 Jahrfeier 1860 1935 IR 52 Metall III	Einsertag 1938 Traditionsübergabe an II./ Inf. Rgt. 61 Metall III	4. Allgem. 107er Regimentstag 28.- 29. Mai 1938 Metall II
IR 39 - 01	Irdning 32 - 01	Ischl. Bad 39 - 01
IR 95 A.D. 1939 Porzellan V	NSDAP Bezirkstag Irdning 24. Juli 1932 Metall IV	SA Standarten Wettkämpfe I / 6 Bad Ischl 10.- 11. Juni 1939 Metall III

Iserlohn 33 - 01 NSBO Kreis Iserlohn Tag der Deutschen Arbeit 22.10.1933 Metall III	Iserlohn 34 - 01 Brigade Aufmarsch Iserlohn 16/17 Juni 1934 Metall III	Iserlohn 37 - 01 Regiments- Appell aller ehem. 60er "Markgraf Karl" Iserlohn 17.- 19. Juli 1937 Stoff im Metallrahmen III
Iserlohn 37 - 02 700 Jahrfeier Waldstadt Iserlohn 2.- 4. 7. 1937 Kunststoff mit Metallauflage III	Iserlohn 38 - 01 "67" 6. Wiedersehensfeier 18. u. 19. Juni 1938 Iserlohn Stoff im Metallrahmen III	Iserlohn 39 - 01 Kreistag der NSDAP Iserlohn 3. u. 4. Juni 1939 Kunststoff III
Itzehoe 36 - 01 Kreishandwerkertag Itzehoe 1936 Pappe II		

Reinhard Tieste   Belgarder Str. 5   2820 Bremen 77

TAGUNGSABZEICHEN

suche ich ständig für meine internationale Kundschaft.
Gerne bearbeite ich auch Ihre Such- Fehlliste.

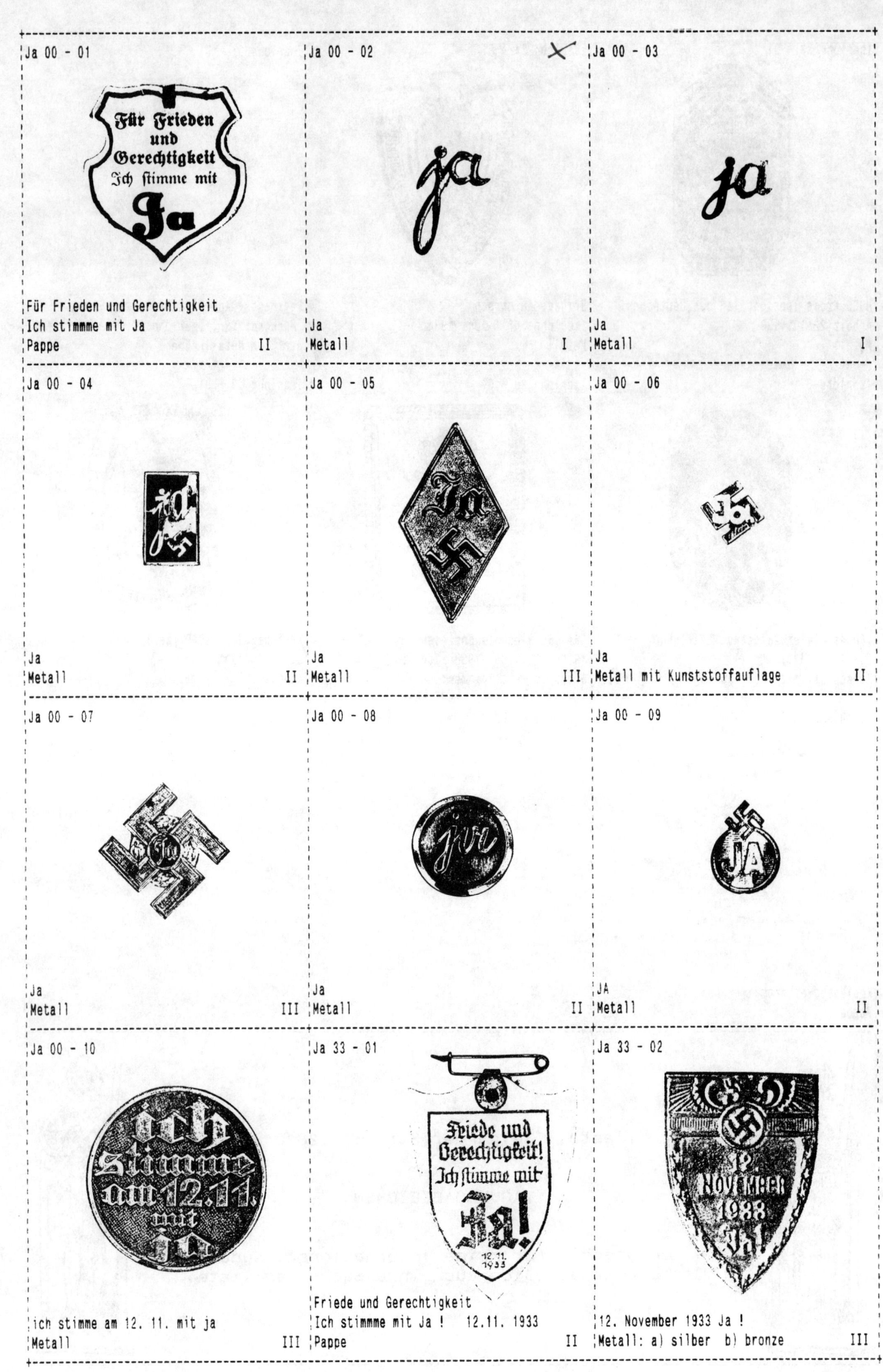

Ja 00 - 01	Ja 00 - 02	Ja 00 - 03
Für Frieden und Gerechtigkeit Ich stimmme mit Ja Pappe — II	Ja Metall — I	Ja Metall — I
Ja 00 - 04	Ja 00 - 05	Ja 00 - 06
Ja Metall — II	Ja Metall — III	Ja Metall mit Kunststoffauflage — II
Ja 00 - 07	Ja 00 - 08	Ja 00 - 09
Ja Metall — III	Ja Metall — II	Ja Metall — II
Ja 00 - 10	Ja 33 - 01	Ja 33 - 02
ich stimme am 12. 11. mit ja Metall — III	Friede und Gerechtigkeit Ich stimmme mit Ja ! 12.11.1933 Pappe — II	12. November 1933 Ja ! Metall: a) silber b) bronze — III

Ja 33 - 03 Für Friede und Gleichberechtigung Ich stimme mit Ja ! 12. 11. 1933 Metall III	Ja 33 - 04 Ja 12. 11. 1933 Weißblech I	Ja 33 - 05 Ja 12. 11. 1933 Messingblech (Größenvarianten) I
Ja 33 - 06 Ja Treue um Treue 1933 Metall II	Ja 33 - 07 12. November 1933 Ja Seidenbändchen (mit Ja 33 - 05) * II	Ja 38 - 01 Ja 10. 4. 1938 Metall II
Ja 38 - 02 10. April 1938 Für Hitler Ja Metall III	Ja 38 - 03 10. Apr. 1938 ja Metall IV	Ja 38 - 04 Unser Ja dem Befreier 1938 Metall II
Ja 38 - 05 Ja 10. 4. 1938 Metall II	Jahresplan 37 - 01 4- Jahresplan 1937 Metall III	Jedesheim 34 - 01 7. Leichtathletik Sportfest am 5.8. 1934 Sportverein Jedesheim Metall II

Jena 00 - 01	Jena 32 - 01	Jena 33 - 01
Sportfest der Hitler - Jugend in Jena Pappe — III	URS Jena 1832 100 1932 Stoff im Metallrahmen — II	Luthertag 10. Nov. 1933 Jena Metall — III
Jena 34 - 01	Jena 34 - 02	Jena 34 - 03
1. Kreisturnfest des Saale - Kreises Jena 1934 30. Juni - 1. Juli Metall — III	SA Brigade 42 Jena 8. April 1934 Metall — III	Kreisparteitag 6.- 7. Oktober 1934 Jena N.S.D.A.P. - D.A.F. Metall — III
Jena 34 - 04	Jena 34 - 05	Jena 35 - 01
N.S.L.B. Gau Thüringen Gebietstreffen Jena 22 - 23. Sept. 1934 Metall — III	Das Jenaer Paradiesfest ruft dich 13.- 18. Juli 1934 Metall — II	Kreistreffen d. NSDAP Jena-Stadtroda am 11.- 12.5. 1935 in Jena Metall — III
Jena 35 - 02	Jena 36 - 01	Jena 37 - 01
Jenaer Paradiesfest 1935 Metall — II	Jena 700 Jahre Stadt 1936 Metall — II	Jena Paradiesfest 1937 Metall — II

Jena-Stadtroda 33 - 01	Johann-Georgen-Stadt 35 - 01	Johann-Georgen-Stadt 36 - 01
NSBO Weihetag Kreis Jena - Stadtroda 17. 9. 1933 Metall　III	Schitreffen SA- Brigade 36 27. Eismo 1935 Johann - Georgen - Stadt Metall　IV	Schitreffen SA- Brigade 36 4./5. Eismo 1936 Joh. Georgen Stadt Metall　IV
Johannesthal 38 - 01	Johannis-Fest 36 - 01	Jost Erich 31 - 01
Erntedankfest Johannesthal 4.9. 1938 Holz　I	Johannis-Fest RGB Druck 1936 Leder a) braun b) rot　II	Erich Jost Gedenktag 30.8.31 X 5.8.29 Metall　II
Jubelbischof 34 - 01	Judaica 00 - 01	Jugend 00 - 01
Gottes Segen unserem Jubelbischof 1884 - 1934 Metall　I	Völkerfrieden oder Judendiktatur Metall　V	Sonnenwendfeier Fest der Jugend Metall　III
Jugend 00 - 02	Jugend 32 - 01	Jugend 33 - 01
Aufbruch der Jugend Metall　III	1. N.S. Reichsjugendtag 1932 Metall: a) bronze b) silberfarbend　X	1. Fest der Jugend Juni 1933 Metall　I

Jugend 33 - 02	Jugend 33 - 03	Jugend 34 - 01
1. Fest der Jugend 24. Juni 1933 Metall II	Sonnenwendfeier 1933 Tag der Jugend Metall III	HJ DAF Reichs-Berufs Wettkampf der deutschen Jugend 1934 Metall IV
Jugend 34 - 02	Jugend 34 - 03	Jugend 35 - 01
Sportmonat Juni 1934 Metall II	Deutsches Jugendfest 1934 Metall III	Deutsches Jugendfest 1935 Metall / Varianten in Größe und Form I
Jugend 35 - 02	Jugend 36 - 01	Jugend 37 - 01
HJ DAF Reichs-Berufs Wettkampf der deutschen Jugend 1935 Metall III	Deutsches Jugendfest 1936 Metall: a) volle b) durchbrochene Form I	Deutsches Jugendfest 1937 Metall: a) volle b) durchbrochene Form I
Jugend 37 - 02	Jugend 38 - 01	Jugend 41 - 01
Deutsches Jugendfest 1937 Metall/"37" überprägt auf alten 36 ern I	Wir helfen der Jugend 10.- 13.6.38 Metall IV	Bann u. Untergau 517 Tag der Jugend 1941 Metall III

Juist 35 - 01	Jülich 33 - 01	Jülich 34 - 01
1935 N.S.G. Kraft d. Freude Urlauberfahrt auf die Insel Juist Metall III	N.S.Hago Jülich Grenzland Kundgebung 1933 Metall oh. Abb. III	Thing Jülich 1934 Material ? oh. Abb. II
Jülich 35 - 01	Jülich 36 - 01	Jülich 39 - 01
Kreistag der NSDAP Jülich 1935 Metall III	Wiedersehensfeier RIR 257 Jülich 5. Juli 1936 Seidenbändchen * II	Kreistag der NSDAP Jülich 1939 Metall III
Jüterbog-Luckenwalde 32 - 01	Jüterbog-Luckenwalde 33 - 01	
1. Standarten- Aufmarsch der Sta. 206 Jüterbog-Luckenwalde 17.7.32 Metall III	NSDAP Parteitag Kreis Jüterbog - Luckenwalde 16.u.17. Sept. 1933 Metall III	

Reinhard Tieste   Belgarder Str. 5   2820 Bremen 77

MITGLIEDSABZEICHEN

Ich führe ein gut sortiertes Lager dieses Sammelgebietes.

SAMMELBILDERALBEN

sind im Rahmen meiner Militarialisten ständig im Angebot.
Keine Leeralben und Einzelbilder.

Kaaden 37 - 01 HSiW 16. Wiedersehensfest Kaaden 19.- 20. Juni 1937 Metall II	Kahl 35 - 01 2. Kreisturnfest Kahl a/M. 1935 Metall oh. Abb. II	Kaiserberg 36 - 01 Kaiserberg - Turnfest Pappe II
Kaiserslautern 30 - 01 Pfalz - Gautag NSDAP Kaiserslautern 22. u. 23.11.30 Metall IV	Kaiserslautern 32 - 01 Wehrsport Treffen Kaiserslautern 15.- 16. Okt. 1932 Metall oh. Abb. III	Kaiserslautern 33 - 01 Tag der Arbeit 1. Mai 33 NSBO Kaiserlautern Metall III
Kaiserslautern 33 - 02 Denkt Deutsch Kauft Deutsch Braune Ausstellung Kaiserslautern 1933 Metall III	Kaiserslautern 33 - 03 Flugtag Kaiserslautern 1933 Metall V	Kaiserslautern 37 - 01 DRL - Kreisfest Kaiserslautern 26.- 27. Juni 1937 Pappe II
Kaiserslautern 37 - 02 1. Landesbauerntag 9.- 11.7. 1937 Saar-Pfalz Kaiserslautern Metall III	Kaiserslautern 39 - 01 Gautag am Westwall Kaiserslautern 1939 Metall III	Kaiserslautern 39 - 02 P.W.V. Hauptausflug 1939 Kaiserslautern Metall oh. Abb. II

Kaiserswerth 00 - 01	Kalenberg 39 - 01	Kalm 34 - 01
Ehrenstätte der H.J. Kaiserpfalz Kaiserswerth Metall — III	Kreistag Kalenberg 10.- 11. Juni 1939 Metall — III	Segelflug Modellwettbewerb Kalm bei Remda 21. und 22. April 1934 D.L.V. H.J. Metall — IV
Kampfspende 32 - 01	Kandel 36 - 01	Karbitz 37 - 01
Kampfspende R.W. 1932 Metall — III	Grenzland - Tag Kandel 1936 Metall — II	60 1877 Freiw. Feuerwehr Karbitz 1937 Holz — III
Karlsbad 30 - 01	Karlsbad 32 - 01	Karlsbad 34 - 01
Karlsbader Urania Reisen 1930 Metall: a) bronze b) silber — II	Urania Karlsbad 1932 Metall — IV	SHF Tag der Volksgemeinschaft Karlsbad 7. Oktober 1934 Seidenbändchen * — II
Karlsbad 34 - 02	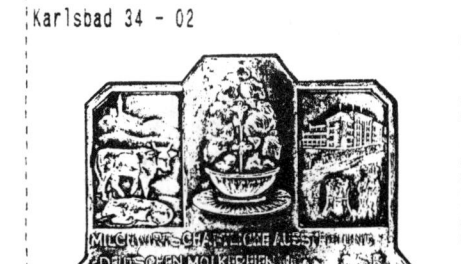 Karlsbad 37 - 01	Karlsbad 39 - 01
Milchwirtschaftliche Ausstellung der Deutschen Molkereien in der C.S.R. Karlsbad 14.- 18. Juli 1934 Metall — III	BdD 1.Egerländer Trachtentag Karlsbad 1937 Metall — II	Bezirkstagung des Sudetendeutschen Bäckerhandwerkes Karlsbad 2.- 4. 9. 1939 Metall — II

Karlsruhe 30 - 01 In Pflichten Treu Im Liede froh 3. Gesangswettstreit Deutscher Lokomotivführ. u. Anw. Karlsruhe 3.- 5. Mai 1930 Metall — III	**Karlsruhe 30 - 02** Rudertag 1930 Karlsruhe D.R.V. E.V. Metall — II	**Karlsruhe 33 - 01** Nat.- Soz. Grenzland Treffen Karlsruhe Sept. 1933 Metall: a) massiv b) hohl — III
Karlsruhe 33 - 02 4. RGTS. Tag Ehem. 109 er Karlsruhe 1933 Metall — III	**Karlsruhe 33 - 03** N.S. D.S.V. Karlsruhe Baden I. Nat. Sozialistische Grenzland Turn u. Sportkämpfe 16. u. 17. September 1933 Metall — III	**Karlsruhe 33 - 04** I. Nat. Soz. Grenzland Turn u. Sportkämpfe Mannsch. Sieger Fünfkampf 16. u. 17. Sept. 1933 Karlsruhe Baden Metall — V
Karlsruhe 33 - 05 I. Nationalsozialistische Grenzland Turn u. Sportkämpfe Sieger Fünfkampf 16. u. 17. Sept. 1933 Karlsruhe Baden Metall — V	**Karlsruhe 34 - 01** Saarkundgebung Karlsruhe 9.6.34 Metall — III	**Karlsruhe 34 - 02** Kameradschaftstreffen d. Bad. F.A. Rgter. 14 u. 50 u. deren Kriegsformationen Karlsruhe 5.- 6.5. 1934 Metall — III
Karlsruhe 34 - 03 Schachkongress Karlsruhe 26. VIII. - 2. IX. 34 Metall — III	**Karlsruhe 34 - 04** Heimattag Karlsruhe 1934 Holz — II	**Karlsruhe 34 - 05** Kriegsopfer-Ehrentag Karlsruhe 7.10. 1934 Metall — III

Karlsruhe 34 - 06 2. NS Grenzland- Werbe- Messe Braune Messe Deutsche Woche Karlsruhe 15.9.- 1.10. 1934 Metall III	Karlsruhe 35 - 01 Karlsruhe Kameradentreffen Armierungs- Batl. 107 1915 - 1935 17. Mai Metall III	Karlsruhe 35 - 02 Gaufest RfL Karlsruhe 21.- 28. Juli 1935 Metall III
Karlsruhe 35 - 03 11. Badisches Sängerbundesfest Karlsruhe Okt. 1935 Metall III	Karlsruhe 35 - 04 Gautagung der Technik Karlsruhe 1.- 4. Nov. 35 Metall III	Karlsruhe 36 - 01 38. Hauptversammlung zu Karlruhe 1936 Material ? oh. Abb. II
Karlsruhe 36 - 02 Garnision- Tag 1936 Karlsruhe 9.- 11. Mai Metall auf Papprosette/viele Farben III	Karlsruhe 37 - 01 Gautag Karlsruhe 16.- 18.IV.37 Metall III	Karlsruhe 37 - 02 Fest der Deutschen Volksmusik in Karlsruhe 1937 Metall III
Karlsruhe 37 - 03 7. Waffentag der Deutschen Kavallerie Karlsruhe 12.- 14. Juni 1937 Metall III	Karlsruhe 38 - 01 Wettkämpfe der SA- Gruppe Südwest 2. u. 3. Juli 38 Karlsruhe Metall III	Karlsruhe 38 - 02 Hochschul - Studententag T.H. Karlsruhe vo 10.- 12. VI. 38 Metall III

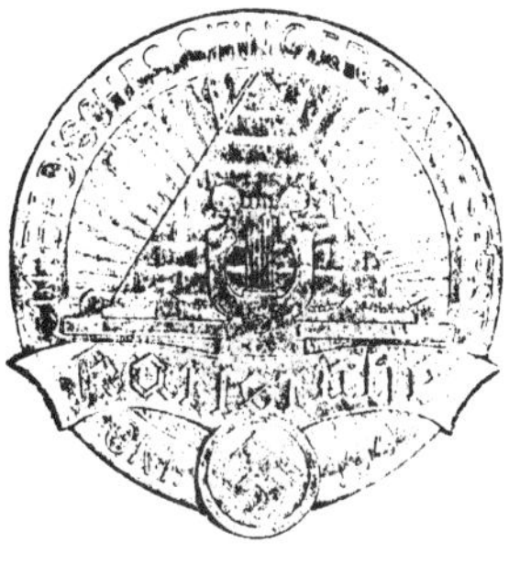

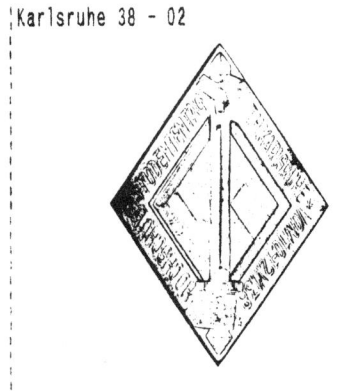

Karlsruhe 39 - 01 Gautagung der Technik Karlsruhe 5.- 7. Mai 1939 Metall　　　　　　　　　　IV	Karlstadt 34 - 01 Sturmbann III/17 Karlstadt 27. 5. 34 Material ?　　　　　　　　III	Kärnten 00 - 01 Tag der nationalen Arbeit 1. Mai Gau Kärnten Seidenbändchen　　　　x　　II
Kärnten 00 - 02 Kärntner Grenzlandopfer Metall　　　　　　　　　III	Kärnten 00 - 03 Kriegserntedank an die Bäuerin Landesbauernschaft Kärnten Metall　　　　　　　　　　X	Kärnten 39 - 01 1. Gebiets- und Obergau- Sportfest Kärnten 30.6. - 2.7. 39 Kunststoff　　　　　　　III
Kärnten 39 - 02 Wörthersee Sportwoche 22.- 30.7. 1939 Kärnten Metall　　　　　　　　　III	Kärnten 40 - 01 Text Rs.: Kärnten 10.X. 1920 10.X. 1940 Metall　　　　　　　　　　IV	Kaschitz 37 - 01 BdD Heimatfest Kaschitz 5.u.6. Juni 1937 Metall　　　　　　　　　　II
Kässeburg 33 - 01 NSDAP Waldshut Grenzlandkundgebung Kässeburg Sept. 1933 Pappe　　　　　　　　　　III	Kassel 30 - 01 2. Mitteldeutsches Sängerbundesfest Kassel 1930 Stoff im Metallrahmen　　　III	Kassel 32 - 01 N.S. Flugtag Kraftfahrertreffen am 22.u.23.10. 1932 Kassel Metall　　　　　　　　　　V

Kassel 32 - 02	Kassel 33 - 01	Kassel 33 - 02
Hitlertag Kassel 3. Nov. 1932 Metall — V	Heeresmeisterschaften Kassel 2.- 6.8. 1933 Metall — III	N.S. Kriegsopfer - Versorgung Ortsgr. Kassel Fahnenweihe N.S.K.O.V. Okt. 1933 Metall — III
Kassel 33 - 03	Kassel 33 - 04	Kassel 33 - 05
Deutscher Volkstums- und Heimattag Kassel 1933 Metall — II	Werbung deutsche Bühne Kassel 26.+ 27.8. 1933 Metall — II	Adolf Hitler Haus Kassel 11.- 12. Februar 1933 Metall — III
Kassel 34 - 01	Kassel 34 - 02	Kassel 34 - 03
Kurhessischer Kriegsopfertag Kassel 16.9. 1934 Metall — II	Kasseler Musiktage 1934 Metall — II	5. Deutscher Reichskriegertag Kassel 7.- 9. Juli 1934 Metall — III
Kassel 34 - 04	Kassel 34 - 05	Kassel 34 - 06
SA- Brigade 47 Kassel Sportfest 26. 27. Mai 1934 Metall — III	5. Deutscher Reichskriegertag Kassel 7.- 9. Juli 1934 Metall — II	Sporttreffen Arbeitsgau 22 Kassel 29 u. 30. 4. 1934 Metall — III

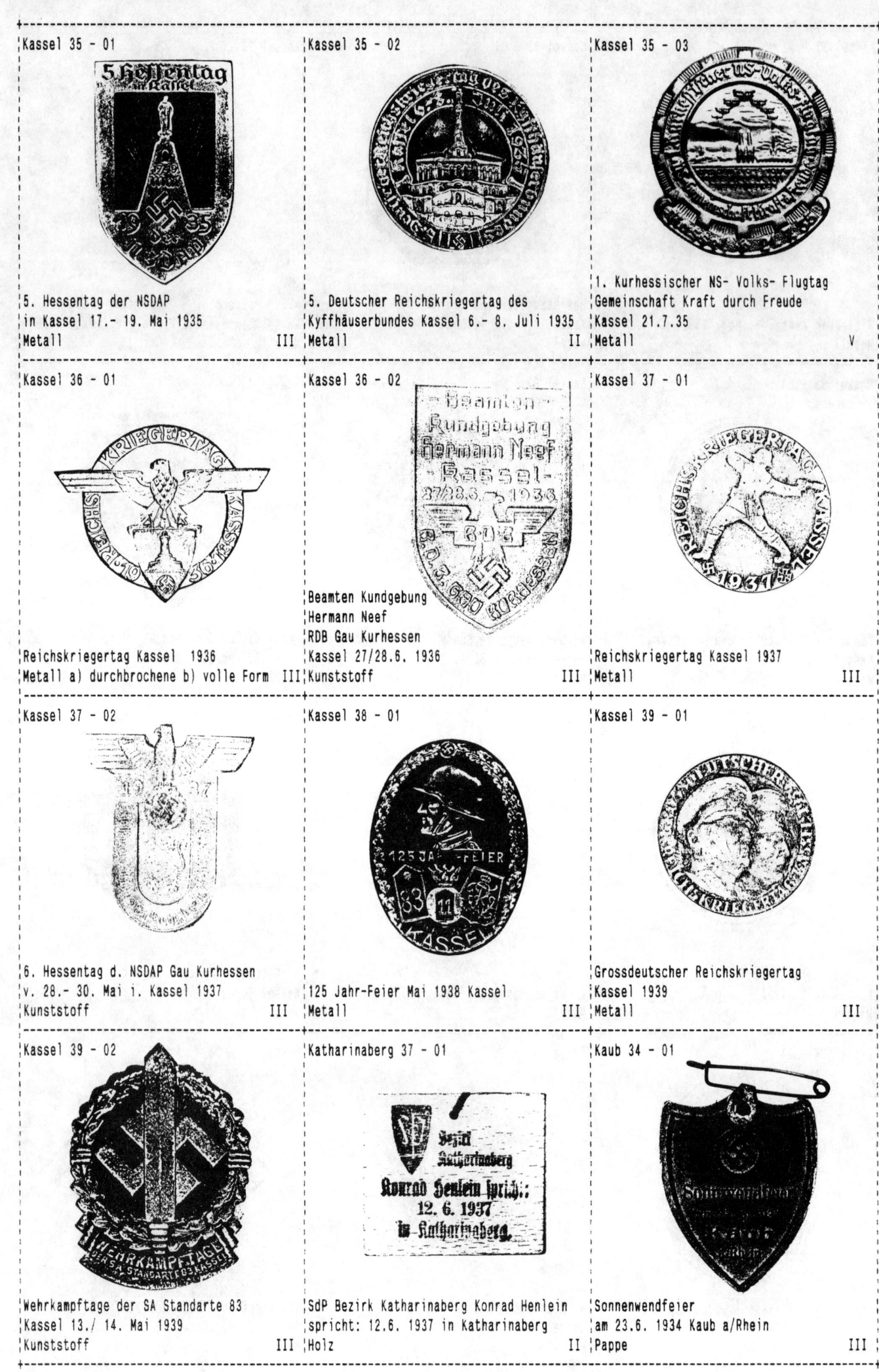

Kassel 35 - 01	Kassel 35 - 02	Kassel 35 - 03
5. Hessentag der NSDAP in Kassel 17.- 19. Mai 1935 Metall III	5. Deutscher Reichskriegertag des Kyffhäuserbundes Kassel 6.- 8. Juli 1935 Metall II	1. Kurhessischer NS- Volks- Flugtag Gemeinschaft Kraft durch Freude Kassel 21.7.35 Metall V
Kassel 36 - 01	Kassel 36 - 02	Kassel 37 - 01
Reichskriegertag Kassel 1936 Metall a) durchbrochene b) volle Form III	Beamten Kundgebung Hermann Neef RDB Gau Kurhessen Kassel 27/28.6. 1936 Kunststoff III	Reichskriegertag Kassel 1937 Metall III
Kassel 37 - 02	Kassel 38 - 01	Kassel 39 - 01
6. Hessentag d. NSDAP Gau Kurhessen v. 28.- 30. Mai i. Kassel 1937 Kunststoff III	125 Jahr-Feier Mai 1938 Kassel Metall III	Grossdeutscher Reichskriegertag Kassel 1939 Metall III
Kassel 39 - 02	Katharinaberg 37 - 01	Kaub 34 - 01
Wehrkampftage der SA Standarte 83 Kassel 13./ 14. Mai 1939 Kunststoff III	SdP Bezirk Katharinaberg Konrad Henlein spricht: 12.6. 1937 in Katharinaberg Holz II	Sonnenwendfeier am 23.6. 1934 Kaub a/Rhein Pappe III

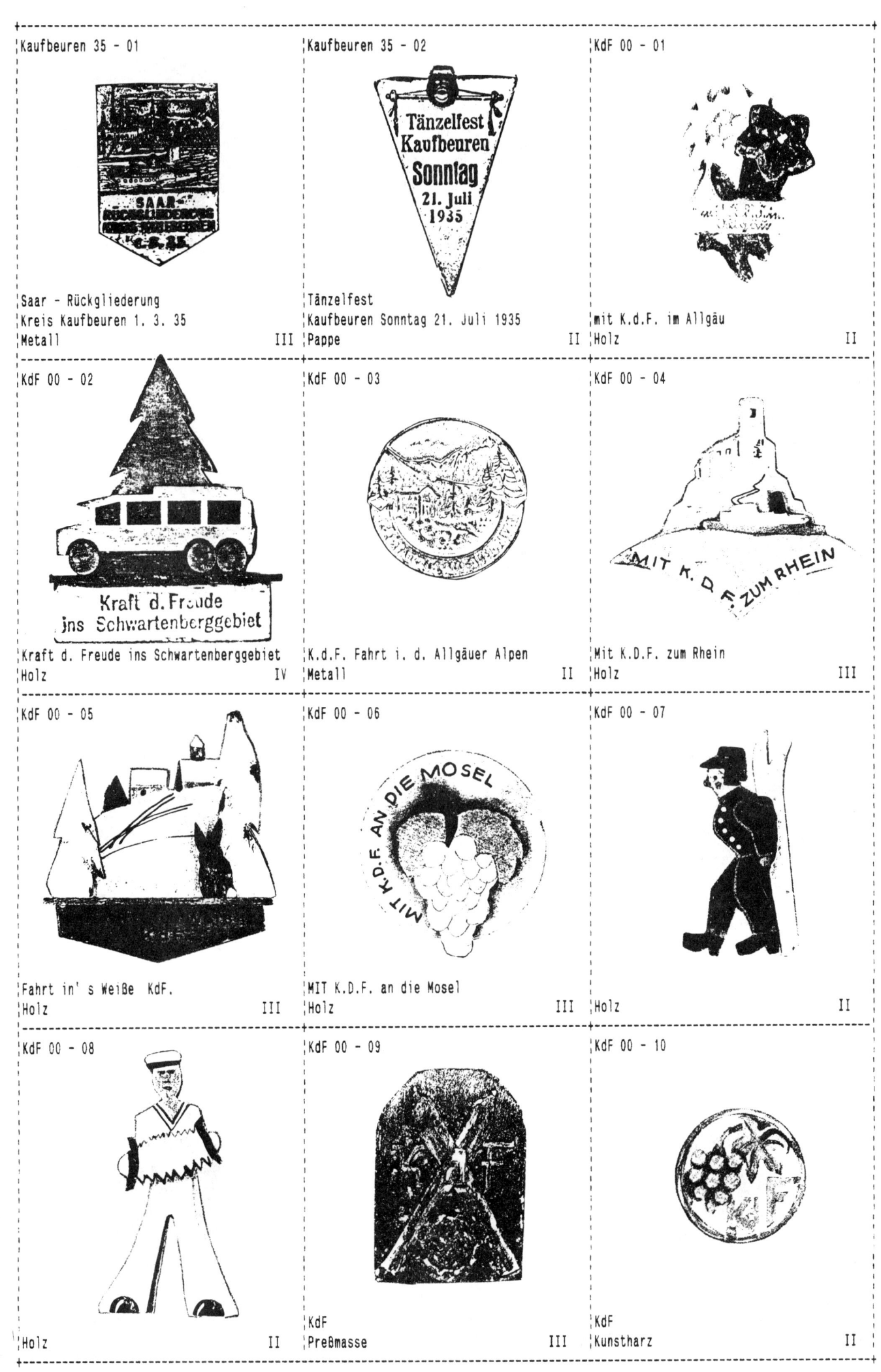

Kaufbeuren 35 - 01 Saar - Rückgliederung Kreis Kaufbeuren 1. 3. 35 Metall III	Kaufbeuren 35 - 02 Tänzelfest Kaufbeuren Sonntag 21. Juli 1935 Pappe II	KdF 00 - 01 mit K.d.F. im Allgäu Holz II
KdF 00 - 02 Kraft d. Freude ins Schwartenberggebiet Holz IV	KdF 00 - 03 K.d.F. Fahrt i. d. Allgäuer Alpen Metall II	KdF 00 - 04 Mit K.D.F. zum Rhein Holz III
KdF 00 - 05 Fahrt in's Weiße KdF. Holz III	KdF 00 - 06 MIT K.D.F. an die Mosel Holz III	KdF 00 - 07 Holz II
KdF 00 - 08 Holz II	KdF 00 - 09 KdF Preßmasse III	KdF 00 - 10 KdF Kunstharz II

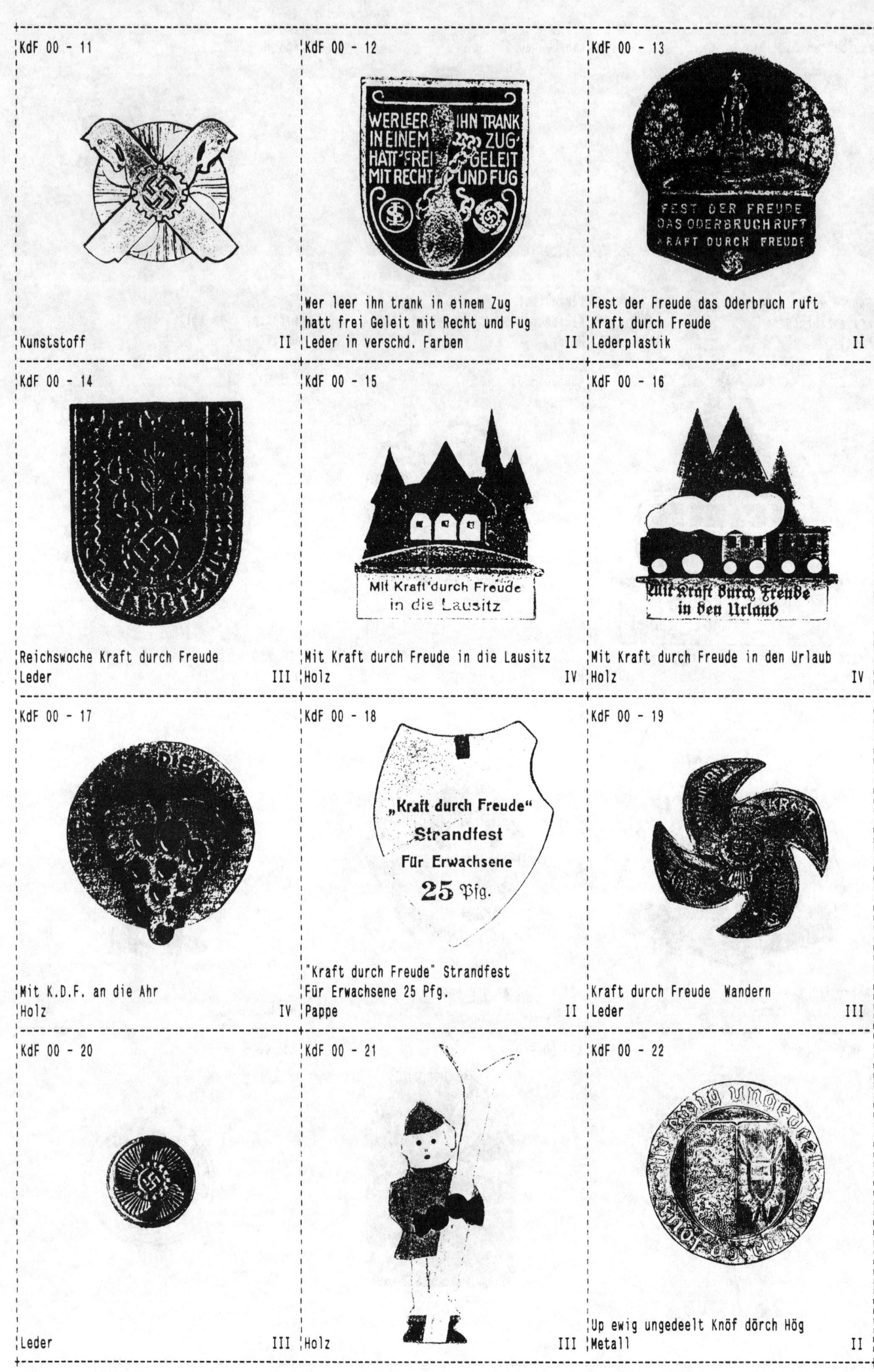

KdF 00 - 11	KdF 00 - 12	KdF 00 - 13
	Wer leer ihn trank in einem Zug hatt frei Geleit mit Recht und Fug	Fest der Freude das Oderbruch ruft Kraft durch Freude
Kunststoff II	Leder in verschd. Farben II	Lederplastik II

KdF 00 - 14	KdF 00 - 15	KdF 00 - 16
Reichswoche Kraft durch Freude	Mit Kraft durch Freude in die Lausitz	Mit Kraft durch Freude in den Urlaub
Leder III	Holz IV	Holz IV

KdF 00 - 17	KdF 00 - 18	KdF 00 - 19
Mit K.D.F. an die Ahr	"Kraft durch Freude" Strandfest Für Erwachsene 25 Pfg.	Kraft durch Freude Wandern
Holz IV	Pappe II	Leder III

KdF 00 - 20	KdF 00 - 21	KdF 00 - 22
		Up ewig ungedeelt Knöf dörch Hög
Leder III	Holz III	Metall II

KdF 00 - 23	KdF 00 - 24	KdF 34 - 01
Up ewig ungedeelt Knöf dörch Hög Metall II	Up ewig ungedeelt Knöf dörch Hög Kunststoff II	N.S.G. Kraft d. Freude Urlauberfahrten zur Nordsee 1934 Metall III
KdF 34 - 02	KdF 34 - 03	KdF 34 - 04
Arbeiter Urlaubsfahrt zur See 1934 NSG Kraft durch Freude Lloyddampfer "Dresden" Metall III	NSG KdF. 1934 Seefahrt Monte Olivia Metall III	Kraft durch Freude BKG 1872 1934 Metall V
KdF 36 - 01	KdF 37 - 01	KdF 37 - 02
N.S.G. "Kraft durch Freude" "Heit werds sünftl!" Sommerfest 1936 Holz II	Kraft durch Freude Atlantikfahrten 1937-38 a) Kunststoff b) Metall III	NS Gemeinschaft Kraft durch Freude Volksfest 1937 Pappe I
KdF 37 - 03	KdF 37 - 04	KdF 37 - 05
Kraft durch Freude Italienfahrten- 1937/38 Kunststoff III	Fahrt ins Blaue 1937 Metall II	Schwartenbergfest Kraft durch Freude 1937 Holz IV

KdF 37 - 06	KdF 38 - 01	KdF 39 - 01
Fahrt ins Blaue 19. 6. 1937 Pappe II	1938 1939 Mittelmeerreisen KDF Metall in vielen Farben III	Nordlandfahrten m. Kraft durch Freude 1939 Metall III

KdF 39 - 02	Kehl 36 - 01	Kehl 36 - 02
Kdf- Schiff "Robert Ley" Atlantik-Reise Frühjahr 1939 Kunststoff III	XI. 112er Tag Kehl a.RH. 4.- 6. Juli 1936 Metall oh. Abb. III	46. Bad. Pioniertag Kehl a./Rh. 1936 Metall III

Kehlheim 33 - 01	Kelheim 37 - 01	Kemberg 30 - 01
1933 Metall III	14.- 15.8.37 "Alles für die Heimat" Reichstreffen des Sudetendeutschen Heimatbundes Befreiungshalle Kelheim Metall III	Heimatfest Kemberg 7.- 10.6. 1930 Metall II

Kemnath-Erbendorf 35 - 01	Kempten 32 - 01	Kempten 34 - 01
NS- Kreistreffen auf der Alm Kemnath-Erbendorf 1935 Metall II	2. Allgäuer Bundesschiessen Kempten 1932 Metall II	Standartentreffen 24.6.34 Kempten SA Standarte 20 Metall III

Kempten 35 - 01 5. Allgäuer Bezirksschiessen Kempten 1935 Metall II	Kiefersfelden 33 - 01 Kreistagung u. Grenzlandkundgebung in Kiefersfelden 16.7. 1933 Kreis Rosenheim Metall III	Kiel 00 - 01 Reichskriegerbund Kyffhäuser Fechtmuseum Kiel Waldwiese Stoff im Metallrahmen III
Kiel 33 - 01 SA Aufmarsch Gruppe Nordmark 7. Mai 1933 Kiel Metall IV	Kiel 33 - 02 Gautagung der N.S.- Frauenschaft Okt. Kiel 1933 Metall III	Kiel 33 - 03 SA- Reitertreffen Standarte 187 27.8. 1933 Kiel Metall III
Kiel 33 - 04 58. Deutscher Gastwirtetag 29. B.- Tag d. Saal u. Konzertlokal - Inhaber Kiel 1933 4.- 9. Sept. Metall III	Kiel 34 - 01 Gautagung der N.S.- Frauenschaft Kiel 1934 Metall III	Kiel 34 - 02 Kieler Woche 1934 Metall III
Kiel 34 - 03 Kiel 1934 Reichskolonialbund Ton IV	Kiel 35 - 01 Nordmark voran Kiel 25.- 26.5.35 Metall: a) bronze b) silberfarbend III	Kiel 35 - 02 Marine - Volkswoche 1935 11.- 16.6. Kiel Metall III

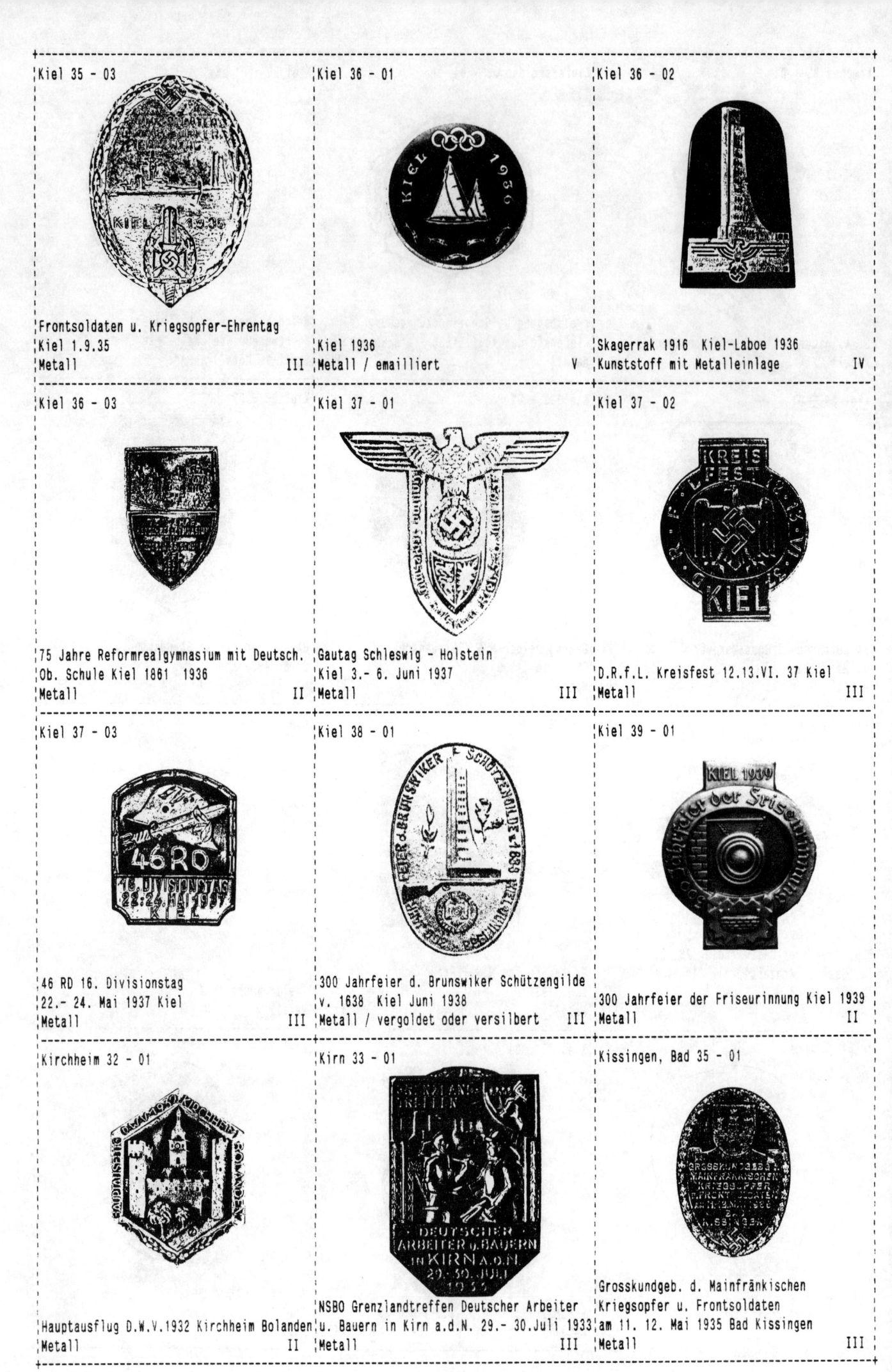

Kiel 35 - 03 Frontsoldaten u. Kriegsopfer-Ehrentag Kiel 1.9.35 Metall — III	Kiel 36 - 01 Kiel 1936 Metall / emailliert — V	Kiel 36 - 02 Skagerrak 1916 Kiel-Laboe 1936 Kunststoff mit Metalleinlage — IV
Kiel 36 - 03 75 Jahre Reformrealgymnasium mit Deutsch. Ob. Schule Kiel 1861 1936 Metall — II	Kiel 37 - 01 Gautag Schleswig - Holstein Kiel 3.- 6. Juni 1937 Metall — III	Kiel 37 - 02 D.R.f.L. Kreisfest 12.13.VI. 37 Kiel Metall — III
Kiel 37 - 03 46 RD 16. Divisionstag 22.- 24. Mai 1937 Kiel Metall — III	Kiel 38 - 01 300 Jahrfeier d. Brunswiker Schützengilde v. 1638 Kiel Juni 1938 Metall / vergoldet oder versilbert — III	Kiel 39 - 01 300 Jahrfeier der Friseurinnung Kiel 1939 Metall — II
Kirchheim 32 - 01 Hauptausflug D.W.V.1932 Kirchheim Bolanden Metall — II	Kirn 33 - 01 NSBO Grenzlandtreffen Deutscher Arbeiter u. Bauern in Kirn a.d.N. 29.- 30.Juli 1933 Metall — III	Kissingen, Bad 35 - 01 Grosskundgeb. d. Mainfränkischen Kriegsopfer u. Frontsoldaten am 11. 12. Mai 1935 Bad Kissingen Metall — III

Kitzbühel 39 - 01 Deutsche und Wehrmachts Ski- Meisterschaften Kitzbühel 1939 Metall III	Kitzingen 31 - 01 NSDAP Gau Unterfranken Heldenehrung Kitzingen / Main 2. u. 3. Mai 1931 Metall III	Kitzingen 33 - 01 10 j. Todesgedenkfeier Daniel Sauer Gautag Kitzingen 6./7. Mai 1933 Metall III
Klagenfurt 33 - 01 VDA Pfingsttagung Klagenfurt 1933 Metall III	Kleinaugezd 38 - 01 50 Jahre deutsches Lied I.D.G. "Eintracht" Kleinaugezd 29. Mai 1938 Metall II	Kleinenbroich 36 - 01 Fastnacht 1936 / 37 Kleinenbroich Pappe I
Kleinhesselohe 30 - 01 1929 - 1930 Eislaufverein Kleinhesselohe Metall I	Kleve 37 - 01 Kreistag der NSDAP. Kleve am 3.- 4. Juli 1937 Metall III	Klingenthal-Markneukirchen 36 - 01 Volksmusikfest der Landschaft Sachsen i.d. Reichsmusikkammer Klingenthal -Markneukirchen 17.- 18. Okt. 1936 Metall II
Knittelfeld 31 - 01 23. Reichsverbandsfest Knittelfeld 1931 Metall II	Koblenz 31 - 01 Regiments-Appell 10 Jahre Alt-Augusta Koblenz 1931 Metall II	Koblenz 33 - 01 NSHago 1933 Braune Messe Koblenz Metall III

Koblenz 34 - 01	Koblenz 34 - 02	Koblenz 34 - 03
Adolf Hitler Brücke Koblenz 22. April 1934 Metall III	Westmark HJ Saar 16/ 17. 6. 1934 Koblenz Metall III	Kriegs-Opfer-Tag Koblenz 21. Okt. 1934 Metall III
Koblenz 35 - 01	Koblenz 37 - 01	Koblenz 38 - 01
Koblenz 29.- 30. Juni 1935 Seidenbändchen * II	Kreistag Koblenz 30. Mai 1937 Metall III	Wettkampftage SA Gruppe Westmark 2.3. 7. 1938 Koblenz Metall: a) golden b) silbern III
Koblenz 39 - 01	Koblenz-Trier 00 - 01	Koblenz-Trier 00 - 02
II. I.R. 80 Koblenz 1939 Seidenbändchen * III	Mit der N.S. Gem. Kraft d. Freude an die Mosel Gau Koblenz - Trier Metall II	Mit der N.S. Gem. Kraft d. Freude an die Ahr Gau - Koblenz - Trier Metall II
Koblenz-Trier 00 - 03	Koblenz-Trier 00 - 04	Koblenz-Trier 00 - 05
Mit der N.S.Gem. Kraft d. Freude an den Rhein Gau Koblenz - Trier Metall III	Mit KDF an den Rhein Gau Koblenz-Trier Ton V	Mit der N.S. Gem. Kraft d. Freude in die Eifel Gau - Koblenz - Trier Metall II

Koblenz-Trier 00 - 06	Koblenz-Trier 00 - 07	Koblenz-Trier 32 - 01
Mit KDF an D. Mosel Gau Koblenz-Trier Ton　　　　　　　　　　　　　　IV	Mit KDF in den Hunsrück Gau Koblenz-Trier Ton　　　　　　　　　　　　　　IV	Befreiungsspende Gau Koblenz-Trier 1932 Metall　　　　　　　　　　　　　II
Koblenz-Trier 35 - 01	Koblenz-Trier 36 - 01	Koblenz-Trier-Birkenfeld 00 - 01
Gau Thing Koblenz - Trier 22.- 23. Juni 1935 Metall　　　　　　　　　　　　　III	Gautag Koblenz - Trier 26.- 28.6. 1936 Metall　　　　　　　　　　　　　IV	N.S.B.O. D.A.F. Weihestunde der Arbeit Gau: Koblenz-Trier-Birkenfeld Metall　　　　　　　　　　　　　III
Kohlengebiet 35 - 01	Kolberg 33 - 01	Kolberg 34 - 01
Kohlengebiet 1935 Metall　　　　　　　　　　　　　II	Rettelbeck Schill Gneisenau Göring 1807 Kolberg 2. Juli 1933 Kunststoff　　　　　　　　　　　III	Kolbergs Verbundenheit mit der Saar 1934 Metall　　　　　　　　　　　　　III
Kolberg 35 - 01	Köln 30 - 01	Köln 32 - 01
Kreis- Partei- Tag Kolberg 17.2.35 Kunststoff　　　　oh. Abb.　　III	19. Deutsches Bundesschiessen Köln 1930 Metall　　　　　　　　　　　　　III	S.A.- Aufmarsch Köln 1932 Metall　　　　　　　　　　　　　IV

Köln 33 - 01	Köln 33 - 02	Köln 33 - 03
4. Wertungssingen der Gesangchöre Deutscher Lok. Beamten der G.D.L. In Pflichten Treu, Im Liede Froh Köln a./Rh. 6.- 8. Mai 1933 Metall III	Hitler - Jugend marschiert Köln 14.- 15.10. 1933 Metall V	NSDAP Grenzland Kundgebung der Beamten der Westmark Köln 15. Okt. 1933 Metall V
Köln 33 - 04	Köln 33 - 05	Köln 34 - 01
Tag des Deutschen Mädels Köln 14.- 15.10.33 Metall III	Internationales Fliegertreffen Köln a. Rhein 20.- 24. 9. 1933 Metall V	Deutsche Kolonial - Ausstellung Köln 1934 Metall III
Köln 34 - 02	Köln 34 - 03	Köln 35 - 01
3. Waffentag der deutschen Feldartillerie Köln 1934 Metall III	Handwerk Handel Gewerbe an die Front Köln 1934 Metall III	Kreistag der NSDAP Köln 1935 Kunststoff III
Köln 35 - 02	Köln 35 - 03	Köln 36 - 01
Kreistag der N.S.D.A.P. Köln - Land 1935 Kunststoff III	Reichstagung und Fachausstellung des Deutschen Malerhandwerks Köln/Rh. 17.- 20.6. 1935 Porzellan V	Wiedersehensfeier 1936 Fuss-Art. 7 in Köln Metall III

Köln 36 - 02	Köln 36 - 03	Köln 36 - 04
Ehrentag der Kinderreichen Köln a. Rhein 6.- 8. Juni 1936 Metall III	Der Führer in Köln 28.3. 1936 Frei ist der Rhein Metall III	"59" Wiedersehensfeier 1936 Köln Seidenbändchen * II
Köln 36 - 05	Köln 37 - 01	Köln 37 - 02
"9" Regts.- Appell ehem. Schlesw.- Holst. Fußa.- Regts. 9 Köln 1936 Pappe II	Kreistag Köln 1937 Metall: a) golden b) bronze III	Landesschau Rhein. Bauern "Wir schaffen für Deutschland" Köln 26.Sept.- 3.Okt.1937 Metall III
Köln 37 - 03	Köln 38 - 01	Köln 38 - 02
Reichstagung 1937 Köln Preßpappe III	Westdeutscher Tag der Kolonialsoldaten 26.- 27. Sept. 1936 Hansestadt Köln Seidenbändchen * III	Weltkongress der Friseure Köln 2.- 9. Okt. 1938 Metall III
Köln 39 - 01	Köln 39 - 02	Köln 39 - 03
Kreistag Köln 1939 Metall III	Deutschland England Leichtathletik- Länderkampf i. Köln a./Rh. 1939 Metall / emailliert V	75 Jahre Fußa. 7 Regiments-Appell 10.- 11.6. 1939 Köln Metall III

Köln 39 - 04	Köln-Aachen 00 - 01	Köln-Aachen 00 - 02
HJ Reichswettkämpfe Köln a./Rh. 1939 Metall / Raute emailliert X	Nach harter Arbeit "Kraft durch Freude" N.S.Gem. K.d.F. Gau Köln Aachen Metall IV	Kraft d. Freude Gau Köln Aachen Metall / emailliert X
Köln-Aachen 33 - 01	Köln-Aachen 34 - 01	Köln-Aachen 36 - 01
NSBO Kongress Gau Köln-Aachen 1933 Metall III	NSDAP Gau- Parteitag Gau Köln-Aachen Hitler ist Deutschland 1934 Metall IV	NSG. Kraft d. Freude Gau Köln-Aachen Urlaubsreise 1936 Stoff im Metallrahmen III
Köln-Aachen 36 - 02	Köln-Mülheim 38 - 01	Kolonien 00 - 01
NSG Kraft durch Freude Gau Köln-Aachen Seereise 1936 Stoff im Metallrahmen III	125 Jahre Inf. Regt. 16 Hacketäuer Einweihung des Ehrenmals Köln - Mülheim 8.- 10. Okt. 1938 Metall III	Vergesst unsere Kolonien nicht ! Stoff im Metallrahmen IV
Kolping 00 - 01	Komotau 36 - 01	Komotau 37 - 01
Wallfahrt zum Grabe Kolping Metall I	ATUS III. Bundesturnfest Komotau 4.- 6. Juli 1936 Bakelite II	AAV Komotau Pfingsten 1937 Metall II

Komotau 37 - 02	Komotau 38 - 01	Komotau 38 - 02
Vs.: SdP Rs.: Komotau K.F.T. 13. 6. 37	BdD Fest aller Deutschen	III. Kreisfrauentag Komotau 1938 (Rs.)
	BdD Fest aller Deutschen Komotau 1938	SdP Mütterfreizeit
Holz II	Metall III	Holz II

Köndringen 36 - 01	Königsberg 00 - 01	Königsberg 32 - 01
Einweihung	Kundgebung des Kreises X Hofheim-Ebern	1232 1932 700 Jahrfeier der Stadt
der Sport Winzerhalle Köndringen 1936	13. 14. X. in Königsberg i.B. (DAF)	Königsberg a.d.E. 13.- 14.- 15. August
Metall II	Pappe II	Metall II

Königsbrück 35 - 01	Königslutter 33 - 01	Königswinter 00 - 01
182er Kameradentreffen	58. Braunschweiger Landwehrverbandstag	
Königsbrück 15.u.16.6. 1935	Königslutter 1933	Königswinter
Metall III	Metall II	Metall II

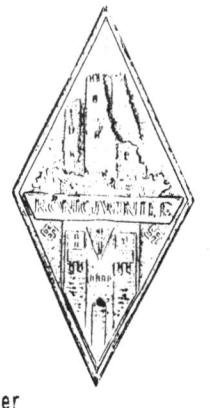

Könnern 36 - 01	Konstanz 33 - 01	Konstanz 37 - 01
Kreistag NSDAP Saalkreis	Grosses Bodensee Treffen	
Könnern 10. Mai 1936	Grenzland Kundgebung Konstanz 1933	114er Tag Konstanz 17.u.18. Juli 1937
Metall III	Metall III	Metall III

Korneuburg 39 - 01	Kornwestheim 35 - 01	Köslin 33 - 01
1939 Kreistag der NSDAP Korneuburg Metall IV	5. Kreisliederfest des XI. Schillerkreises im S.S.B. Kornwestheim 30. Juni 1935 Pappe II	Kösliner Braune Messe Kösliner Braune Messe 15.- 26. Nov. 1933 Metall III
Köthen 32 - 01	Köthen 34 - 01	Krakau 42 - 01
Nationalsozialistisches Kinderfest Köthen-Anhalt 27.8. 1932 Pappe II	Sportfest Bann 93 Köthen 11. u. 12.8. 1934 Metall III	Tag der NSDAP im Generalgouvernement Krakau 14.- 16. August 1942 Metall IV
Kratzau 36 - 01	Krefeld 36 - 01	Krefeld 36 - 02
30 Männer-Gauturnfest Kratzau 4.- 6. 7. 1936 Metall III	Krefeld - Uerdingen Adolf Hitler - Rheinbrücke 1936 Kunststoff II	16er Regimentstreffen Krefeld 1936 Stoff im Metallrahmen III
Krefeld 36 - 03	Krefeld 36 - 04	Kreisbauerntag 36 - 01
50 Westd. Kav. Verband 50 Ulanen Kam. Krefeld 1936 Metall III	Kreistag der NSDAP 1936 Krefeld-Uerdingen Metall III	Kreisbauerntag 1936 - 1937 Metall III

Kreisbauerntag 37 - 01	Kreistag 35 - 01	Kreistag 38 - 01
Kreisbauerntag 1937 - 1938 Preßmasse IV	Kreistag der N.S.D.A.P. 1935 Kunststoff II	Kreistag 1938 NSDAP Metall: a) schwarz b) silbern II
Kreistag 39 - 01	Kreistreffen 37 - 01	Krempe 34 - 01
Kreistag 1939 Metall II	Kreistreffen der NSDAP 10./ 11.IV. 1937 Keramik IV	700 Jahrfeier Krempe 28.- 29. 7. 1934 Stoff im Metallrahmen II
Krems 31 - 01	Krems 32 - 01	Krems 34 - 01
Gautag d. N.S.D.A.P. Hitlerbewgg. Krems 24. 9. 31 Metall IV	HJ Gau Fahnenübergabe Krems 1932 Metall III	Landes- Appell d. N.Ö. Sturmscharen u. CH.D. Turnersch. Krems a.D. 10.6. 1934 Metall II
Krems 39 - 01	Krems 40 - 01	Kreuznach, Bad 33 - 01
Dr. Robert Ley in Krems NSDAP Kreistag Krems 1939 Metall III	R.K.B. Gauverband Niederdonau Krems 1940 Metall IV	NSHago Braune Weihnachts-Messe Bad Kreuznach 1933 Metall III

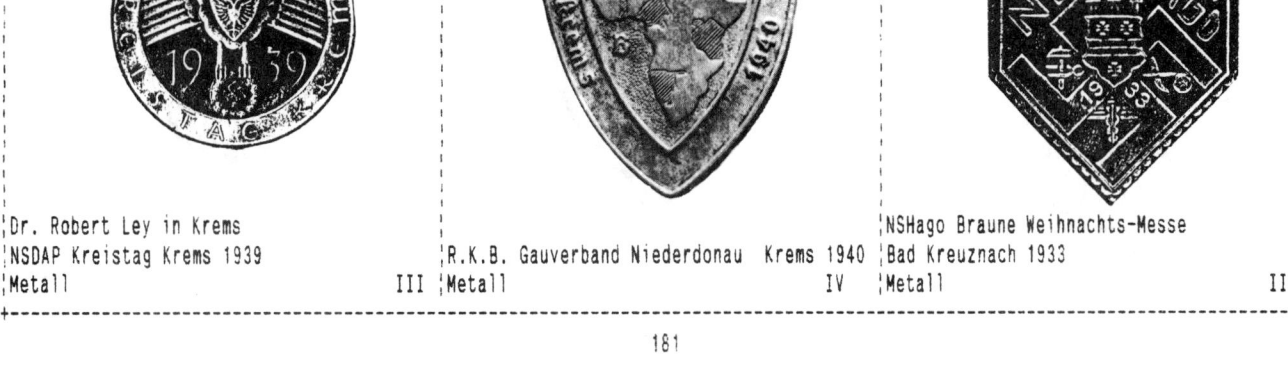

Kreuznach, Bad 34 - 01	Kreuznach, Bad 37 - 01	Kreuznach, Bad 39 - 01
Wiedersehensfeier ehem. 137er Bad Kreuznach 8.- 10 Sept. 1934 Metall III	Kreistag Bad Kreuznach 14. u. 15. August 1937 Leder oh. Abb. III	2. Reichstagung d. Dt. Weinbaues 27. VIII. - 3. IX. und Weinfest d. Westmark Bad Kreuznach 1939 Metall III
Kronach 36 - 01	Kröpelin 35 - 01	Kufstein 37 - 01
NSDAP Kreisparteitag Kreis Kronach 15.3. 1936 Metall III	10 Jahre NSDAP Ortsgruppe Kröpelin i.M. 17. Nov. 1935 Metall III	Schützengilde Kufstein Fahnenweihe 8.VIII. 1937 Metall II
Kufstein-Häring 30 - 01	Kühkopf 34 - 01	Kulkwitz 38 - 01
H.W. Wimpelweihe O.G. u. E.W. Kufstein Häring 1930 Metall II	K.D.F. Treffen Kühkopf 10.5.34 Metall V	1838 Hundert Jahre 1938 Schule Kulkwitz Efoplast II
Kulmbach 00 - 01	Kulmbach 00 - 02	Kulmbach 34 - 01
900 Jahre Kulmbach Metall III	N.S. Flugtag - Kulmbach Metall V	10. U.T.B. Fest 1934 19.- 22. Juli i. Kulmbach Metall II

Kulmbach 35 - 01	Kunst 00 - 01	Kunst 33 - 01
I. Schachkongress der Bayr. Ostmark Kulmbach 27. Juli - 4. Aug. 1935 Metall III	Pappe: a) braun b) golden II	1933 Metall II
Kunst 37 - 01	Kunst 38 - 01	Kunst 39 - 01
1933 1937 Metall II	Tag der Deutschen Kunst 1938 Metall II	Tag der Deutschen Kunst MCMXXXIX Metall II
Kurhessen 00 - 01	Kurhessen 38 - 01	Kurhessen 39 - 01
Gau Kurhessen Kunststoff III	Kurhessen Lager 1938 Metall III	100 Jahrfeier 1839 1939 Sängergau Kurhessen Kunststoff III
Kurmark 00 - 01	Kurmark 37 - 01	Kurpfalz 38 - 01
kdF Gau Kurmark Holz V	HJ Gebiet u. Obergau Kurmark 2 Sportkampf 1937 Metall III	SA Gruppen Sport Wettkämpfe 1938 SA- Gruppe Kurpfalz Kunststoff III

Kurpfalz 39 - 01	Kusel 35 - 01	KWG 35 - 01
Gruppen Wettkampftage 1939	SA Reichswettkampf	
SA- Gruppe Kurpfalz	Kusel 1935 Sturmbann III/23	K W G 1885 1935
Kunststoff III	Metall oh. Abb. III	Metall II

Die Gaueinteilung der NSDAP

Gau		Sitz der Gauleitung
1	Baden-Elsaß, früher Baden	Karlsruhe
2	Bayreuth, früher Bayerische Ostmark	Bayreuth
3	Berlin	Berlin
4	Danzig-Westpreußen, früher Danzig	Danzig
5	Düsseldorf	Düsseldorf
6	Essen	Essen
7	Franken, früher Ober-/ Mittelfranken	Nürnberg
8	Halle-Merseburg	Halle / Saale
9	Hamburg	Hamburg
10	Hessen-Nassau	Frankfurt a.M.
11	Kärnten	Klagenfurt
12	Köln-Aachen	Köln
13	Kurhessen	Kassel
14	Magdeburg-Anhalt	Dessau
15	Mainfranken, früher Unterfranken	Würzburg
16	Mark Brandenburg, früher Kurmark	Berlin
17	Mecklenburg	Schwerin
18	Moselland, früher Koblenz-Trier	Koblenz
19	München-Oberbayern	München
20	Niederdonau	Wien
21	Niederschlesien, früher Schlesien	Breslau
22	Oberdonau	Linz
23	Oberschlesien, früher Schlesien	Kattowitz
24	Ost-Hannover	Lüneburg
25	Ostpreußen	Königsberg
26	Pommern	Stettin
27	Sachsen	Dresden
28	Salzburg	Salzburg
29	Schleswig-Holstein	Kiel
30	Schwaben	Augsburg
31	Steiermark	Graz
32	Sudetenland	Reichenberg
33	Süd-Hannover-Braunschweig	Hannover
34	Thüringen	Weimar
35	Tirol-Vorarlberg	Innsbruck
36	Wartheland	Posen
37	Weser-Ems	Oldenburg
38	Westfalen-Nord	Münster
39	Westfalen-Süd	Bochum
40	Westmark, früher Saarpfalz	Neustadt
41	Wien	Wien
42	Württemberg-Hohenzollern	Stuttgart
43	Auslandsorganisationen der NSDAP	Berlin

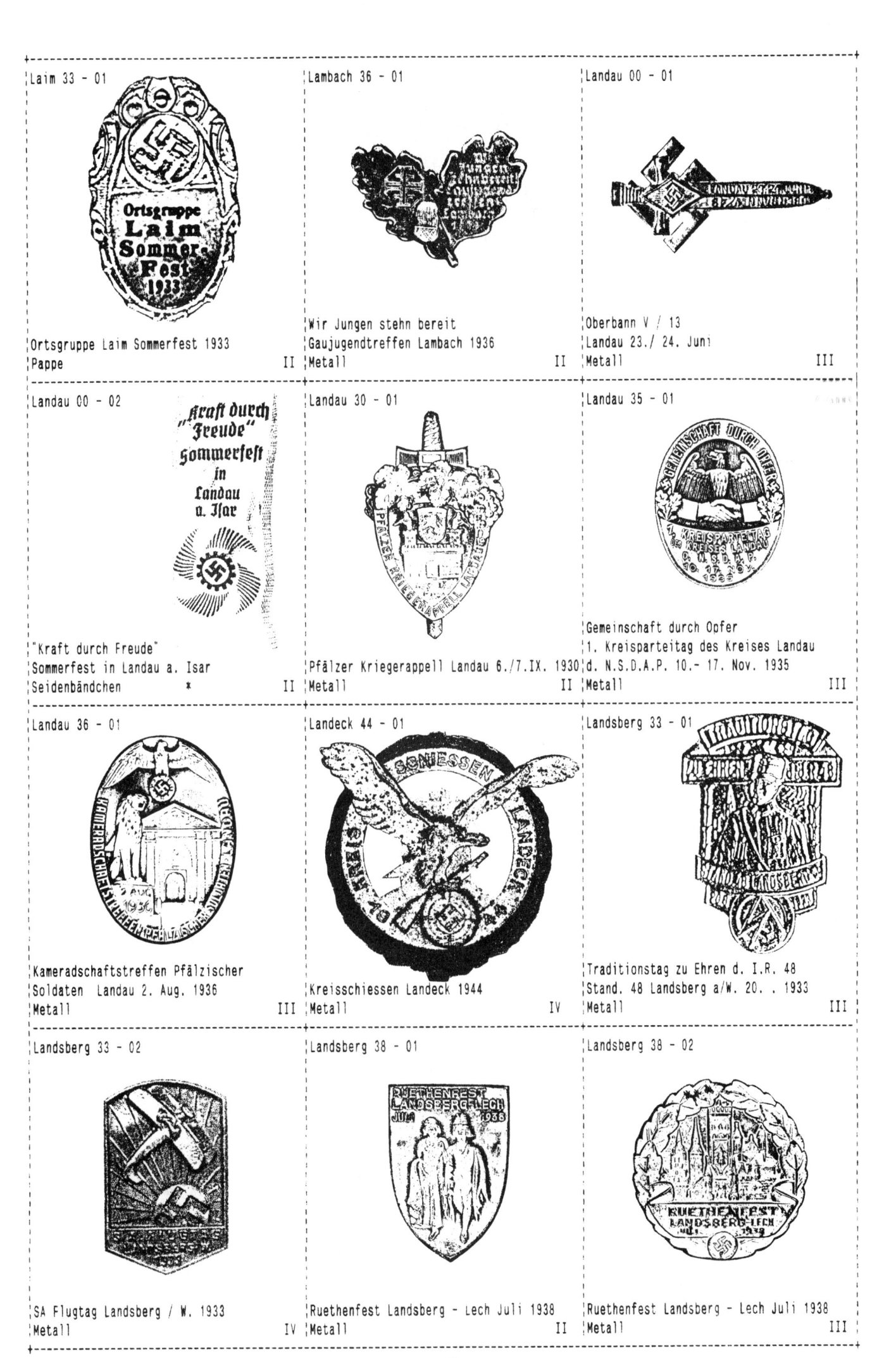

Laim 33 - 01	Lambach 36 - 01	Landau 00 - 01
Ortsgruppe Laim Sommerfest 1933 Pappe — II	Wir Jungen stehn bereit Gaujugendtreffen Lambach 1936 Metall — II	Oberbann V / 13 Landau 23./ 24. Juni Metall — III
Landau 00 - 02	Landau 30 - 01	Landau 35 - 01
"Kraft durch Freude" Sommerfest in Landau a. Isar Seidenbändchen * — II	Pfälzer Kriegerappell Landau 6./7.IX. 1930 Metall — II	Gemeinschaft durch Opfer 1. Kreisparteitag des Kreises Landau d. N.S.D.A.P. 10.- 17. Nov. 1935 Metall — III
Landau 36 - 01	Landeck 44 - 01	Landsberg 33 - 01
Kameradschaftstreffen Pfälzischer Soldaten Landau 2. Aug. 1936 Metall — III	Kreisschiessen Landeck 1944 Metall — IV	Traditionstag zu Ehren d. I.R. 48 Stand. 48 Landsberg a/W. 20. . 1933 Metall — III
Landsberg 33 - 02	Landsberg 38 - 01	Landsberg 38 - 02
SA Flugtag Landsberg / W. 1933 Metall — IV	Ruethenfest Landsberg - Lech Juli 1938 Metall — II	Ruethenfest Landsberg - Lech Juli 1938 Metall — III

Landshut 33 - 01	Landshut 35 - 01	Landshut 37 - 01
SA Standarte 16 1923 1933 Landshut Metall oh. Abb. III	1920 1935 15 Jahre Ortsgruppe Landshut die älteste Ortsgruppe i. Gau bay. Ostmark Metall III	Artillerie Treffen Landshut 1937 Metall III
Landskron 35 - 01	Landstuhl-Waldmohr 34 - 01	Langebrück 34 - 01
Bezirkstreffen Landskron 1935 Metall II	DAF Generalappell Landstuhl - Waldmohr 10. 6. 34 Metall III	1894-1934 Freiwillige Feuerwehr Langebrück Metall III
Langebrück 37 - 01	Langemarck 34 - 01	Langen 34 - 01
Heimat- Bad- u. Schulfest 21.- 23. Aug. 1937 Langebrück Metall III	Langemarck zum 20 jährigen Gedenken der Schlacht von Langemarck 1914 1934 Metall II	834 1934 Einweihung des Schwimmstadions der Stadt Langen 17. Juni 1934 Metall II
Langensalza 34 - 01	Langerfeld 35 - 01	Laubach 34 - 01
NSDAP Kreiskongress Langensalza 15.7.34 Metall III	NSDAP Ortsgruppe Langerfeld - Beyenbg Arbeitstagung 22.- 28. Sept. 1935 NSV NSKOV NSLB NSF DAF NSHago NSGKdF NSKul Seidenbändchen * II	Ehrentag der SA- Kämpfer Standarte 116 Laubach 21.X.34 Metall II

Laucha-Dorndorf 35 - 01	Lauenburg 38 - 01	Lauenhain 37 - 01
Segelflug - Wettbewerb 8.- 16. 6. 1935 Laucha - Dorndorf Metall V	Grenzlandtreffen Hochschuleinweihung Lauenburg i. Pom. 29.5. 1938 Metall III	Sport Wehrkampftag SA Gruppe Sachsen Lauenhain 3.u.4. Juli 1937 Metall III
Laufen 33 - 01	Laufen-St. Ilgen 35 - 01	Laufenburg 39 - 01
Laufen 1933 HJ. Treffen Unterbann 34 Laufen Berchtesgaden Traunstein am 9. Juli Metall oh. Abb. III	22.9. 1935 Kriegs- Kameradschaft Laufen-St. Ilgen Fahnenweihe und S.A.L. Vereidigung Metall III	Laufenburg Fasnacht 1939 Metall II
Lautenthal 38 - 01	Lauter 36 - 01	Lebus 36 - 01
400 Jahre Lautenthal im Oberharz 1538 1938 Bergstadt und Luftkurort Stoff im Metallrahmen II	Wein = Werbe = Woche vom 19.- 26. Sept. 1936 Lauter Pappe I	2. Kreistreffen Lebus 1936 Metall III
Leer 33 - 01	Lehrte 34 - 01	Lehrte 37 - 01
Deutsche Woche Leer Ostfr. 14.- 22. Okt 1933 Metall II	Kreisparteitag des Kreises Burgdorf Lehrte i.H. 2.u.3.6.34 Metall II	100. Jubiläumsversteigerung 22. Okt. 1937 Lehrte Pappe II

Leibesübungen 00 - 01	Leichlingen 35 - 01	Leipzig 00 - 01
Gesunde Frauen durch Leibesübungen Metall / Prägevarianten II	Ehrenmal Leichlingen Einweihung 26. Mai 1935 Metall III	Mit Kraft durch Freude zur Frühjahrsmesse Reichsmessestadt Leipzig Efoplast III
Leipzig 00 - 02	Leipzig 00 - 03	Leipzig 00 - 04
Mit KdF zur Leipziger Frühjahrsmesse Efoplast III	Mit KdF zur Leipziger Frühjahrsmesse Lederplastik III	Sportfest Deutsche Turn und Sportgem. Leipzig 16.- 17. Juli Metall III
Leipzig 00 - 05	Leipzig 00 - 06	Leipzig 25 - 01
Deutschösterreicher Willkommen in der Reichsmessestadt Leipzig Großdeutschland Efoplast III	Besucht das Grenzland Sachsen mit Kraft durch Freude zur Leipziger Messe Leder III	1. Deutscher Reichskrieger-Tag 17.- 19. Oktober 1925 Leipzig Metall III
Leipzig 30 - 01	Leipzig 30 - 02	Leipzig 31 - 01
 Leipziger Frühjahrs Messe 1930 Metall II	Herbstmesse Leipzig 1930 Metall / emailliert V	Leipziger Frühjahrs-Messe 1931 Metall II

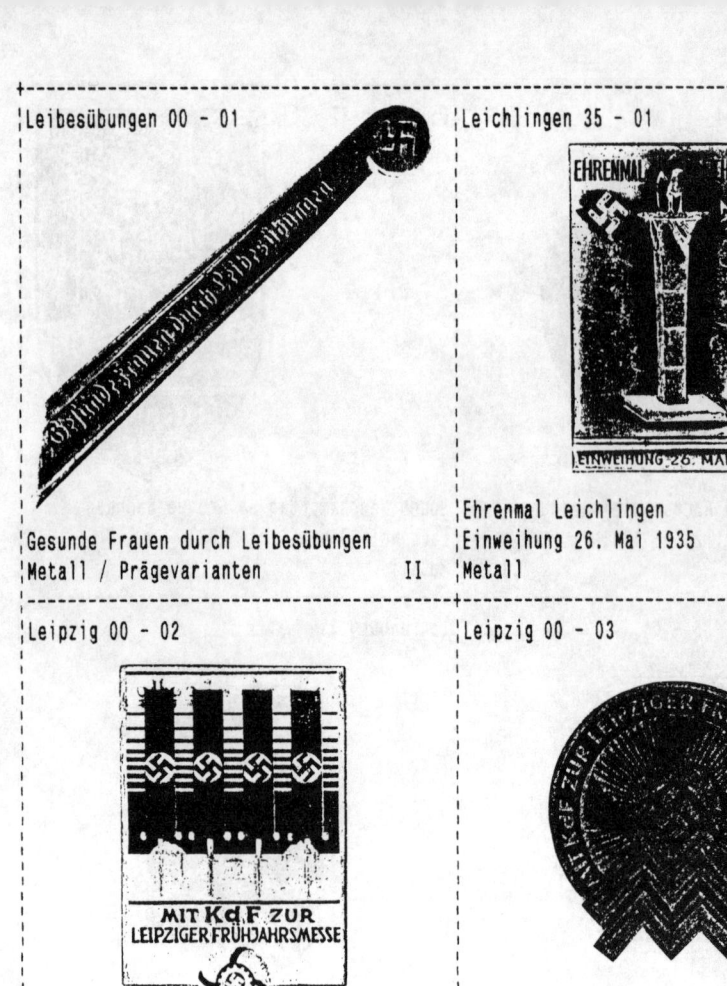

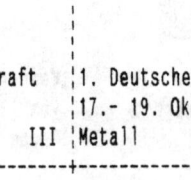

Leipzig 32 - 01	Leipzig 32 - 02	Leipzig 32 - 03
Leipziger Frühjahrs Messe 1932 Bakelite II	Leipziger Herbst - Messe 1932 Metall II	1832 1932 100 Jahre Gustav Adolf Verein Leipzig 18.- 20. Sept. Metall IV
Leipzig 32 - 04	Leipzig 33 - 01	Leipzig 33 - 02
Standarte 107 Leipzig 24.1.32 Metall III	Tag der Arbeit 1. Mai 1933 N.S.B.O. Leipzig Metall II	SA- Brigade Appell Leipzig 19.11. 1933 Metall III
Leipzig 33 - 03	Leipzig 33 - 04	Leipzig 33 - 05
Gewerblicher Mittelstand sei einig ! Leipzig 25.6.33 Metall III	Das Deutsche Lied Massen- Konzert Standarte 107 Leipzig 14.5.33 Metall III	4. Reichstagung des Bundes Nat. Sozial. Deutscher Juristen in Leipzig 30. Sept.- 3. Okt. 1933 Metall III
Leipzig 33 - 06	Leipzig 33 - 07	Leipzig 33 - 08
Leipziger Frühjahrs-Messe 1933 Zelluloid im Metallrahmen III	Tag des Radfahrers DRV Leipzig 24.9. 1933 Metall III	Seegeltung, Kolonien! Leipzig 4.- 6. VIII. 1933 Kunststoff III

Leipzig 33 - 09 Artillerie- Waffentag Leipzig 30./31. Okt. 33 Metall III	Leipzig 33 - 10 T.u.S.V. Leipzig-Ost 1858 75 Jahrfeier 1.- 9. Juli 1933 Metall II	Leipzig 33 - 11 NSBO Fachgruppe Strassenbahn Leipzig Fahnenweihe 14. Juni 1933 Metall IV
Leipzig 34 - 01 Leipziger Frühjahrs Messe 1934 Metall II	Leipzig 34 - 02 Leipziger Herbst Messe 1934 Porzellan III	Leipzig 34 - 03 20. Deutsches Bundesschiessen Leipzig 1934 Majolika IV
Leipzig 34 - 04 Richard Wagner National Denkmal in Leipzig Grundsteinlegung 6.3. 1934 Metall II	Leipzig 34 - 05 Brig. Aufmarsch Brigade 35 Leipzig 13.- 14. Oktober 1934 Metall: a) hohl IV b) massiv V	Leipzig 34 - 06 R.A.G.D. Fahnenweihe 27.I.34 Ortsgruppe Leipzig Metall III
Leipzig 34 - 07 13.- 14. 10. 1934 H.J. - Sportfest Leipzig Metall III	Leipzig 34 - 08 Gesunde Frau Gesundes Volk 1. Kreisfrauen-Turnfest Leipzig 9.9. 1934 Metall IV	Leipzig 34 - 09 13. Sächs. Pioniertag Leipzig 1934 12 22 Metall III

Leipzig 34 - 10 Fischerstechen 4. Aug. 1934 Leipzig Metall　　　　　　　　　　　　II	Leipzig 35 - 01 1835 1935 Werkfest des Reichsbahn Ausbesserungswerkes Leipzig 1935 Metall　　　　　　　　　　　　IV	Leipzig 35 - 02 J. S. Bach 1685 Reichs - Fest Leipzig 16.- 24. Juni 1935 Metall　　　　　　　　　　　　II
Leipzig 35 - 03 Gaufest des Deutschen Reichsbundes für Leibesübungen Leipzig 13.- 21. 7. 1935 Leder mit anhängenden Stoffbändern　III	Leipzig 35 - 04 Leipziger Herbstmesse 1935 Metall　　　　　　　　　　　　III	Leipzig 35 - 05 Leipziger Frühjahrs-Messe 1935 Metall　　　　　　　　　　　　III
Leipzig 35 - 06 2. Deutsche Gepäckmarschmeisterschaft Brigade 35 Leipzig 28.4.35 Metall: a) hohl　IV　b) massiv　V	Leipzig 35 - 07 2. Sächsisches Sängerfest 28.- 30. Juni 1935 Leipzig Metall　　　　　　　　　　　　III	Leipzig 35 - 08 2. Sächsisches Sängerfest in Leipzig 28.- 30. Juni 1935 Metall　　　　　　　　　　　　III
Leipzig 35 - 09 Turn- u. Sportwoche Leipzig 1935 26.5. - 2.6. Metall　　　　　　　　　　　　II	Leipzig 35 - 10 Deutsche Stenographenschaft Kreis Leipzig Herbst Tagung 1935 Ortsgruppe Leipzig von 1846 Kunststoff　　　　　　　　　　III	Leipzig 35 - 11 2. Mitteldeutsches Posttreffen Leipzig 17. u. 18.8.35 Metall　　　　　　　　　　　　II

Leipzig 35 - 12	Leipzig 36 - 01	Leipzig 36 - 02
12. Bundestag Sächsischer Feldkameradenbund e.V. Leipzig 11.- 12. Mai 1935 Metall — II	Leipziger Frühjahrs - Messe 1936 Kunststoff — II	Leipziger Herbst Messe 1936 Glas mit Fischhautüberzug — IV
Leipzig 36 - 03	Leipzig 36 - 04	Leipzig 36 - 05
2. Sächs. Frontsoldaten Kriegsopfer - Ehrentag N.S.K.O.V. Leipzig 10.5.36 Holz — III	Turn- u. Sportwoche Leipzig 20.- 28.6. 1936 Metall — II	Tagung der Brotindustrie Leipzig 2. bis 5. November 1936 Leder — III
Leipzig 36 - 06	Leipzig 36 - 07	Leipzig 36 - 08
3. Deutsche Gepäckmarsch-Meisterschaft 25.- 26.4.36 SA- Brigade 35 Leipzig Metall: a) hohl IV b) massiv V	mit KdF zum 6. Weltgeflügel Kongreß Leipzig 1936 Leder — III	Deutscher Juristentag Leipzig vom 16.- 19. Mai 1936 Metall — IV
Leipzig 36 - 09	Leipzig 37 - 01	Leipzig 37 - 02
Reicharbeitstagung der RBG Druck 27.- 29.11. 1936 Leipzig Leder — III	Motor-Brigade Leipzig Aufmarsch 20.6. 1937 Metall — III	Leipziger Frühjahrs Messe 1937 Metall — III

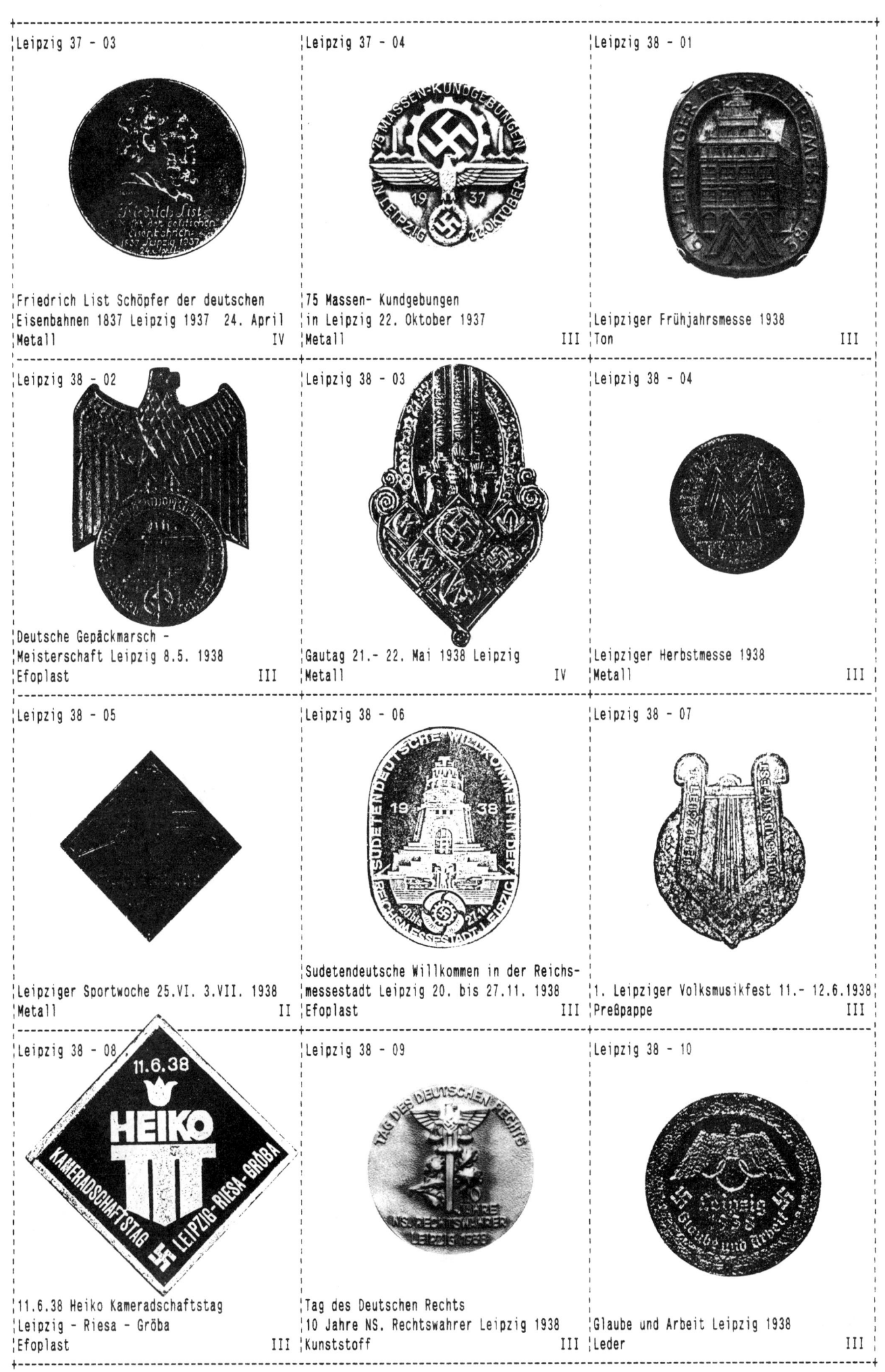

Leipzig 37 - 03 Friedrich List Schöpfer der deutschen Eisenbahnen 1837 Leipzig 1937 24. April Metall IV	Leipzig 37 - 04 75 Massen- Kundgebungen in Leipzig 22. Oktober 1937 Metall III	Leipzig 38 - 01 Leipziger Frühjahrsmesse 1938 Ton III
Leipzig 38 - 02 Deutsche Gepäckmarsch - Meisterschaft Leipzig 8.5. 1938 Efoplast III	Leipzig 38 - 03 Gautag 21.- 22. Mai 1938 Leipzig Metall IV	Leipzig 38 - 04 Leipziger Herbstmesse 1938 Metall III
Leipzig 38 - 05 Leipziger Sportwoche 25.VI. 3.VII. 1938 Metall II	Leipzig 38 - 06 Sudetendeutsche Willkommen in der Reichsmessestadt Leipzig 20. bis 27.11. 1938 Efoplast III	Leipzig 38 - 07 1. Leipziger Volksmusikfest 11.- 12.6.1938 Preßpappe III
Leipzig 38 - 08 11.6.38 Heiko Kameradschaftstag Leipzig - Riesa - Gröba Efoplast III	Leipzig 38 - 09 Tag des Deutschen Rechts 10 Jahre NS. Rechtswahrer Leipzig 1938 Kunststoff III	Leipzig 38 - 10 Glaube und Arbeit Leipzig 1938 Leder III

Leipzig 38 - 11	Leipzig 38 - 12	Leipzig 38 - 13
Sudetendeutscher Heimatbund Bundestag Leipzig 18.- 19. Juni 1938 Metall III	Gneisenau Blücher 125 Jahrfeier der Völkerschlacht bei Leipzig 16.- 18. Oktober 1938 Metall IV	25 Jahrfeier ATV Leipzig Anger-Cr. 1913 1938 Spiel- Abtlg. Leder III
Leipzig 38 - 14	Leipzig 38 - 15	Leipzig 38 - 16
Reichsarbeitstagung Druck und Papier in Leipzig 1938 Efoplast III	100 Jahre Staatsbauschule 1838 Leipzig 1939 Metall V	DSG Werbeschau Leipzig 16. Okt. 1938 Stoff, Pappe hinterlegt III
Leipzig 39 - 01	Leipzig 39 - 02	Leipzig 39 - 03
Leipziger Frühjahrs Messe 1939 Kunststoff II	Reichsnährstand Ausstellung Leipzig 1939 Metall III	Leipziger Herbstmesse 1939 Efoplast III
Leipzig 39 - 04	Leipzig 39 - 05	Leipzig 40 - 01
Leipziger Studententag 1939 Efoplast III	24.VI. 2.VII. Leipziger Sportwoche 1939 Metall II	Reichsmesse Leipzig Frühjahr 1940 Metall II

Leipzig 40 - 02	Leipzig 40 - 03	Leipzig 41 - 01
Reichsmesse Leipzig Herbst 1940 Metall mit Bernstein — V	10 Jahre 1930 1940 Pommersche Landsmannschaft Leipzig Metall — III	Reichsmesse Leipzig Frühjahr 1941 Kunstharz — II
Leipzig 41 - 02	**Leipzig 42 - 01**	**Leipzig-Kleinzschoch 37 - 01**
Reichsmesse Leipzig Herbst 1941 Metall mit Perlmutt — X	Leipziger Sportwoche 27.VI. 5.VII. 1942 Metall — II	Leipzig - Kleinzschocher Volksfest 2.- 4. Juli 1937 Pappe — II
Leipzig-Mockau 35 - 01	**Leipzig-Möckern 36 - 01**	**Leipzig-Möckern 38 - 01**
NS- Volks- Flugtag Leipzig Mockau Kinderkarte RM -.50 Pappe — III	Heimatfest Leipzig Möckern 16./ 17. August 1936 Holz — III	Volksfest Leipzig - Möckern 20.- 22. Aug. 1938 Metall — III
Leipzig-Thekla 37 - 01	**Leisnig 34 - 01**	**Leisnig 37 - 01**
Klein-Gärtnerver. Wiesengrund L.-Thekla e.V. Weihnachtsfeier 10. 1. 1937 Pappe — I	Gautreffen des BDM Gau Nordwestsachsen Leisnig 20.- 21. Mai 1934 Metall — IV	40 Jahre I.R. 179 Leisnig 29.- 30.5. 1937 Metall — III

Leitersweiler 34 - 01	Leitmeritz 00 - 01	Leitmeritz 00 - 02
Treue um Treue Saar Saarkundgebung Leitersweiler 1. Juli 1934 Metall III	Leitmeritzer Oktoberfest Holz III	Reise - Sputh Leitmeritz Holz II
Leitmeritz 00 - 03	Leitmeritz 34 - 01	Leitmeritz 34 - 02
SdP Erntedank Leitmeritz a) Holz b) Metall III	Bund der Deutschen 40. Bundesfest Leitmeritz 29. Juni bis 1. Juli 1894 1934 Metall II	Bundesfest 1934 Leitmeritz Pappe I
Leitmeritz 35 - 01	Leitmeritz 37 - 01	Lemgo 34 - 01
Deutscher Turnverband nordwestb. Turngau 31. Gauturnfest Leitmeritz 6.-7. Juli 1935 Metall II	D. Bezirksjugendfürsorge Leitmeritz Vertretertag der Deutschen Landeskom. f. Kinderschutz u. Jugendfürs. 12.u.13. Juni 1937 in Leitmeritz Seidenbändchen * II	1. Lippischer Kreisbauerntag Lemgo 1934 Metall III
Lemgo 35 - 01	Lemgo 38 - 01	Lemgo 38 - 02
Reichstreffen ehem. Zivilinternierter Lemgo 1935 Metall III	75 Jahre Turnverein Lemgo 18.- 19. VI. 1938 Metall oh. Abb. II	Kreistreffen NSDAP Kreis Lippe in Lemgo 1938 Metall III

Lengefeld 37 - 01	Lenzkirch 34 - 01	Leobschütz 37 - 01
Kreisabschnittstreffen 1937 Lengefelder Warte Kr. Mühlhausen Pappe II	Schwarzwaldverein Hauptversammlung Lenzkirch 1864 1934 Metall III	NSDAP Bezirkstreffen Leobschütz 12.- 13. Juni 1937 Metall III
Leopoldshall 37 - 01	Lesum 34 - 01	Leuscheid 33 - 01
Hauptmann Loeper Denkmal - Weihe Leopoldshall 13.6. 1937 Kunststoff III	DJ Sporttreffen Stamm V/3/285 Lesum 23.- 24. 6. 1934 Pappe III	5 Jahre NSDAP Ortsgruppe Leuscheid 1928 - 1933 Metall III
Leutershausen 37 - 01	Leutkirch 33 - 01	Leutkirch 33 - 02
75 Jahre Turn Verein Leutershausen 14.- 15. 8. 37 Metall III	I. Südd. Skitreffen d. NSDAP Leutkirch 1933 Metall III	Bayer. - Württ. Krieger - Treffen Leutkirch 1933 Metall III
Leutzsch 36 - 01	Leverkusen 35 - 01	Leverkusen 39 - 01
1. Leutzscher Heimatfest 4.- 5.7. 1936 Metall II	Sonnenwende 1935 Leverkusen Metall III	1924 1939 15 Jahre NSDAP Leverkusen Kunststoff III

Libotschan 00 - 01	Lichtenberg 33 - 01	Lichtenberg 33 - 02
Heimatfest der Sudetendeutsch. Partei SHF Libotschan Metall　III	Schlageter - Kreuzweihe Lichtenberg 6.8.33 Metall　II	Tag der Saardeutschen Jugend Pfingsten 1933 1933 Burg Lichtenberg Metall　oh. Abb.　II
Lichtenrade 34 - 01	Lichtowitz 37 - 01	Liebenwerda-Falkenberg 36 - 01
Heimatfest Lichtenrade 1934 Metall　III	SdP Akazien - Blütenfest 1937 Sommerfrische Lichtowitz a.d. Elbe Holz　II	Kreistag d. Kreises Liebenwerda - Falkenberg 23.- 24.5. 1936 Metall　III
Liebertwolkwitz 38 - 01	Liebstadt 00 - 01	Lied 37 - 01
Volk kam zu Volk 1938 3. Volksfest Liebertwolkwitz Pappe　III	650 Jahre Liebstadt/ SA Stoff im Metallrahmen　II	Tag des Deutschen Liedes 1937 Metall　III
Liedolsheim 33 - 01	Liegnitz 36 - 01	Lilienthal 32 - 01
1923 NSDAP 1933 10. Gründ.- Fest d. Ortsgruppe Liedolsheim 9. Juli Metall　III	Kreistreffen 28.6. 1936 Liegnitz Leder　III	700 Jahre Lilienthal 1232 - 1932 Metall　II

Limbach 33 - 01	Limburg 00 - 01	Limburg 35 - 01
50 Jahre Stadt Limbach, SA Heimatfest 10.11.u.12. Juni 1933 Metall II	Werbemonat Jungvolk in der Hitler Jug. Oberjungbann II Limburg Metall oh. Abb. III	Tag der NSDAP Kreis Limburg / Lahn 1935 Metall V
Limburg 35 - 02	Limburg 35 - 03	Lindau 00 - 01
NSDAP Kreisparteitag Limburg / L. 1935 Metall oh. Abb. III	Limburg 1235 1935 Metall II	K.D.F. Seenachtfest Lindau Pappe II
Lindau 34 - 01	Lindau 37 - 01	Lindenfels 36 - 01
Lindau (B) Seenacht-Fest 1934 Pappe II	Lindauer Seenachtsfest 1937 Pappe II	1336 1936 600 Jahr Stadt Lindenfels 13.14.15. Juni Material ? oh. Abb. II
Lingen 33 - 01	Lingen 33 - 02	Lingen 37 - 01
1. Motorsporttag Motorsturm 2/62 Lingen Lingen 6.8. 1933 Metall III	N.S.B.O. N.S.K.O.V. Fahnenweihe Lingen/ Ems 23.- 24. September 1933 Metall III	100 Jahre Schützenluft Lingen Ems 1.8.1937 Pappe II

Lingen 39 - 01 NSDAP Kreistag Lingen 24.- 25.6.39 Metall III	Lintel 36 - 01 1186 750 Jahre Lintel 1186 750 Jahre Lintel 20.- 27. Juni 1936 Seidenbändchen * II	Linz 35 - 01 In Treue fest zu Starhemberg H.W. Aufmarsch Linz Otob. 1935 Metall * III
Linz 35 - 02 Reichsbund d. kath. deutschen Jugend Österreichs Bundestag Linz 1935 Metall II	Linz 38 - 01 1888 1938 "50" Basalt AG Linz a/Rh. Metall oh. Abb. II	Linz 38 - 02 SHB Linz Wir danken unserem Führer! Die Heimat ist frei 1.- 10. X. 1938 Metall III
Linz 39 - 01 Wehrwettkämpfe 1939 SA- Brigade 94 in Linz Metall III	Lippe 33 - 01 Sieg der NSDAP 15.1.33 Lippe Metall III	Lippe 33 - 02 Deutsche Woche des Lipperlandes 9.- 17.9. 1933 Metall III
Lippe 39 - 01 Kreistreffen der NSDAP Lippe 1939 Kunststoff III	Lippstadt 35 - 01 Kreisturnfest Lippstadt 26.- 28. Juli 1935 Metall oh. Abb. II	Löbau 37 - 01 Löbauer Heimatfest 1937 Preßpappe II

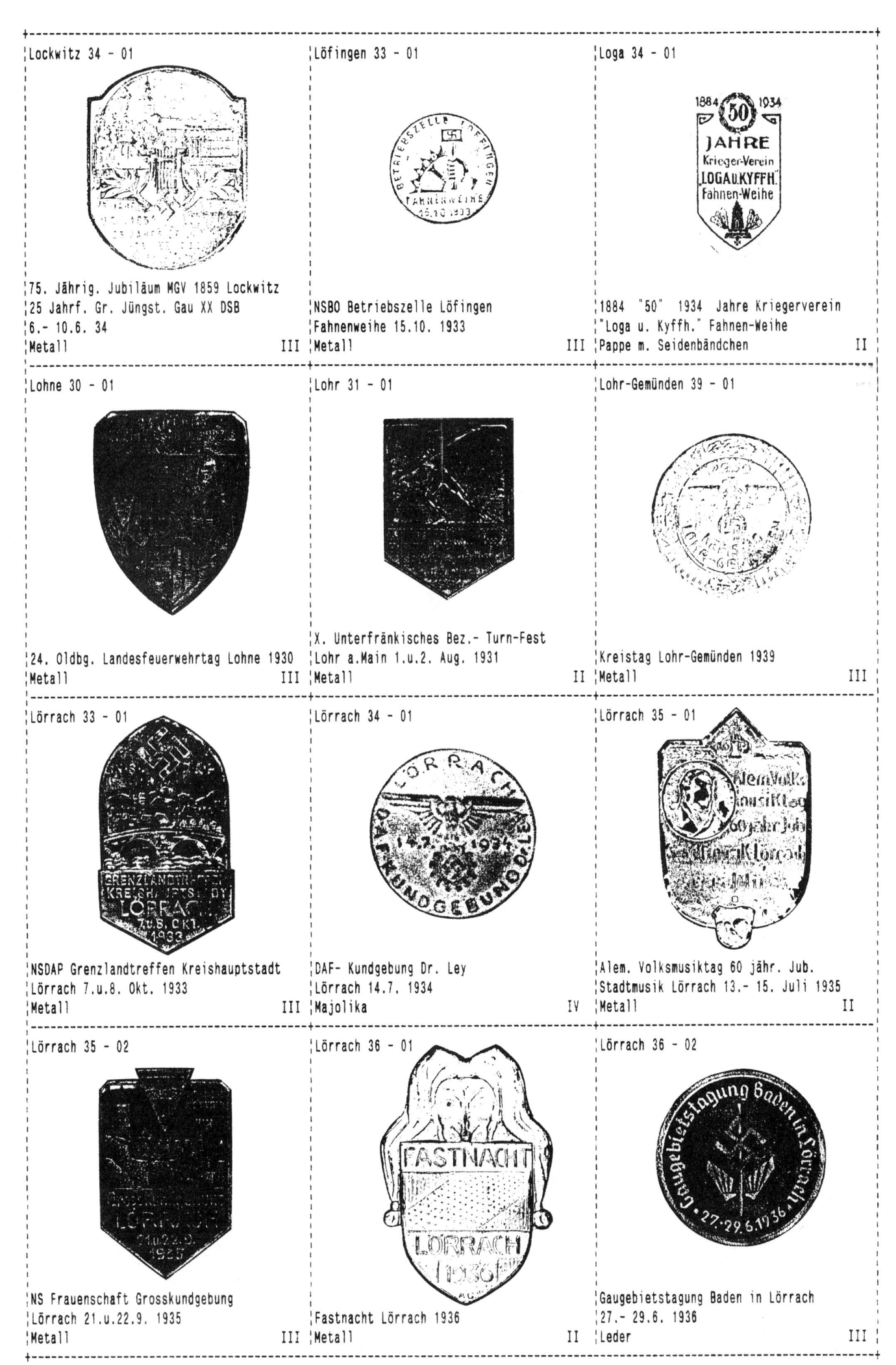

Lockwitz 34 - 01 75. Jährig. Jubiläum MGV 1859 Lockwitz 25 Jahrf. Gr. Jüngst. Gau XX DSB 6.- 10.6. 34 Metall　　　　　　　　　　　III	**Löfingen 33 - 01** NSBO Betriebszelle Löfingen Fahnenweihe 15.10. 1933 Metall　　　　　　　　　　　III	**Loga 34 - 01** 1884 "50" 1934 Jahre Kriegerverein "Loga u. Kyffh." Fahnen-Weihe Pappe m. Seidenbändchen　　　II
Lohne 30 - 01 24. Oldbg. Landesfeuerwehrtag Lohne 1930 Metall　　　　　　　　　　　III	**Lohr 31 - 01** X. Unterfränkisches Bez.- Turn-Fest Lohr a.Main 1.u.2. Aug. 1931 Metall　　　　　　　　　　　II	**Lohr-Gemünden 39 - 01** Kreistag Lohr-Gemünden 1939 Metall　　　　　　　　　　　III
Lörrach 33 - 01 NSDAP Grenzlandtreffen Kreishauptstadt Lörrach 7.u.8. Okt. 1933 Metall　　　　　　　　　　　III	**Lörrach 34 - 01** DAF- Kundgebung Dr. Ley Lörrach 14.7. 1934 Majolika　　　　　　　　　　IV	**Lörrach 35 - 01** Alem. Volksmusiktag 60 jähr. Jub. Stadtmusik Lörrach 13.- 15. Juli 1935 Metall　　　　　　　　　　　II
Lörrach 35 - 02 NS Frauenschaft Grosskundgebung Lörrach 21.u.22.9. 1935 Metall　　　　　　　　　　　III	**Lörrach 36 - 01** Fastnacht Lörrach 1936 Metall　　　　　　　　　　　II	**Lörrach 36 - 02** Gaugebietstagung Baden in Lörrach 27.- 29.6. 1936 Leder　　　　　　　　　　　III

Lörrach 39 - 01 Lörracher Zundeltag 1939 Metall — II	Lörrach 39 - 02 Hitler-Jugend Aufmarsch "142" Lörrach 1.- 2. Juli 1939 Metall — III	Lössnitz 33 - 01 2. SA- Sporttag d. Sturmbanns I / 105 9.10. Sept. 1933 Lössnitz Metall — III
Lössnitz 34 - 01 Bezirk Lössnitz- Ortschaften 6. Mai 1934 Metall — III	Lössnitz 34 - 02 Tag der Lössnitz S-A 2.- 4. 6. 1934 Material ? * III	Löwenberg 35 - 01 Blücherfest 1935 Löwenberg i. Schl. Pappe — II
Löwenberg 35 - 02 Blücherfest 1935 Löwenberg i.Schl. Seidenbändchen * II	Löwenberg 36 - 01 Blücherfest 1936 Löwenberg Schles. Pappe — II	Löwenberg 37 - 01 Blücherfest 1937 Löwenberg Schles. Pappe — III
Lübbecke 39 - 01 Kreistreffen d. NSDAP Lübbecke 1939 Kunststoff — III	Lübeck 33 - 01 16.- 23. Juli 1933 Lübeck Papier auf Seidenband — II	Lübeck 33 - 02 Handel Handwerk Gewerbe Braune Messe Lübeck 1933 Metall — III

Lübeck 34 - 01	Lübeck 34 - 02	Lübeck 34 - 03
Kundgebung der DAF Lübeck 5.8.34 Metall II	IR 162 3. Regts.- Appell 15.- 16.9. 34 Lübeck Stoff im Metallrahmen III	15.- 22.7. 1934 Lübeck Papier auf Seidenbändchen II
Lübeck 35 - 01	Lübeck 35 - 02	Lübeck 37 - 01
25 jähr. Gründungs Feier Verein Fritz Reuter Lübeck 16.u.17. Nov. 1935 Seidenbändchen * II	1. Gaufest der Nordmark des Reichsbundes f. Leibesübungen Lübeck 5.- 7. Heuert 1935 Metall III	Elbeschiffahrtstag 26.- 28. August 1937 Hansestadt Lübeck Pappe II
Lübeck 38 - 01	Lübeck 39 - 01	Lübeck 39 - 02
Kameradschaft des I.R. 187 Hamburg X. Regimentstag 21.- 22. Mai 1938 Lübeck Seidenbändchen * II	Reichsinnungsverbandstag d. dtsch. Buchbinderhandwerks Lübeck 10.- 12.6. 1939 Pappe III	Nationaler Feiertag des Deutschen Volkes 1939 30. April 1. Mai Lübeck Papier auf Leder II
Lübeck 41 - 01	Lüben 36 - 01	Lüchow 31 - 01
Bann- u. Untergau- Sportfest 1941 Lübeck Bann 162 Papier III	Jungbann 7 - Sportfest 1936 am 16. VIII. in Lüben Metall III	Heidegau 1. Gautag Lüchow 1931 Metall III

Lüchow 34 - 01	Lüdenscheid 32 - 01	Lüdenscheid 33 - 01
Hitlerjugend Treffen Lüchow 11.3.34 Metall oh. Abb. III	Bezirks - Parteitag Lüdenscheid 16.u.17. Juli 1932 Metall IV	NSBO Arbeit - Brot Kr. Altena Fahnenweihe & Aufmarsch der Arbeitsfront 29.10. 35 Lüdenscheid Metall III
Lüdenscheid 33 - 02	Lüdenscheid 34 - 01	Lüdenscheid 34 - 02
S.A. Aufmarsch Lüdenscheid 8.10. 33 Metall III	SA Treffen Sturmbann II / 187 Lüdenscheid 9. Juni 1934 Metall III	Lüdenscheids Verbundenheit mit der Saar 21. Mai 1934 Metall III
Lüdenscheid 34 - 03	Lüdenscheid 35 - 01	Lüdinghausen 35 - 01
"Unsere Fahne ist mehr als der Tod" Unterbann II u. V / 143 1. Sportwettkampf Lüdenscheid 1934 Metall III	1. Sporttag der Standarte R 131 Lüdenscheid 27 / 28. Juli 1935 Metall III	Nat. Soz. Frauenschaft Deutsches Frauenwerk Kreis Lüdinghausen 21. Juli 1935 Metall III
Ludwigsburg 33 - 01	Ludwigsburg 34 - 01	Ludwigsburg 35 - 01
Hitler- Jugend Unterbann VII 121 Ludwigsburg 1933 Metall II	I. Kr. Turnfest Ludwigsburg Enz-Murr-Kr. 8.7.34 Metall II	9. Posaunentag des Württ. Ev. Jung- Männer- Bundes Ludwigsburg 1935 Seidenbändchen * II

Ludwigsburg 38 - 01 SA Wehr-Wettkämpfe Standarte 123 Ludwigsburg 18.- 19. Juni 1938 Metall III	Ludwigsburg 39 - 01 Gaufest des NSRL Gau XV Württemberg in Ludwigsburg 18.- 20. Aug. 1939 Metall III	Ludwigshafen 33 - 01 SA- Sportfest Ludwigshafen a./Rh. 11. Juni 1933 Metall III
Ludwigshafen 34 - 01 Soldaten Treffen a. Rhein Ludwigshafen 1.7. 1934 Metall III	Ludwigshafen 36 - 01 Pflicht und Ehre Kreisparteitag Ludwigshafen a/ Rh. 1936 Metall III	Ludwigshafen 38 - 01 Kreistag der NSDAP Ludwigshafen Rh. 15.- 17.7. 1938 Metall II
Ludwigshafen 38 - 02 Festwoche Ludwigshafen am Rhein 1.- 10.IV.38 Metall II	Ludwigshafen 38 - 03 9. Waffentag d. Bayr.- Kav. Verbandes Ludwigshafen / Rh. 4.- 6. Juni 1938 Stoff im Metallrahmen III	Ludwigslust 38 - 01 NSDAP Gau Mecklenburg Kreistag 1938 Kreis Ludwigslust Metall III
Ludwigsstadt 32 - 01 Deutscher Tag Ludwigsstadt 16.- 17. Juli 1932 Metall IV	Luftfahrt 00 - 01 Luftfahrt Werbewoche Metall V	Luftschutz 33 - 01 Luftschutz tut Not 1933 Metall IV

Luisenburg 33 - 01	Lüneburg 33 - 01	Lüneburg 33 - 02
II. Luisenburg Bergrennen 1933 NSKK Metall oh. Abb. III	Fest der Deutschen Schule in Lüneburg 1933 Metall III	Turn u. Wehr- Sporttreffen Lüneburg 1933 SA Standarte 16 Metall III
Lüneburg 33 - 03	Lüneburg 35 - 01	Lüneburg 36 - 01
Fahnenweihe Verein ehem. 13er Reiter Lüneburg 1.10.33 Pappe II	Sporttreffen der Standarten 16 u. R 16 Lüneburg, 6.u.7. Juli 1935 Metall III	Kreistreffen NSDAP Lüneburg 2. Aug. 1936 Metall III
Lünen 36 - 01	Lunzenau 33 - 01	Luther 00 - 01
Kreistag Lünen 1936 Kunstharz III	600 Jahrfeier Lunzenau 1.- 3. Juli 1933 Stoff im Metallrahmen II	Luther Bibel 400 Jahre Deutsche Schriftsprache Metall I
Luther 00 - 02	Luther 33 - 01	Luther 33 - 02
Mit Luther u. Hitler für Glauben u. Volkstum Metall II	1483 Martin Luther 1933 zum 450. Geburtstag 10. Nov. Metall II	Mit Luther u. Hitler für Glauben u. Volkstum (Rs: 1483 1933 graviert) Metall IV

Luther 34 - 01 Mit Luther u. Hitler für Glaube und Volk Einführung des Landesbischofs 30.6. 1934 Pappe — II	**Lutherfeier 33 - 01** 1483 * 1933 Luther Feier Seidenbändchen — * II	**Luthertag 33 - 01** Eine feste Burg ist Unser Gott Luthertag 19. Nov. 1933 Metall — II
Luthertag 33 - 02 Deutscher Luthertag 10. November 1933 Metall: a) gold b) silberfarbend — I	**Luthertag 33 - 03** 1483 10. Nov. 1933 Luthertag Metall — II	**Luthertag 33 - 04** 450. Luthertag 10. Nov. 1933 Metall: a) bronze b) silberfarbend — I
Luthertag 33 - 05 Luthertag 10. 11. 1933 Metall — II	**Lützen 32 - 01** Gustav Adolf Gedenkjahr 1632 1932 Lützen Metall — II	**Lützen 33 - 01** Braune Weihnachtsmesse Lützen 2.- 6.12. 1933 Material ? — oh. Abb. II
Luxemburg 42 - 01 Erster Kreistag Luxemburg 1942 Metall — III		

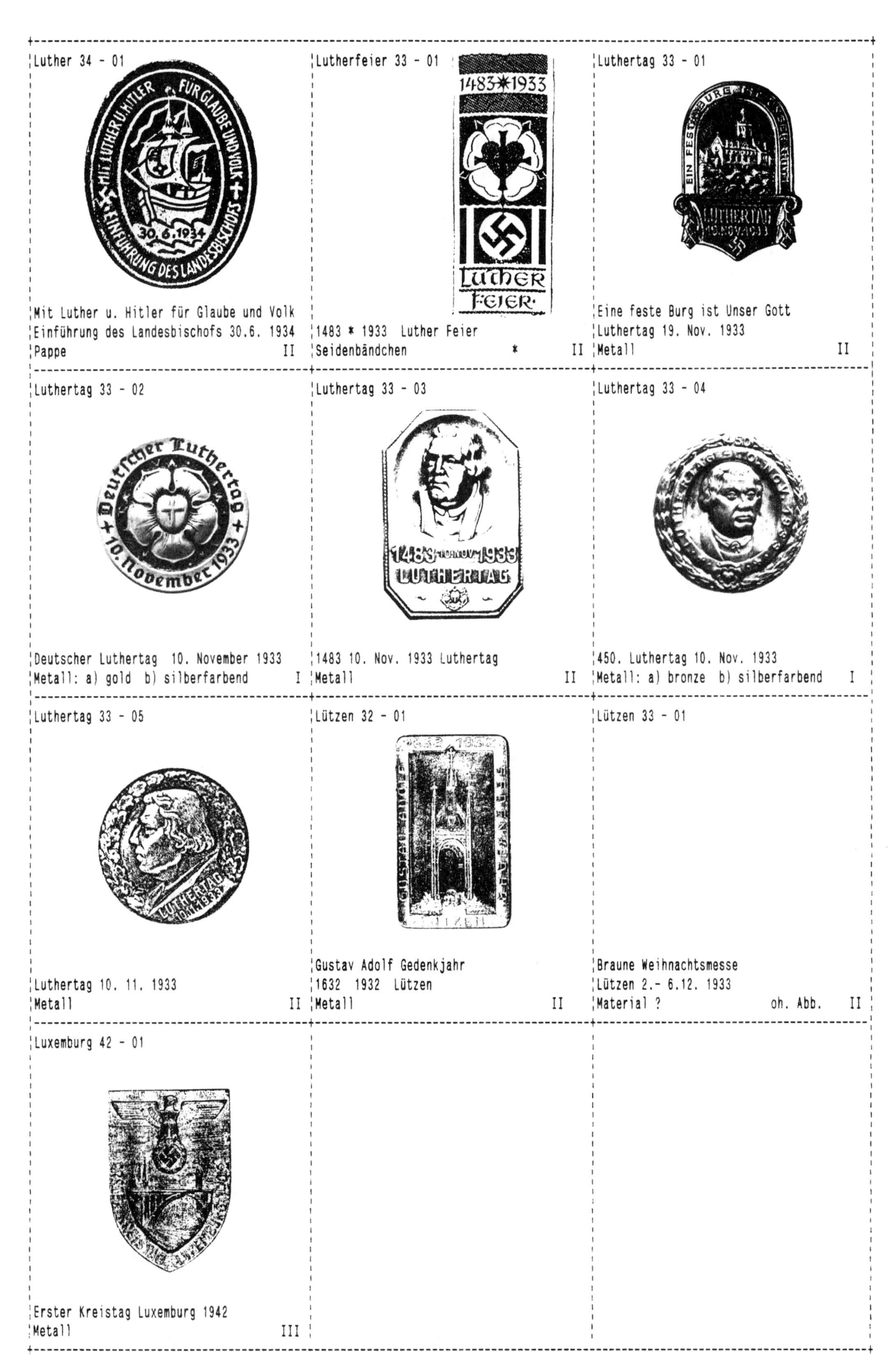

Machern 33 - 01	Mädel voran 00 - 01	Magdeborn 39 - 01
NSDAP Ortsgruppe Machern 15.10. 1933 Metall III	Mädel voran Metall II	Schützen- und Heimatfest Magdeborn 8.9.10. Juli 1939 Kunststoff III
Magdeburg 00 - 01	Magdeburg 30 - 01	Magdeburg 32 - 01
N.S.D.F.B.St. Magdeburg 5.- 6. Mai Metall III	Landes- Sportfest Magdeburg 1930 Metall II	2. Reichs- Stahlhelmführer Tagung 5. Mai 1932 Magdeburg Metall oh. Abb. III
Magdeburg 33 - 01	Magdeburg 34 - 01	Magdeburg 34 - 02
Magdeburg 1933 Metall III	Treffen der NSBO und DAF Gau Magdebg. - Anhalt Magdeburg 27. Mai 1934 Metall III	26er Bundestag Magdeburg 3. Juni 1934 Metall III
Magdeburg 34 - 03	Magdeburg 35 - 01	Magdeburg 36 - 01
Kreis Magdeburg 18.8.34 Loeper Kundgebung Kunststoff III	75 Jähriges Jubiläum des Ehem. Inf. Regts. Nr. 66 Magdeburg 4. Wiedersehensfeier aller 66er und seiner Kriegsformationen am 1.u.2. Juni 1935 Seidenbändchen * III	Einweihung des SA- Ehrenmal der Gruppe Mitte Magdeburg 23.2. 36 Metall III

Magdeburg 37 - 01	Magdeburg 39 - 01	Magdeburg 39 - 02
Tag der SA- Gruppe Mitte Magdeburg 25.- 27.6. 1937 Metall III	NSDAP Kreistag Magdeburg 1939 Kunststoff II	Reichstagung der Verbrauchergenossenschaften Magdeburg 1939 Metall II
Magdeburg-Anhalt 00 - 01	Magdeburg-Anhalt 00 - 02	Magdeburg-Anhalt 39 - 01
N.S.G. Kraft durch Freude Gau Magdeburg - Anhalt Metall II	Kraft durch Freude Gau Magdeburg-Anhalt Metall III	Kreistreffen N.S.- Frauenschaft Gau Magdeburg-Anhalt 1939 Metall III
Mahndorf-Uphusen 33 - 01	Mähr. Neustadt 31 - 01	Mailand 40 - 01
NSDAP Mahndorf Uphusen 27. Aug. 1933 Metall III	Volkshauseinweihung Mähr. Neustadt Pfingsten 1931 Metall II	I. Landesgruppen Sportfest Mailand 1940 Metall III
Mainburg 34 - 01	Mainfranken 00 - 01	Mainfranken 00 - 02
Einweihung des Ostmarkhauses Mainburg 11.11.34 Metall III	10 Jahre Gau Mainfranken Metall III	Sonniges Mainfranken Metall III

Mainfranken 00 - 03	Mainfranken 34 - 01	Mainfranken 35 - 01
Fahrt in das Sonnenland Mainfranken! Holz mit Papierauflage II	Treueschwur 25.2. 1934 Gau Mainfranken Metall V	Gautag d. NSDAP Mainfranken 28.- 30. Juni 1935 Metall III
Maintaunus 35 - 01	Maintaunus-Obertaunus 39 - 01	Maintaunus-Obertaunus 39 - 02
Volksfest der NSDAP Kr. Main-Taunus 7.7.35 Metall oh. Abb. II	Kreistag Maintaunus-Obertaunus 1939 Preßpappe III	NSDAP Versammlungsaktion 1939 Kreis Maintaunus Obertaunus Pappe II
Mainz 31 - 01	Mainz 31 - 02	Mainz 34 - 01
1. Rheinhessischer Gautag Mainz 25. Okt. 1931 Metall III	FA Mainz 1931 1697 Metall III	Zugleich Fuss. A. "G.F.Z." No. 3 Denkmal- Weihe Mainz 1934 Metall III
Mainz 35 - 01	Mainz 35 - 02	Mainz 36 - 01
125 Jahrfeier Wiedersehensfeier 1. Nass. Inf. Regt. 87 Mainz 4.u.5. Mai 1935 Metall III	2. Hess. Nass. Kleingärtnertag Mainz 4.8.35 Eintritts Ausweis Metall III	Der Rhein ist frei Frontsoldaten u. Kriegsopferehrentag Mainz a.Rh. 1936 Metall III

Mainz 37 - 01 1697 Mainz 1937 Metall III	Mainz 37 - 02 Mainz 1937 G.F.Z. u. No. 1 Metall mit Seidenbändchen III	Mainz 38 - 01 Kreistag der NSDAP Mainz 1938 Kunststoff II
Mainz 39 - 01 NSDAP. Tag des Polit. Leiters Kreis Mainz 30. Juli 1939 Seidenbändchen * II	Mainz-Kostheim 00 - 01 NSRL - Kreisfest Kreis 7 Mainz in Mainz-Kostheim Stoff im Metallrahmen III	Malente 33 - 01 Aufmarsch der SA u.d. Reiterstürme Standarte 214 zum Reitertag Malente 1.- 2. Juli 1933 Metall III
Mannheim 31 - 01 30. Badischer Landesfeuerwehrtag Mannheim 1931 Metall III	Mannheim 32 - 01 Mannheim 1932 Metall II	Mannheim 33 - 01 1. N.S.- Flugtag Mannheim Pfingsten 1933 Metall V
Mannheim 33 - 02 N.S.D.A.P. Kr. Mannheim November 1933 Metall III	Mannheim 33 - 03 Kampfbund d. Gewerbl. Mittelstandes 26.- 27.8. 33 Mannheim Metall III	Mannheim 34 - 01 Deutsch die Saar Mannheim 2.6.34 Metall III

Mannheim 34 - 02 Erste Braune Messe Deutsche Woche Mannheim Rhein- Neckar-Hallen 28. April - 15. Mai 1934 Metall III	**Mannheim 38 - 01** NS- Fliegerkorps Gruppe 16 (Südwest) Grossflugtag Mannheim 19. Juni 1938 Metall IV	**Mannheim 38 - 02** Mannheim Standard 6. Reichstreffen 1938 Metall III
Mannheim 38 - 03 2. Reichsarbeitstagung des Fachamtes Chemie 22.- 25. Juni 1938 Mannheim Efoplast III	**Mannheim 39 - 01** NSRL Gau XIV Baden 2. Bad. Turn u. Sportfest Mannheim 18.- 25. Juni 1939 Metall III	**Mansfeld 36 - 01** Kreistag NSDAP Mansfelder Gebirge 26. Juni 1936 Metall III
Marburg 33 - 01 Es wird künftig nur noch einen Adel geben Adel der Arbeit A.H. Marburg 8.10.1933 Metall II	**Marburg 34 - 01** Aufmarsch der SA- Brigade 48 (Dillenburg) in Marburg 9/ 10. Juni 1934 Metall II	**Marburg 35 - 01** Grünes Korps 26. Res. Korps Korpstreffen Marburg 1935 Metall II
Marburg 36 - 01 Sporttreffen R.A.D.- Gruppe 222 Marburg 1936 Metall IV	**Maria Radlitz 38 - 01** Fest der Deutschen Arbeiter Maria Radlitz DAG 1938 Metall II	**Marienbad 38 - 01** Egerland - Jahnmal - Turngau Gauturnfest Marienbad 1938 Metall II

Marienberg 00 - 01	Marienberg 35 - 01	Marienberg 35 - 02
Marienberger Dreiecksrennen M-Staffel 244 NSKK Metall — III	Marienberger Dreiecksrennen DDAC 30.5. 1935 Metall — III	U SCH Marienberg 1935 Metall — III
Marienberg 37 - 01	Marienburg 39 - 01	Marienhagen 37 - 01
Großkundgebung Marienberg/Sa 26. Juni 1937 Metall — III	Kreis Marienburg / H. 1939 Kunststoff — III	Lagereinweihung Marienhagen 213/10 25.7.37 Metall — IV
Marienwerder 33 - 01	Markkleeberg 37 - 01	Markneukirchen 33 - 01
700 Jahrfeier Marienwerder Wpr. 3.- 6.6. 1933 Metall — III	4. Heimat u. Schulfest Markkleeberg 1937 Preßpappe — II	Kreisparteitag NSBO NSDAP Markneukirchen 16.- 17.9. 1933 Metall — III
Markranstädt 00 - 01	Markranstädt 38 - 01	Markt Rennertshofen 38 - 01
81. Kinderfest zu Markranstädt Du bist nichts - Dein Volk ist alles Kunststoff — II	Ein Volk - Ein Reich - Ein Führer 85. Markranstädter Kinder u. Heimatfest 1.- 5. Juli 1938 Efoplast: a) rot b) blau — III	H.J. Heim-Einweihung Markt Rennertshofen 16. 10. 1938 Metall — IV

Marktbreit 33 - 01	Marktredwitz 27 - 01	Maulbronn 37 - 01
3. Fränk. Gautag Marktbreit 22.- 23.7.33 Pappe III	Nationalsozialistische Kundgebung Marktredwitz 25.- 26. 6. 1927 Metall V	Enzkreis- Sängertag 20. Juni 1937 100 Jahre Liederkranz Maulbronn Metall II
Mauterndorf 38 - 01	May Karl 38 - 01	Mayen 37 - 01
Musikfest Mauterndorf 1938 Stoff im Metallrahmen II	Karl - May - Spiele 1938 Efoplast III	Kreistag Mayen 19.- 20. Juni 1937 Metall oh. Abb. II
Mecklenburg 00 - 01	Mecklenburg 34 - 01	Mecklenburg 38 - 01
Mecklenburg dreifach gesegnetes Land Wald - Sonnige Seen - Meeresstrand Metall I	Reichsschwimmwoche Mecklenburg 17.- 24. Juni 1934 Metall II	1. Mecklenburgische Gaukulturwoche 1938 Metall II
Mecklenburg 38 - 02	Mecklenburg 38 - 03	Mecklenburg-Lübeck 00 - 01
Fünf Jahre Arbeitsgau VI Mecklenburg 1933 1938 Metall III	NSDAP Gau Mecklenburg Kreistag 1938 Metall III	Gau- Aufmarsch der P.O. Mecklbg.- Lübeck Metall IV

Mecklenburg-Lübeck 35 - 01 Gautreffen des Amtes für Volkswohlfahrt Gau Mecklenbg.- Lübeck Oktober 1935 Metall — III	Mecklenburg-Lübeck 36 - 01 Madeirafahrt 1936 Gau Mecklenb.- Lübeck Holz — IV	Meerane 34 - 01 SA- Standarten Aufmarsch Meerane 15. 16. Sept. 34 Metall — III
Meiningen 34 - 01 SA - Brigade 43 Meiningen 10. Juni 1934 Metall — III	Meiningen 34 - 02 Meiningen Tag der Hitler- Jugend 29.4. 1934 Metall — oh. Abb. II	Meißen 00 - 01 Märchenfest Meißen NSV Holz — III
Meisenheim 35 - 01 Heimatfest im 1000 Jähr. Meisenheim 1935 Stoff im Metallrahmen — II	Meissen 31 - 01 Gautreffen sächs. Landwirte N.S.D.A.P. Meissen 7.- 18. 12. 1931 Metall — III	Meissen 33 - 01 SA Standarte 101 Sportfest Meissen 19.- 20.8.33 Metall — III
Meldorf 36 - 01 Provinzial- Feuerwehrtag Meldorf 16.u.17. Mai 1936 Metall — III	Melle 00 - 01 Hermann Göring Heim der HJ in Melle Metall — II	Melle 38 - 01 Kreisparteitag Melle / Wittlage 1938 Stoff im Metallrahmen — III

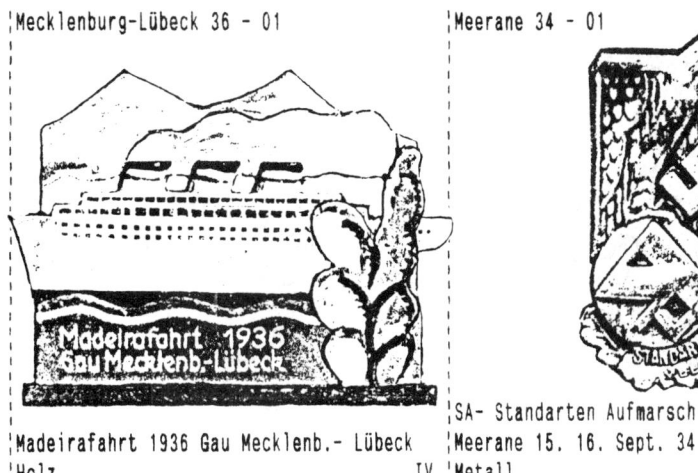

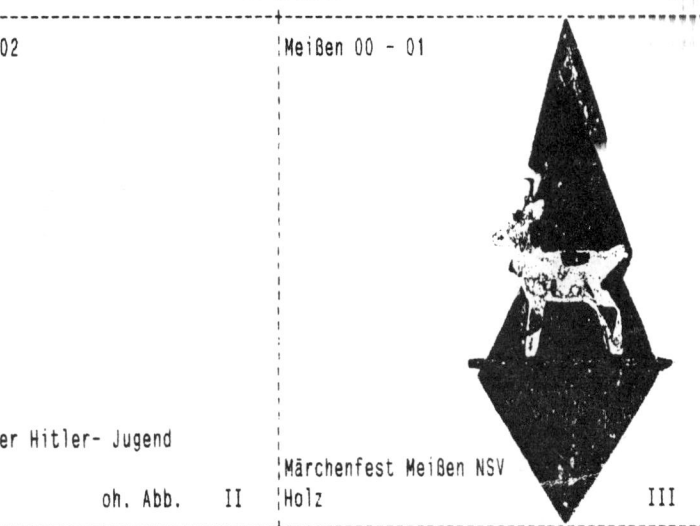

Memelland 39 - 01	Memmingen 33 - 01	Memmingen 36 - 01
Das Memelland ist wieder frei 22. März 1939 Metall IV	General-Appell NSBO Deutsche Arbeitsfront Memmingen 21./22. Oktober 1933 Metall III	Großflugtag Memmingen 1936 Metall V
Menden 32 - 01	Menden 35 - 01	Meppen 33 - 01
10 Jähriges Bestehen der Ortsgruppe Menden 1932 Metall III	Menden Ehrenmal - Weihe 8.9. 1935 "Mein Tod Dein Leben" Metall III	Gesamttagung d. NSDAP Aufmarsch Stand. 62 Meppen 9.7. 1933 Metall II
Mercedes-Benz 35 - 01	Merseburg 33 - 01	Merseburg 34 - 01
10000 Mercedes-Benz Diesel Nutzfahrzeuge 6.4. 1935 Metall IV	Jahrtausendfeier der Stadt Merseburg 21.- 27. Juni 1933 Metall II	NSDAP Kreistagung Merseburg 20.21. Jan. 1934 Metall III
Merseburg 35 - 01	Merseburg 37 - 01	Meschede 33 - 01
Kreisappell Merseburg 24.- 25. Aug. 1935 Metall oh. Abb. III	Kreisappell Merseburg 22.- 23. Mai 1937 Ton IV	SA- Aufmarsch Standarte 220 u. Kreisparteitag Meschede 7/ 8.10. 1933 Metall IV

Meschede 33 - 02 Hitler Jugend Bann Oberruhr Meschede 9.11. 1933 Metall — III	**Meschede 39 - 01** Kreistag Meschede 1939 Material ? — oh. Abb. III	**Mettmach 33 - 01** Heimatschutz Treffen Mettmach 24.IX. 1933 Metall — III
Middels 32 - 01 Kriegerverein Middels 25 jähr. Stiftungsfest 19. Juni 1932 Pappe — II	**Mies 36 - 01** 65 Jahre Veteranen-Verein Mies Fahnenweihe 2.8. 1936 Holz — II	**Miesbach 34 - 01** Bann B 2 15.7. 1934 1. Bannwettkampf Miesbach Metall — III
Miesmacher 00 - 01 Kampf gegen die Miesmacher Metall — III	**Militsch 37 - 01** NSDAP Bezirkstreffen Militsch der Kreise Guhrau, Trebnitz, Wohlau und Militsch 19./20. VI. 1937 Metall — III	**Mindelheim 33 - 01** Schwäbischer Bauerntag 1933 Mindelheim Metall — III
Mindelheim 35 - 01 Kreistagung 29.9. Mindelheim 1935 Metall — oh. Abb. III	**Mindelheim 37 - 01** NSDAP Kreisleitung Mindelheim Kreistagung 21.- 23. Mai 1937 Nitroplast — III	**Minden 31 - 01** 23. Landesverb.- Tag Pr. Fleischbeschauer u. Trichinenschauer Vereine Minden i.W. 26.- 28. Juni 1931 Metall — II

Minden 33 - 01 Zum Gedächtnis Albert Leo Schlageters Denkmalsweihe Porta Minden 1933 Metall III	Minden 33 - 02 1. Wehrsportfest der S.A. Standarte 15 Minden 7. u. 8. Oktober 1933 Metall oh. Abb. III	Minden 34 - 01 DT Landesturnfest Minden 1934 Metall II
Minden 35 - 01 Kreiswettk. 1935 Minden Metall II	Minden 35 - 02 250 J. Schiessprämie d. Gr. Kurfürsten Jubiläumsfeier Minden 1935 Metall III	Minden 36 - 01 Kreistreffen NSDAP Minden 17.- 18.10. 1936 a) Metall b) rot c) schwarz Kunststoff III
Minden 37 - 01 Kreistreffen in Minden 3.4. April 1937 Immer werden wir siegen wenn wir zusammen. Metall III	Misselwarden 33 - 01 Kriegerverein Misselwarden u. Umgegend 1933 Pappe II	Mitte 39 - 01 Wehrwettkämpfe SA- Gruppe Mitte 1939 Kunststoff III
Mittelbach 36 - 01 Kriegerdenkmals- Weihe Mittelbach 26. Juli 1936 Pappe oh. Abb. II	Mittelelbe 39 - 01 Bekenntnis der Jugend HJ- Gebiet Mittelelbe Juli 1939 Kunststoff II	Mittelfranken 33 - 01 N.S.B.O. Gautag Mittelfranken 1933 Metall II

Mittelfranken 33 - 02	Mittelfranken 34 - 01	Mittelfranken 34 - 02
N.S.K.K. Kriegsbeschädigtenfahrt 1933 Bereichsführung Mittelfranken Stoff im Metallrahmen III	Treueschwur 25.2. 1934 Gau Mittelfranken Metall: a) golden b) silbern V	Kraft durch Freude Allgäufahrt 22.- 29.7. 1934 Gau Mittelfranken Metall III
Mittelfranken 38 - 01	Mittenwald 36 - 01	Mittenwalde 33 - 01
Mechaniker Innung Mittelfranken Fasching 1938 Metall I	Deutsche Meisterschaft i. Eisstock- schiessen Mittenwald 2.u.3. Februar 1936 Metall II	NSBO Fahnenweihe Mittenwalde Mk. 1933 Metall III
Mittersill 31 - 01	Mittweida 32 - 01	Mittweida 33 - 01
Deutscher Tag Mittersill 3.u.4. Ot. 1931 N.S.D.A.P. Metall IV	NSDAP Unterbezirk Mittweida Sonnenwende 20.6. 1932 Metall III	N.S. Beamtenabteilung Fahnenweihe Kr. Mittweida 7.- 8. Oktober 1933 Metall III
Möckern 37 - 01	Mödling 36 - 01	Mohrungen 39 - 01
Kirschfest Möckern 1937 Nitroplast II	O.S.S. Treuekundgebung Mödling 7.VI. 1936 Metall III	NSDAP 24/25. 6. 39 Kreisparteitag Mohrungen Kunststoff III

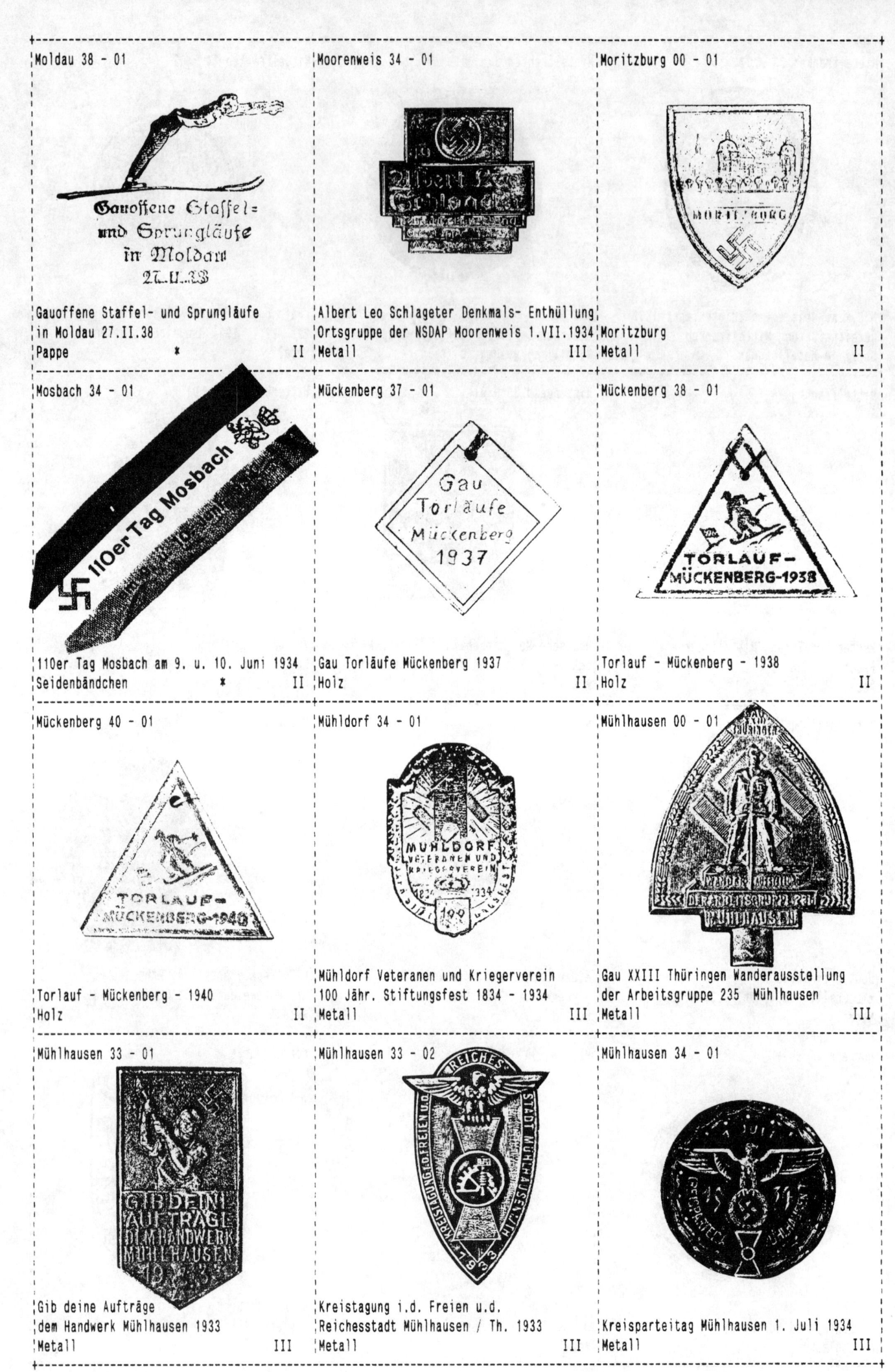

Moldau 38 - 01	Moorenweis 34 - 01	Moritzburg 00 - 01
Gauoffene Staffel- und Sprungläufe in Moldau 27.II.38 Pappe * II	Albert Leo Schlageter Denkmals- Enthüllung Ortsgruppe der NSDAP Moorenweis 1.VII.1934 Metall III	Moritzburg Metall II
Mosbach 34 - 01	Mückenberg 37 - 01	Mückenberg 38 - 01
110er Tag Mosbach am 9. u. 10. Juni 1934 Seidenbändchen * II	Gau Torläufe Mückenberg 1937 Holz II	Torlauf - Mückenberg - 1938 Holz II
Mückenberg 40 - 01	Mühldorf 34 - 01	Mühlhausen 00 - 01
Torlauf - Mückenberg - 1940 Holz II	Mühldorf Veteranen und Kriegerverein 100 Jähr. Stiftungsfest 1834 - 1934 Metall III	Gau XXIII Thüringen Wanderausstellung der Arbeitsgruppe 235 Mühlhausen Metall III
Mühlhausen 33 - 01	Mühlhausen 33 - 02	Mühlhausen 34 - 01
Gib deine Aufträge dem Handwerk Mühlhausen 1933 Metall III	Kreistagung i.d. Freien u.d. Reichesstadt Mühlhausen / Th. 1933 Metall III	Kreisparteitag Mühlhausen 1. Juli 1934 Metall III

Mühlhausen 36 - 01	Mülheim 37 - 01	Mülsen St. Jacob 35 - 01
Die Pankgrafen stürmen Mühlhausen 19. u. 20. 6. 1936 Metall / emailliert III	Tag der Arbeit 1937 Deutsche Eisenwerke AG Friedrich Wilhelms-Hütte Mülheim-Ruhr Stoff im Metallrahmen III	1885 1935 Prießnitzverein e.V. Mülsen St. Jacob 50 Pappe II
München 29 - 01	München 29 - 02	München 32 - 01
3. Deutscher Reichskrieger - Tag München 20.- 21.7. 1929 Metall III	10. Reichsfrontsoldatentag Der Stahlhelm München 1929 Metall III	Gautag München Juli 1932 Metall: a) silbern b) bronzen V
München 32 - 02	München 32 - 03	München 33 - 01
Leibertag 1932 Leib-Regts. Vergg. München 40 jähr. Gründungsfest 3./ 5. Sept. 32 Metall III	28.29. Mai 1932 250 jähr. Jubiläum des Kgl. Bayr. 1. Chevaulegers-Rgts. 1682 1932 Metall II	Hitler - Jugend 1923 - 1933 München Und Ihr habt doch gesiegt Metall: a) massiv b) hohlgeprägt IV
München 33 - 02	München 33 - 03	München 33 - 04
SS Gautag München 1933 Metall V	Deutsches Sommerfest München 1933 Metall II	Deutscher Gesellen- Tag München 8. bis 11. Juni 1933 Metall oh. Abb. II

München 33 - 05	München 33 - 06	München 34 - 01
Trachten - Aufmarsch in München Okt. 1933 Pappe mit Seidenbändchen II	Müllertag München 1933 Metall II	Tag der Handharmonika München 1934 Metall II
München 34 - 02	München 34 - 03	München 34 - 04
Kraft durch Freude München Oktoberfest 1934 Metall III	40. Generalversammlung Reichseinheits- verband Deutscher Kanarienzüchter (R.E.V.D.K.) 5. August 1934 München Seidenbändchen * II	B.N.S.D.J. Gautagung München 1934 Metall III
München 34 - 05	München 34 - 06	München 34 - 07
4. Waffentag der Deutschen Kavallerie München 1934 Metall III	VII. Internationaler Strassen - Kongress München 1934 Metall / emailliert V	Ungarisch - Deutsches Sängertreffen München 1934 Metall m. Seidenband III
München 35 - 01	München 35 - 02	München 35 - 03
Hans Schemm Gedaechtnis Tagung des NSLB München Ostern 1935 Metall IV	Reichs- Ausstellung für Nahrungs- u. Genussmittel München 20.- 29.9.35 Metall II	Mit der Reichsbahn 28.u.29. 9. 1935 nach München zum Oktoberfest Holz und Stoff III

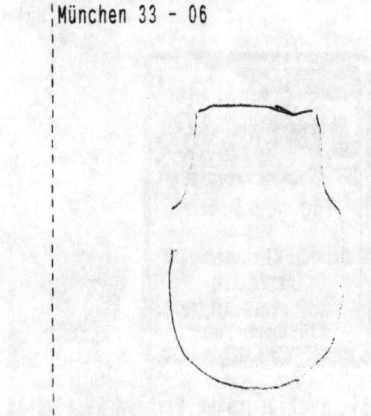

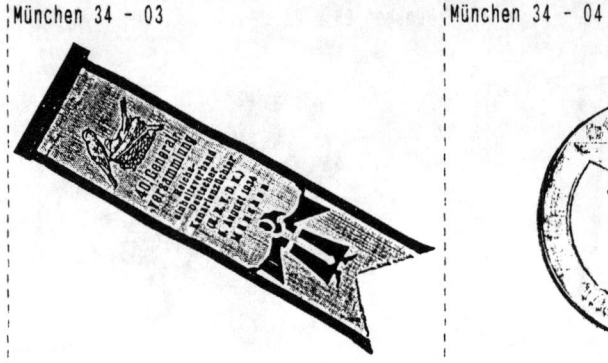

München 35 - 04	München 36 - 01	München 36 - 02
Mit Kraft durch Freude zum Münchener Jubiläums Oktoberfest 1935 Metall III	Oktoberfest München 1936 Metall II	20 Jahre Grunwald München 1936 Metall II
München 36 - 03	München 37 - 01	München 37 - 02
40. Stiftungsfest Verein "Die Eslarner" München 28. XI. 1936 Pappe II	4. Reichsnährstands - Ausstellung München 1937 Metall III	HJ- Reichskampf München Hauptstadt der Bewegung Metall / HJ- Raute emailliert X
München 37 - 03	München 37 - 04	München 38 - 01
Kameradschaftsbund Deutscher Polizeibeamten München Juli 1937 Metall / emailliert X	DRL Deutsche Faltboot Meisterschaften 1937 München 27.6.37 Metall III	Kommission für Wirtschaftspolitik Grosser Lehrgang München 1938 Metall III
München 38 - 02	München 38 - 03	München 38 - 04
N.S. Deutscher Reichs Kriegerbund L.G. Süd Soldatentag München 1938 Metall II	D. Reichskriegerbund Landesgebiet Süd Soldatentag München 1938 Metall III	Viermächteabkommen Hitler Mussolini Chamberlain Daladier München 30. Sept. 1938 Metall V

München 39 - 01	München 39 - 02	München 39 - 03
II. Internationaler 25 km Lauf und Wettmarsch München 1939 Metall　II	XIII. Internationaler Azetylen - Kongress München 1939 Metall / emailliert　V	4. Reichsbund. Tag 45. D. Philatel. Tag München 3.u.4. Juni 1939 Metall / emailliert　X
München-Moosach 33 - 01	München-Oberbayern 00 - 01	München-Oberbayern 34 - 01
"Der Stahlhelm" 60 jähr. Gründungsfest Vetr.- und Krieger-Ver. München-Moosach 9. VII. 1933 Pappe　oh. Abb.　II	Gau München - Oberbayern Metall　V	Sonnenwend 1934 Kraft durch Freude Gau München Obb. Metall　II
Mundenheim 36 - 01	Münnerstadt 35 - 01	Münsingen 36 - 01
Ehrenmalweihe Mundenheim Besitz stirbt, Sippen sterben, Du selbst stirbst wie sie. Eins weiss ich, Das ewig lebt: Des Toten Tatenruhm. 1936 Metall　III	Jahrhundertfeier der Stadt Münnerstadt 1235 . 1335 . 1935 Metall　II	Schwäbische Schi- Meisterschaft Münsingen 1936 Metall　II
Münster 33 - 01	Münster 33 - 02	Münster 33 - 03
"Heimat und Reich" Münster 1933 Metall　III	N.S.D. Ärzte-Bund　I. Gau- Tagung Westfalen-Nord u. Lippe Münster 19.8.1933 Metall　III	Deutscher Tag Corneli-Münster 15.- 16. Juli 1933 Metall　oh. Abb.　II

Münster 33 - 04 Beamtentag Gau Westfalen - Nord Münster 14.- 15. Okt. 1933 Metall IV	Münster 33 - 05 Tag der Fahnenweihe Kampfbund des Gewerbl. Mittelstandes Münster i.W. 23.2. 1933 Metall oh. Abb. II	Münster 34 - 01 N.S.D.F.B.St. Gau Münsterland Gautag 28. Okt. 34 Metall III
Münster 34 - 02 Vereidigung der P.O. Gau Westfalen-Nord Münster 25. 2. 34 Metall III	Münster 35 - 01 R.E.K. 8. Gautagung Westfalen - Lippe 28./ 29.9. 1935 Münster / Westf. Metall III	Münster 36 - 01 60 Jähr. Jubiläum Kameradschaft der Garde Münster i./W. Kreiskriegerverbandsfest 30.- 31. Mai 1876 1936 Metall III
Münster 37 - 01 1922 15 Jahre 1937 NSDAP Münster Kreistreffen 15.- 17. Okt. Metall III	Münster 37 - 02 Frontsoldaten- u. Kriegsopfer- Treffen Gau Westfalen-Nord Münster 25.26. Sept. 1937 Metall III	Münster 38 - 01 40 jähr. Jubiläum Turnver. Münster 1938 Pappe II
Münster 38 - 02 1813 125 Jahre I.R. 13 1938 Regiments-Appell I.R. 13 Münster i.W. 28.29.30.Mai 1938 Metall III	Münster 38 - 03 Kreistreffen NSDAP Kreis Münster- Warendorf in Münster 1938 Preßpappe III	Münster-Warendorf 39 - 01 Kreistreffen der NSDAP Münster-Warendorf 1939 Kunststoff oh. Abb. III

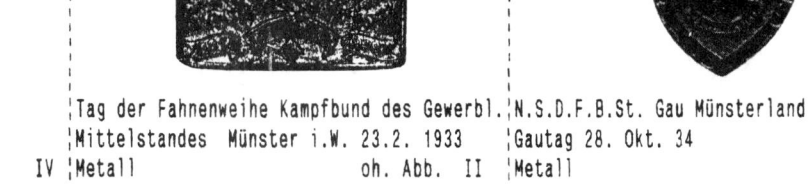

225

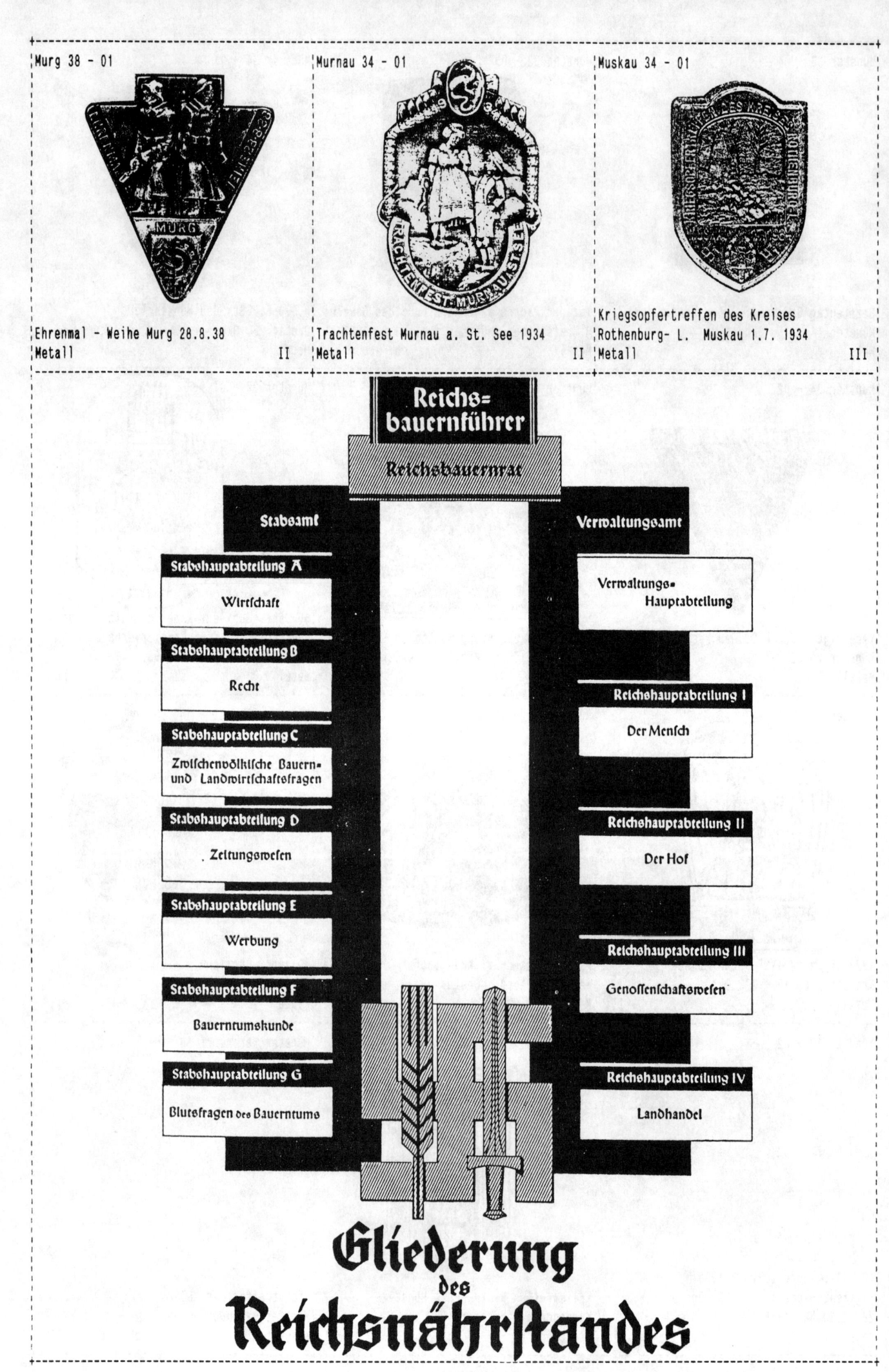

Murg 38 - 01	Murnau 34 - 01	Muskau 34 - 01
Ehrenmal - Weihe Murg 28.8.38 Metall II	Trachtenfest Murnau a. St. See 1934 Metall II	Kriegsopfertreffen des Kreises Rothenburg- L. Muskau 1.7. 1934 Metall III

Gliederung des Reichsnährstandes

Reichsbauernführer
Reichsbauernrat

Stabsamt:
- Stabshauptabteilung A — Wirtschaft
- Stabshauptabteilung B — Recht
- Stabshauptabteilung C — Zwischenvölkische Bauern- und Landwirtschaftsfragen
- Stabshauptabteilung D — Zeitungswesen
- Stabshauptabteilung E — Werbung
- Stabshauptabteilung F — Bauerntumskunde
- Stabshauptabteilung G — Blutsfragen des Bauerntums

Verwaltungsamt:
- Verwaltungs-Hauptabteilung
- Reichshauptabteilung I — Der Mensch
- Reichshauptabteilung II — Der Hof
- Reichshauptabteilung III — Genossenschaftswesen
- Reichshauptabteilung IV — Landhandel

Nabburg 34 - 01	Nachrichtentruppe 39 - 01	Nationalen Erhebung 33 - 01
Ostmark-Kundgebung Nabburg 11.- 12.8. 1934 Fahnenweihe der Münchener Landsmannschaft Metall　III	Wiedersehensfeier d. Nachrichtentruppen 20./ 21. 5. 39 Metall　III	Tag der Nationalen Erhebung 30. Jan. 1933 Metall　IV
Nationalen Erhebung 34 - 01	Nationalen Erhebung 35 - 01	Nauheim, Bad 33 - 01
1. Jahrestag der Nationalen Erhebung 30. Jan. 1934 Metall　II	2. Jahrestag der National. Erhebung 30. Jan. 1935 Metall　II	Weihe des Kriegerehrenmals der Stadt Bad Nauheim 13. Aug. 1933 Metall　III
Nauheim, Bad 34 - 01	Nauheim, Bad 35 - 01	Nauheim, Bad 35 - 02
28. Oberhess. Provinz-Feuerwehrtag Bad Nauheim 4.- 6. August 1934 Seidenbändchen　*　III	Kreisturnfest 1835　1935 Bad Nauheim 7. 7. 1935 Metall　II	Sportfest Bann u. Jungbann 254 Bad Nauheim 7. u. 8.9. 1935 Metall　II
Nauheim, Bad 36 - 01	Naumburg 30 - 01	Naumburg 30 - 02
Tag der Hitlerjugend Bann 254 Wetterau Bad Nauheim 29. u. 30.8. 1936 Metall　II	Koloniale Jugendtagung Naumburg a/S. Pfingsten 1930 Metall mit Stoffbändchen　IV	Reichsordenstag des Deutschen Frauen Ordens Naumburg a.d. Saale 20.- 21.9. 1930 Metall　III

Naumburg 35 - 01	Naumburg 37 - 01	Naundorf 33 - 01
Sonnenwendfeier Naumburg a.d. Saale 1935 Metall — III	Kreisappell 29.- 30. 5. 37 Naumburg/Saale Metall — III	1923 1933 10 Jahre N.S.D.A.P. Naundorf Metall — III
Neckarstadt 36 - 01	Neenstetten 35 - 01	Neidenburg 35 - 01
Volksfest Neckarstadt-Ost 4. 5. 6. 7. Juli 1936 Holz — IV	1. Bauern Ehrentag in Neenstetten Kr. Ulm / D. 11. Wonnemonat 1935 Metall — III	Deutschland ist erwacht! NSDAP Kreis-Parteitag des Kreises Neidenburg 1935 Metall — IV
Neisse 34 - 01	Nesselwang 35 - 01	Nesselwang 35 - 02
S - - A Sportfest Neisse 13.5.34 Standarte 23 Metall — IV	Mannschaftsschiläufe Gebiet Hochland Nesselwang 1935 Metall — III	Mannschaftslauf Hitlerjugend Nesselwang 1935 / 36 Metall — III
Neu Ulm 39 - 01	Neuburg 33 - 01	Neudorf 37 - 01
125 jähr. Regimentswiedersehensfeier Neu Ulm 1814 - 1939 Metall — III	Unterbanntreffen Hitler-Jugend Neuburg a.D. 15.10. 1933 Metall — III	75 Jahre Freiwillige Feuerwehr Neudorf 7.- 9. August 1937 Pappe — III

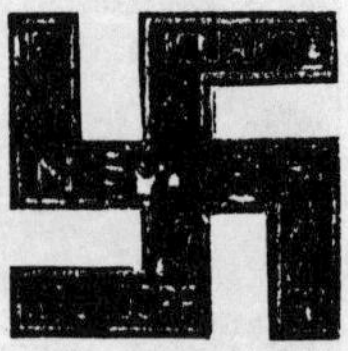

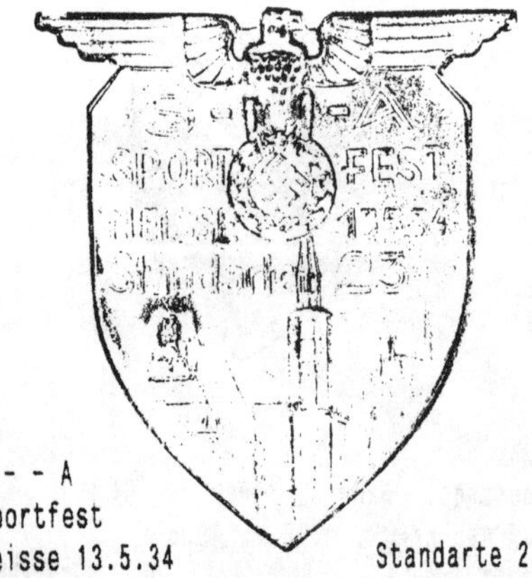

Neuenahr, Bad 34 - 01	Neuenbürg 35 - 01	Neuenhagen 33 - 01
Regiments-Appell d. ehem. Garde Grenadiere Nr. 5 Bad Neuenahr, 7.,8. u. 9. Juli 1934 Metall III	Enzkreis 6. Liederfest 6.- 7. Juli 1835 1935 100 Jahre Liederkranz Freundschaft Neuenbürg Metall III	Fahnenweihe 8.10. 1933 N.S.Hago Neuenhagen bei Berlin Metall III
Neuern 38 - 01	Neuguinea 36 - 01	Neuhaldensleben 33 - 01
Gautag Neuern 1938 BdD Holz II	50 Jahre Neuguinea Mission 1936 Metall III	Kreistreffen Stahlhelm B.d.F. Neuhaldensleben- Nord 6. August 1933 Pappe oh. Abb. III
Neuhaldensleben 34 - 01	Neuhausen 37 - 01	Neumarkt 33 - 01
Bannaufmarsch 26 in Neuhaldensl. 1.7. 1934 Metall III	10 jähr. Bestehen d. NSDAP Ortsgr. Neuhausen 23. Mai 1937 Holz IV	1923 Dietrich Eckart 1933 Deutschland erwache (Rs.): Neumarkt i.d. Obpf. Metall IV
Neumünster 33 - 01	Neumünster 33 - 02	Neumünster 34 - 01
Braune Messe Neumünster 21.- 29.10. 1933 Metall III	H.J.- Gebietsaufmarsch Neumünster 9. Juli 1933 Metall III	August 1934 Bannsportfest in Neumünster Bann 163 Metall oh. Abb. III

Neumünster 36 - 01	Neumünster 37 - 01	Neumünster 38 - 01
K.d.F. Feierabend Neumünster Holstenkampfbahn 8.8. 1936 Metall II	Kreis- und Volksfest Neumünster 27. Juni 1937 Pappe II	50-Jahrfeier der Oberschule für Mädchen Klaus Groth - Schule Neumünster 1938 Stoff im Metallrahmen III
Neunkirchen 34 - 01	Neunkirchen 39 - 01	Neuötting 34 - 01
Tag der Jugend Neunkirchen 22. Heumond 1934 Metall oh. Abb. II	Kreistag der NSDAP Neunkirchen 1939 Metall IV	Blut und Boden 1934 Grenzland Bauern-Kundgebung Neuötting Metall III
Neuötting 37 - 01	Neuruppin 35 - 01	Neuss 36 - 01
85. Gründungsfest DRL Turnverein 1852 Neuötting 10. Juli 1937 Stoff im Metallrahmen III	1335 1935 600 Jahrfeier d. Neuruppiner Kaufmannschaft 25.- 27. Mai 1935 Metall II	Bundestagung d. Kameradschaften ehem. 138er Neuss Rh. 24.- 25. Okt. 1936 Metall III
Neustadt 32 - 01	Neustadt 32 - 02	Neustadt 34 - 01
N.S. Flugtag Neustadt, Haardt 14.8.32 Rhein - Pfalz Flug Metall IV	4. Pfälzisches Kreisturnfest Neustadt a.d.Hdt. 15.- 17. Juli 1932 Metall oh. Abb. II	H.J. u. J.V. Treffen Neustadt / A. Metall II

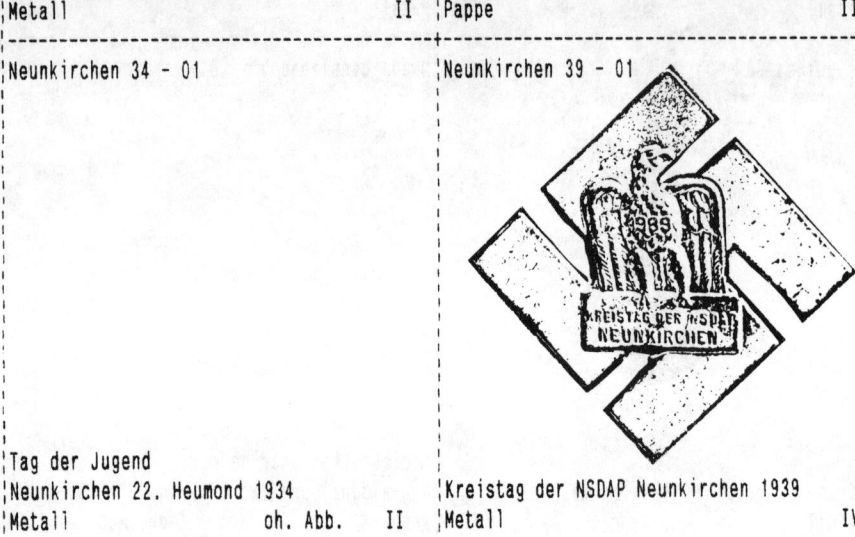

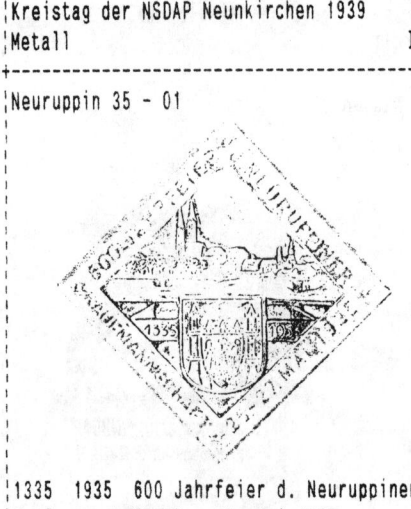

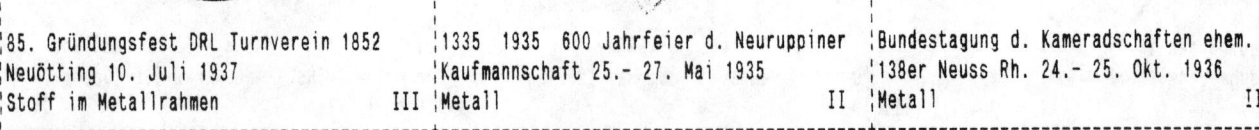

Neustadt 34 - 02	Neustadt 35 - 01	Neustadt 37 - 01
Kreisliederfest Kreis 2 Gau Nordmark Neustadt in Holst. 2. u. 3. Juni 1934 Metall II	1925 1935 10 Jahre NSDAP Neustadt a.H. Metall III	NSDAP - Kreistag - Neustadt a/Rbge. 5. u. 6. Juni 1937 Metall III
Neustadt 37 - 02	Neustadt 37 - 03	Neustadt 38 - 01
Deutscher Reichsbund f. Leibesübungen Kr. Ostpfalz 9.-11. Juli 1937 Neustadt a/d. Weinstrasse Metall III	ASK Kreisturnfest Neustadt 4. Juli 1937 Metall II	Deutsche u. Wehrmacht Ski- Meisterschaften 1938 Neustadt-Feldberg Schwarzwald Metall / emailliert V
Neustadt 39 - 01	Neustadt, Bad 38 - 01	Neuwied 34 - 01
Kreisappell der NSDAP Neustadt / Weinstr. 1939 Kunststoff III	Kreistag 1938 Bad Neustadt a.S. Metall III	Eröffnung der Deutschen Arbeitsschlacht 21.3. 1934 Kreisleitung d. N.S.D.A.P. Neuwied / Rhein Metall oh. Abb. III
Neuwied 37 - 01	Neuwied 39 - 01	Niederberg 37 - 01
Kreistag Neuwied 19. - 20. Juni 1937 Metall III	NSRL. Kreis 5 Westerwald Turn- und Sportfest Neuwied 19.- 20. Aug. 1939 Pappe II	NSDAP Kreis Niederberg Kreistagungswoche 15.- 21. März 1937 Metall III

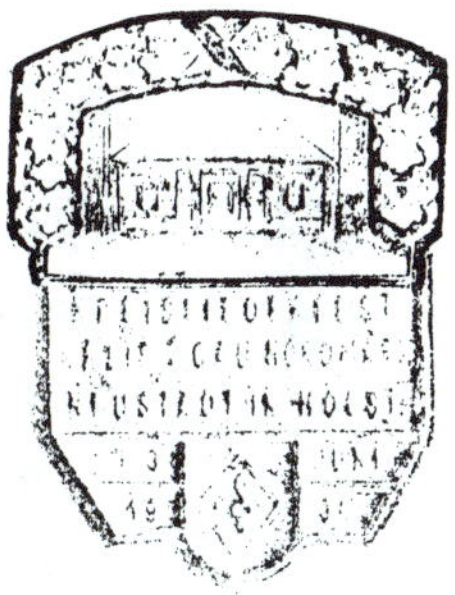

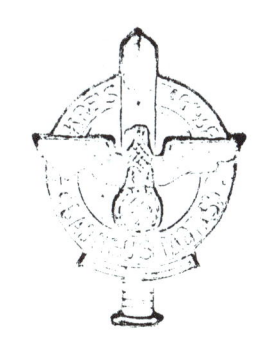

Niederberg 38 - 01 NSDAP Kreis Niederberg Kreistagungswoche 13.- 19. Juni 1938 Kunststoff III	Niederdonau 00 - 01 Niederdonau Metall II	Niedergebra 34 - 01 27.5. 1934 Schlagetertag NSDAP Nied. Gebra Metall III
Niedernhausen 34 - 01 Saarkundgebung Pfingsten 1934 Niedernhausen i. Taunus Pappe III	Niederrhein 00 - 01 VDA Landesverband Niederrhein - Ruhr Metall II	Niederrhein 35 - 01 Reichswettkampftage der SA - Gruppe Niederrhein 28.- 30. Aug. 1935 Metall III
Niederrhein 37 - 01 Sport- u. Wehr- Wettkämpfe SA- Gruppe Niederrhein 24.- 25. Juli 1937 Metall IV	Niederrhein 39 - 01 Wehrwettkämpfe der SA - Gruppe Niederrhein 1939 Kunststoff III	Niedersachsen 36 - 01 Wettkampftage der SA- Gruppe Niedersachsen 1936 Metall III
Niedersachsen 38 - 01 Wettkampftage der SA- Gruppe Niedersachsen 1938 Kunststoff III	Niederwald 33 - 01 50 Jahre Niederwald Denkmal 1883 1933 Metall II	Niederwald 33 - 02 Saarkundgebung 1933 Niederwald Metall II

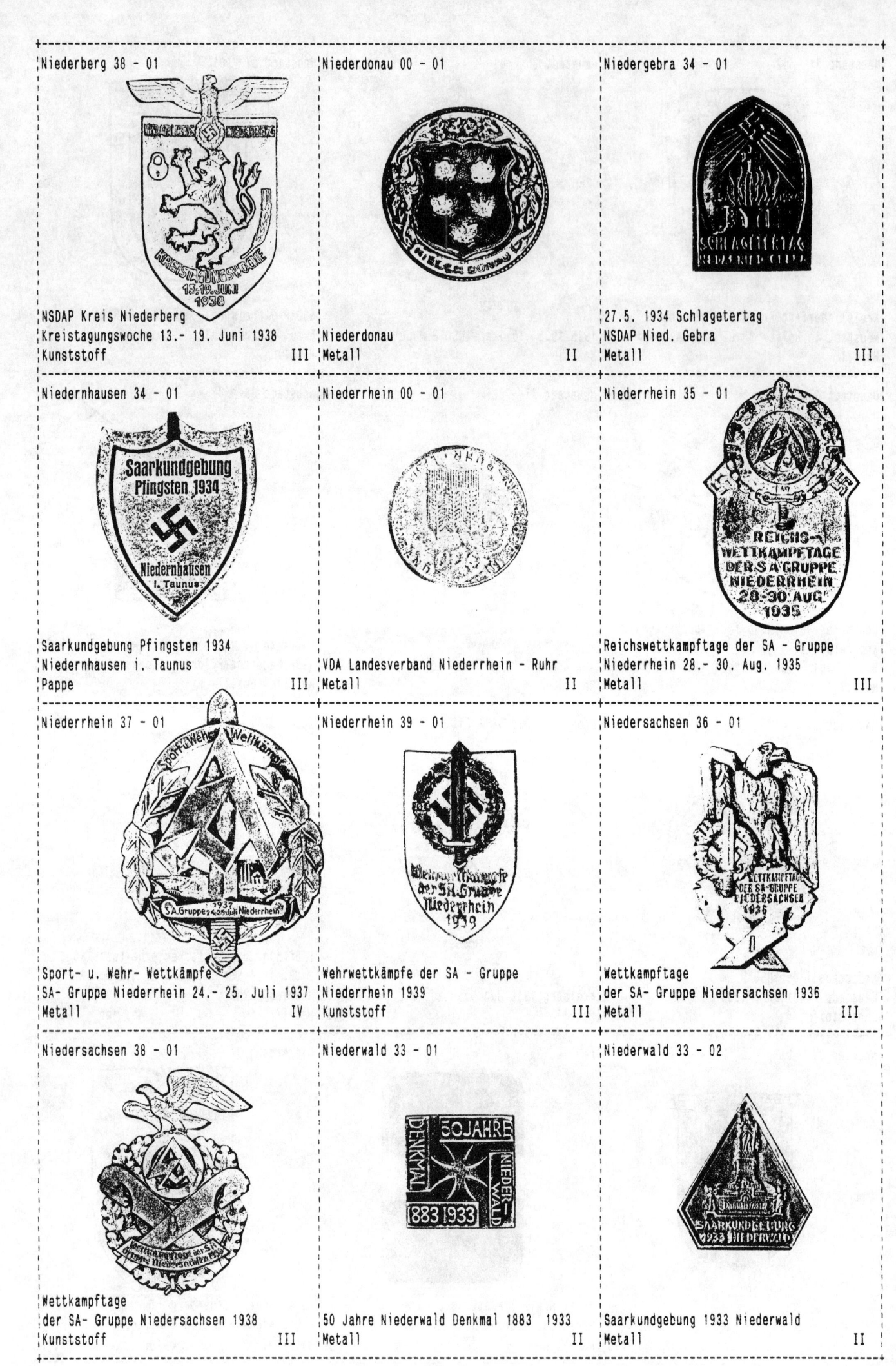

Niederwald 33 - 03 Saarkundgebung 1933 Niederwald Metall III	Niederwiesa 39 - 01 10 Jahre SA u. NSDAP Niederwiesa 20. August 1939 Metall oh. Abb. III	Nienburg 31 - 01 Braunschweig Hannoverscher Stenographen-Verb. Bezirkstag Nienburg / Weser 6.u.7. 6. 1931 Pappe II
Nienburg 34 - 01 NSKK Aufmarsch 1934 2.u.3. Juni Nienburg - W. Metall III	Nienburg 35 - 01 Nienburg / W. Kreis - Appell 19.5. 1935 Metall III	Nienburg 37 - 01 NSDAP Kreistag Nienburg / W. 10.- 11. Juli 1937 Metall III
Nienburg-Saale 00 - 01 900 Jahrfeier Nienburg / Saale Stoff im Metallrahmen II	Niendorf 35 - 01 N.S.K.O.V. Kameradentreffen Niendorf Ostsee 2.6. 1935 Pappe III	Nierstein 31 - 01 Nierstein Sonnenwende 1931 Metall III
Nierstein 36 - 01 Winzerfest 1936 Nierstein a.Rh. 1.- 9.Aug. Metall II	Nijmegen 34 - 01 Partijdag 19.8. 1934 N.S.N.A.P. Nijmegen Metall X	Niklasberg 38 - 01 23.1. 1938 Niklasberg ATUSUNION Holz II

Norden 31 - 01	Norden 39 - 01	Nordenham 33 - 01
Norden 13. u. 14.6. 1931 Ostfriesisches Kriegerbundesfest und Gautagung der Nordwestdeutschen Marinevereine Pappe II	Kreistag der NSDAP Norden - Krummhörn 17.- 18. Juni 1939 Metall III	Stadt u. Land Nordenham 8. Oktober 1933 Pappe * II
Nordenham 33 - 02	Norderney 34 - 01	Norderney 39 - 01
Ehrentag der Kriegsopfer Nordenham i.O. 1933 Pappe III	Norderney 1934 Wir Fliegen Metall V	Rot-Kreuz-Tag Norderney 26./27.8. 1939 Preßpappe III
Nordhausen 31 - 01	Nordhausen 32 - 01	Nordhausen 33 - 01
ADAC Gau II a Pfingst - Zielfahrt nach Nordhausen Harz 24.5. 1931 Die Tausend Jährige Stadt Metall IV	Bund Deutscher Friseure Gegr. 1872 80 Jahre Bund Deutscher Friseure Nordhausen 17.- 19. Juli 1932 Seid einig Metall II	A. Schlageter Horst Wessel Nordhausen 24. Sept. 1933 Metall III
Nordhausen 36 - 01	Nordhausen 37 - 01	Nordhausen 37 - 02
Kreistag der NSDAP Nordhausen - Südharz 6.- 7. Juni 1936 Metall IV	50 Jahre Harzklubzweigverein Nordhausen 17. Oktober 1887 - 1937 Metall III	Nordhäuser Heimatfest 21.22.u.23. August 1937 Seidenbändchen * II

Nordhorn 33 - 01	Nördlingen 34 - 01	Nordmark 34 - 01
N.S.B.O. N.S.K.O.V. Fahnenweihe 12.- 13.8. 1933 Nordhorn Metall III	1634 1934 Nördlingen Metall II	NSG KdF Kraft d. Freude Allgäufahrt der Nordmark 1934 Metall II
Nordmark 35 - 01	Nordmark 36 - 01	Nordmark 38 - 01
1935 Das Jahr der Ertüchtigung Nordmarklager Gebiet 6 Metall III	2. Nordmark - Treffen 23.- 24.5. 1936 Metall: a) massiv b) hohlgeprägt III	4. Nordmark - Treffen 28. 29.5. 1938 Metall III
Nordsee 00 - 01	Nordsee 36 - 01	Nordsee 38 - 01
5. Kampfspiele der Nordsee - HJ 18.- 21. Aug. Kunststoff III	HJ Nordsee Sporttag Gebiet 7 Jadestädte 29.- 30. Aug. 1936 Metall III	Sportwettkämpfe Nordsee - SA 1938 Kunststoff II
	Northeim 00 - 01	Northeim 33 - 01
	S.A. Reit- und Fahrturnier Northeim Pappe II	1. Mai im Jahre der nationalsozialist. Revolution 1933 Northeim Pappe II

Northeim 34 - 01	Northeim 34 - 02	Northeim 34 - 03
Spatenstich - Feier Thingplatz Northeim 17.6.34 Metall　　　　　　　　III	Kundgebung der Reichsbetriebsgemeinschaft 4, Bau Northeim 12.8.34 Metall　　　　　　　　III	2. Kreiskongress Northeim i. Hann.　1934 Metall　　　　　　　　III
Northeim 34 - 04	Northeim 35 - 01	Northeim 36 - 01
56. Hann. Prov. Friseur - Verbandstag Northeim 3.- 4. Juni 1934 Metall　　　　　　　　II	N.S. Frauenschaft Kreis Northeim 1. September 1935 Papier　　　　*　　　II	Frontsoldaten u. Kriegsopfer - Ehrentag Northeim 7.6. 1936 Metall　　　　　　　　II
Northeim 37 - 01	Northeim 38 - 01	Northeim 39 - 01
Reichstreffen N.S.K.O.V. Frontsoldaten - Treffen Northeim 11./ 14.6.37 Metall　　　　　　　　III	Reichsarbeitstagung NSKOV Northeim 6.- 8. Mai 1938 Kunststoff　　　　　　II	Reichsarbeitstagung NSKOV Northeim 16.- 18. Juni 1939 Metall　　　　　　　　III
Northeim 39 - 02	Nowawes 37 - 01	NSBO 00 - 01
Gauverbandstagung 6. u. 7. Mai 1939 Northeim Seidenbändchen　*　　IV	NSDAP Kreistreffen Kreis Teltow Gau Kurmark Nowawes 25.4. 1937 Metall　　oh. Abb.　III	NSBO Porzellan　　　　　　　IV

NSBO 00 - 02 N.S.B.O. Arbeitsfront Metall III	NSDMB 37 - 01 1887 1937 Metall III	NSFK 00 - 01 NSFK Grossflug Gruppe 8 -Mitte- Metall: a) bronze b) silber V
NSFK 37 - 01 Deutschlandflug 1937 NSFK Metall / emailliert X	NSFK 38 - 01 NSFK Deutschlandflug 1938 Bodendienst Metall V	NSFK 38 - 02 NSFK Küstenflug 1938 Metall / emailliert X
NSFK 38 - 03 NSFK Reichswettbewerb für Motorflugmodelle 1938 Metall / emailliert X	NSFK 38 - 04 Nationalsozialistisches Fliegerkorps 19. Rhön - Segelflug - Wettbewerb 1938 Metall V	NSFK 38 - 05 NSFK Thüringen-Kurhessenflug 1938 Metall / emailliert X
NSFK 39 - 01 NSFK Küstenflug 1939 NS. Fliegerkorps Metall V	NSFK 39 - 02 NSFK Rhön-Segelflug-Wettbewerb 23.7. - 6.8.39 Metall V	NSKK 00 - 01 2000 Kilometer durch Deutschland Metall III

NSKK 00 - 02	NSKK 33 - 01	NSKK 34 - 01
Metall III	Mot. SA.- NSKK Treffen d. Gruppenstaffel West am Deutschen Eck am 8.u.9. Juli 1933 Metall IV	2000 km Durch Deutschland 1934 Metall III
NSKK 34 - 02	NSKK 38 - 01	NSKK 39 - 01
Drei Tage - Harzfahrt 9.- 11. V. 1934 Kunststoff III	Deutschlandfahrt 1938 Metall / emailliert X	Gross-Deutschland-Fahrt 1939 Metall / emailliert V
NSKOV 00 - 01	NSKOV 35 - 01	NSV 00 - 01
NSKOV Ahrtreffen Holz IV	N.S.K.O.V. Rheinfahrt 1935 Metall III	NSV Metall II
NSV 35 - 01	NSV 35 - 02	NSV-RDK 34 - 01
NSV Mitglieder Werbung! 1935 Kunststoff II	NSV N.S.V. Werbung 1935 Metall II	Tag der Kinderfreude 19.8. 1934 NSV RDK Metall II

Nürnberg 00 - 01 Sparkasse der Stadt der Reichsparteitage Nürnberg Metall und Kunststoff II	**Nürnberg 00 - 02** Nürnberg Stadt der Reichsparteitage Kunststoff II	**Nürnberg 23 - 01** Deutscher Tag Nürnberg 1\2 September 1923 Pappe (frühes Abz. der NSDAP) X
Nürnberg 27 - 01 Nürnberg 1927 (Abz. zum 3. Reichsparteitag) Metall auf Stoff X	**Nürnberg 29 - 01** Nürnberg 1914 1919 NSDAP Parteitag 1929 Metall / Prägevarianten (4.Parteitag) X	**Nürnberg 30 - 01** 7. Waffengedenktag d. Bayr. Schweren Artillerie Nürnberg 1930 Metall III
Nürnberg 31 - 01 Dritte Nürnberger Sängerwoche 3.- 5.7.1931 Stoff im Metallrahmen III	**Nürnberg 33 - 01** NSDAP Reichsparteitag Nürnberg 1933 Metall: a) massiv b) hohlgeprägt V	**Nürnberg 33 - 02** Adolf Hitler Reichskanzler Erinnerung an den Parteitag in Nürnberg 31.VIII.-3.IX.33 Metall V
Nürnberg 33 - 03 Einweihung des Nürnberger Flughafens Aug. 1933 Metall: a) bronze b) silber c) gold IV	**Nürnberg 33 - 04** Handwerker Woche 1933 Mechaniker Zwangs - Innung Nürnberg Metall II	**Nürnberg 33 - 05** Nur Einigkeit macht Stark Nürnberg 29.10.33 Metall III

Nürnberg 33 - 06	Nürnberg 33 - 07	Nürnberg 33 - 08
N.S. Beamten Kundgebung Gau Mittelfranken Nürnberg 1933 Metall III	SA- Brigade Mfr. Sportfest Nürnberg 1933 Metall III	1. HJ Franken-Ostmark Treffen Nürnberg 22.- 23. 7. 1933 Metall V
Nürnberg 34 - 01	Nürnberg 34 - 02	Nürnberg 34 - 03
Reichsparteitag 1934 Metall III	SA- Brigade 78 Mittelfr. Sportfest Nürnberg 1934 Alles für Deutschland Metall: a) bronze b) silber II	5. Polizeisternfahrt 1934 nach Nürnberg Metall: a) bronze b) silber III
Nürnberg 34 - 04	Nürnberg 34 - 05	Nürnberg 34 - 06
18. Bayer. Turnfest Nürnberg 1934 Metall II	Deutsche Kampfspiele Nürnberg 1934 Metall auf Kunstharzscheibe III	N.S.D.A.P. Hitler Eiche Ortsgr. Nbg. Zabo 1934 Metall II
Nürnberg 34 - 07	Nürnberg 34 - 08	Nürnberg 35 - 01
Gebiets- Sportfest Nürnberg 1934 Metall III	50 Jahre Deutscher Ritterbund Nürnberg 1934 Metall II	Reichsparteitag 1935 Metall III

Nürnberg 35 - 02 Gruß aus Nürnberg Jubiläumsjahr 1835 - 1935 Metall III	Nürnberg 36 - 01 Reichsparteitag 1936 Metall III	Nürnberg 36 - 02 9. Bayr. Landes - Posaunentag Nürnberg 1936 Metall III
Nürnberg 36 - 03 14. Fränk. Sängerfest Nürnberg 1936 Metall II	Nürnberg 36 - 04 Tag der Technik Nürnberg 1936 9.- 11. Okt. Metall III	Nürnberg 37 - 01 Reichsparteitag 1937 Metall: a) geschwärzt b) silberfarbend II
Nürnberg 38 - 01 Reichsparteitag 1938 Metall: a) schwarz b) silb. c) bronz. II	Nürnberg 38 - 02 1. Wiedersehen Ehem. 9. Bay. Res. Feld- Artill. Regiment Nürnberg 29.1. 1938 Metall III	Nürnberg 39 - 01 Reichsparteitag 1939 Metall: a) schwarz b) silb. c) bronz. II
Nürnberg 39 - 02 Realgymnasium Nürnberg 1864 - 1939 Metall II	Nürnberg 39 - 03 5. Nürnberger Sängerwoche 1.- 2. Juli 1939 Metall III	Nürnberg 39 - 04 Nürnberg 1814 1939 IR 14 Metall V

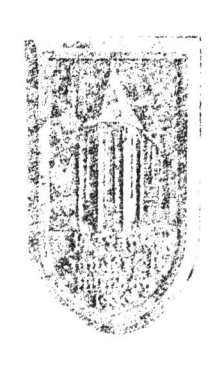

Nürnberg 39 - 05

Adolf Hitler Marsch der HJ
zum Reichsparteitag 1939
Metall   V

Nürnberg 39 - 06

NSFK Ausscheidungsfliegen
für Motorflugmodelle Nürnberg
Stadt der Reichsparteitage 23.7. 1939
Metall   V

Gliederung der Hitlerjugend

Reichsjugendführung

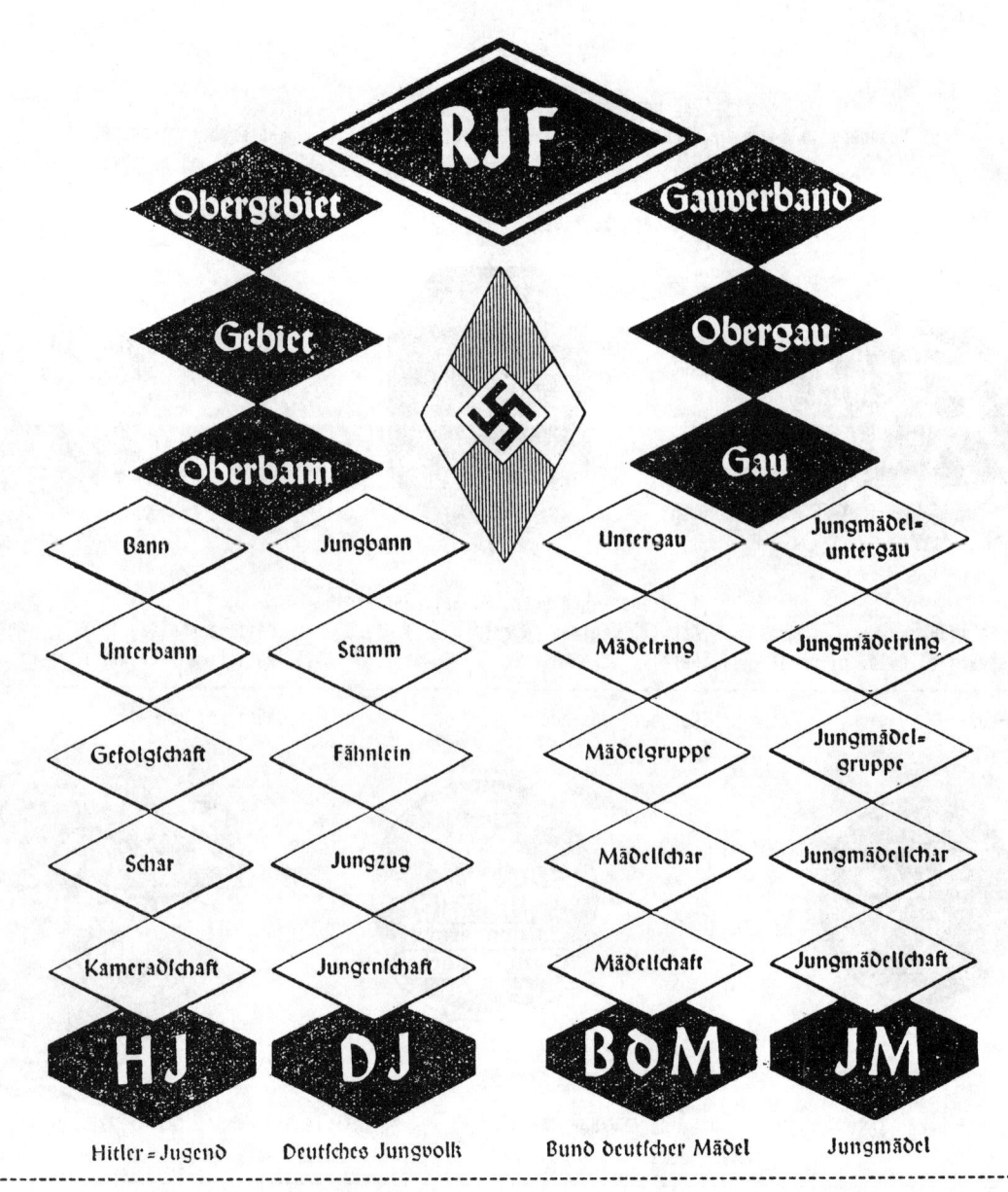

RJF

Obergebiet — Gauverband

Gebiet — Obergau

Oberbann — Gau

Bann	Jungbann	Untergau	Jungmädel-untergau
Unterbann	Stamm	Mädelring	Jungmädelring
Gefolgschaft	Fähnlein	Mädelgruppe	Jungmädelgruppe
Schar	Jungzug	Mädelschar	Jungmädelschar
Kameradschaft	Jungenschaft	Mädelschaft	Jungmädelschaft
HJ	**DJ**	**BDM**	**JM**
Hitler-Jugend	Deutsches Jungvolk	Bund deutscher Mädel	Jungmädel

Ober-Österreich 32 - 01 Gausturm Ob. Österr. 5. Juni 1932 Metall V	Oberammergau 34 - 01 Passionsspiele Oberammergau 1634 1934 Metall / emailliert IV	Oberbayern 00 - 01 Mit Kraft durch Freude in Oberbayern Kunststoff II
Oberbayern 00 - 02 mit K.d.F. in Oberbayern Holz II	Oberbayern 00 - 03 Mit Kraft durch Freude in Oberbayern Metall III	Oberbayern 35 - 01 Mit Kraft durch Freude 1935 in Oberbayern Metall II
Oberbayern 35 - 02 Mit Kraft durch Freude 1935 in Oberbayern Metall II	Oberbayern 36 - 01 Mit Kraft durch Freude 1936 in Oberbayern Metall III	Oberbayern 36 - 02 Oberbayr. Handw. Austell. 1936 Metall III
Oberbergischer Kreis 37 - 01 Kreistag der N.S.D.A.P. des Oberbergischen Kreises 1937 Metall III	Oberbergischer Kreis 39 - 01 Kreistag 1939 der N.S.D.A.P. Oberbergischer Kreis Kunststoff oh. Abb. III	Oberdonau 39 - 01 NSDAP Oberdonau 1939 Die ersten Kreistage Kunststoff in vielen verschied. Farben II

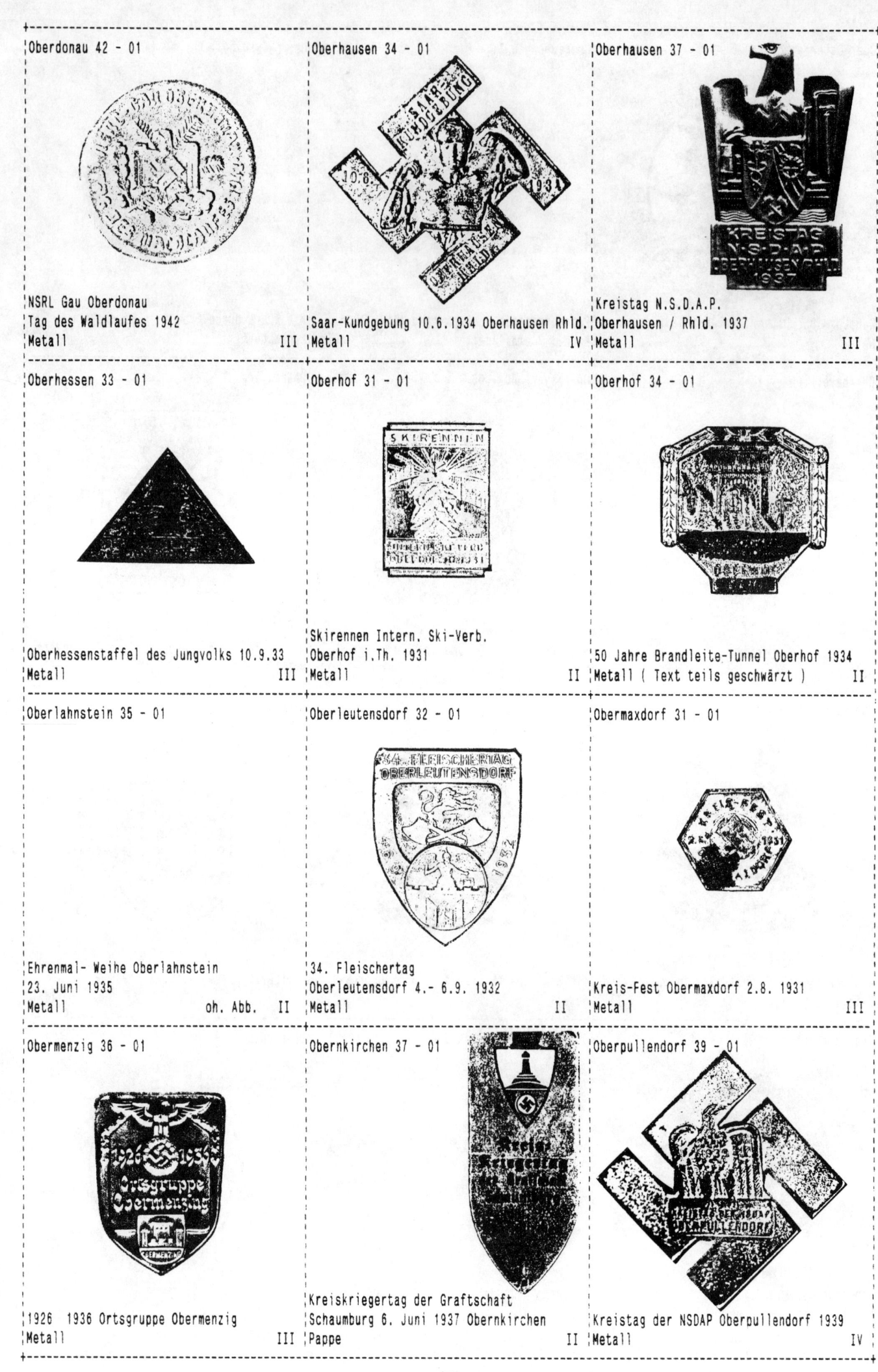

Oberdonau 42 - 01	Oberhausen 34 - 01	Oberhausen 37 - 01
NSRL Gau Oberdonau Tag des Waldlaufes 1942 Metall III	Saar-Kundgebung 10.6.1934 Oberhausen Rhld. Metall IV	Kreistag N.S.D.A.P. Oberhausen / Rhld. 1937 Metall III
Oberhessen 33 - 01	Oberhof 31 - 01	Oberhof 34 - 01
Oberhessenstaffel des Jungvolks 10.9.33 Metall III	Skirennen Intern. Ski-Verb. Oberhof i.Th. 1931 Metall II	50 Jahre Brandleite-Tunnel Oberhof 1934 Metall (Text teils geschwärzt) II
Oberlahnstein 35 - 01	Oberleutensdorf 32 - 01	Obermaxdorf 31 - 01
Ehrenmal- Weihe Oberlahnstein 23. Juni 1935 Metall oh. Abb. II	34. Fleischertag Oberleutensdorf 4.- 6.9. 1932 Metall II	Kreis-Fest Obermaxdorf 2.8. 1931 Metall III
Obermenzig 36 - 01	Obernkirchen 37 - 01	Oberpullendorf 39 - 01
1926 1936 Ortsgruppe Obermenzig Metall III	Kreiskriegertag der Graftschaft Schaumburg 6. Juni 1937 Obernkirchen Pappe II	Kreistag der NSDAP Oberpullendorf 1939 Metall IV

Oberschlesien 33 - 01	Oberschreiberau 36 - 01	Oberschützen 39 - 01
NSKK O./S. Zuverlässigkeitsfahrt durch O./S. Juli 1933 Metall IV	Wintersportkämpfe der Gliederungen der N.S.D.A.P. Oberschreiberau 29. Febr.- 1. März 1936 Metall III	Mahnmal Oberschützen 21. Mai 1939 Metall II
Oberstaufen 39 - 01	Oberstdorf 00 - 01	Oberstdorf 36 - 01
1939 Oberstaufen Metall III	Eissport - Club Oberstdorf Pappe II	Deutsche Skimeisterschaften Oberstdorf 14.- 19. Jan. 1936 Pappe II
Obertaunus 34 - 01	Oberursel 00 - 01	Oberursel 00 - 02
D.A.F. Obertaunus Kreis 21. 7. 1934 Pappe II	Nationales Wehrsport- Schiessen Oberursel - Taunus Metall II	2. Nationales Wehrsport- Schiessen Oberursel - Taunus Metall II
Oberursel 36 - 01	Oberwiesenfeld 35 - 01	Oberwiesenthal 34 - 01
Taunus- Wandertag Oberursel 1936 Material ? oh. Abb. II	N.S.Gem. "Kraft durch Freude" Grossflugtag Oberwiesenfeld 30. Mai 1935 Metall V	SA Skitreffen Gruppe Sachsen Oberwiesenthal 11.2. 34 Metall III

Oberwiesenthal 36 - 01 3. SA- Ski- Treffen Oberwiesenthal 1936 Metall III	Oberwiesenthal 37 - 01 SA- Gruppe Sachsen Oberwiesenthal 23.- 24. Januar 1937 4. SA-Ski-Treffen Oberwiesenthal 1937 Pappe Maße: 45 x 90 mm, * IV	Oberwiesenthal 38 - 01 SA- Skitreffen Gruppe Sachsen Oberwiesenthal 1938 Efoplast III
Oberwiesenthal 39 - 02 6. Sächsisches SA - Skitreffen Wettkämpfe der HJ u. des DRL Oberwiesenthal 1939 Pappe III	Odenthal 33 - 01 Ernte- Dankfest in Odenthal 9.9. 1933 Pappe II	Odernheim 30 - 01 21./.22. Juni 1930 Gau Odernheim Metall III
Oels 33 - 01 125 Jahr - Feier Jäger - Batl. 6 Oels - Schles. 1808 - 1933 Metall III	Oels 39 - 01 Kreistag NSDAP Oels SA- Sportkampftag Sta.- J.-6 11.6. 1939 Metall III	Oelsnitz 33 - 01 Sportfest d. Standarte 183 Oelsnitz i. Erzg. 1.u.2. Juli 1933 Metall oh. Abb. III
Oerlinghausen 34 - 01 55. Verbandsfest der Lipp. Freiw. Feuerwehren Oerlinghausen 9.- 10.6. 1934 Metall IV	Oerlinghausen 36 - 01 1036 900 Jahrfeier 1936 Bergstadt Oerlinghausen Metall II	Oerlinghausen 36 - 02 Oerlinghausen Osterfeuer 1936 Kunststoff III

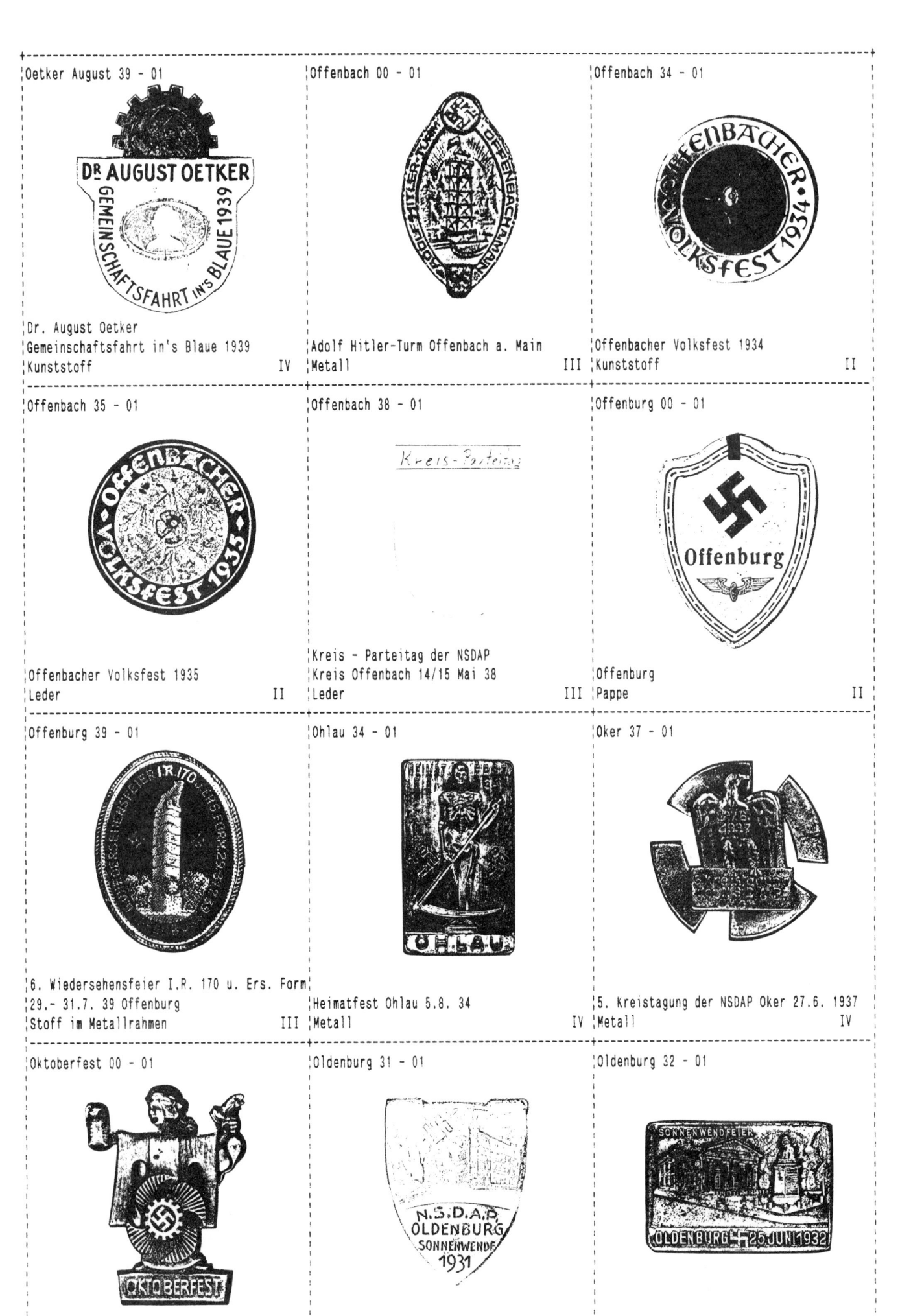

Oetker August 39 - 01	Offenbach 00 - 01	Offenbach 34 - 01
Dr. August Oetker Gemeinschaftsfahrt in's Blaue 1939 Kunststoff IV	Adolf Hitler-Turm Offenbach a. Main Metall III	Offenbacher Volksfest 1934 Kunststoff II
Offenbach 35 - 01	Offenbach 38 - 01	Offenburg 00 - 01
Offenbacher Volksfest 1935 Leder II	Kreis - Parteitag der NSDAP Kreis Offenbach 14/15 Mai 38 Leder III	Offenburg Pappe II
Offenburg 39 - 01	Ohlau 34 - 01	Oker 37 - 01
6. Wiedersehensfeier I.R. 170 u. Ers. Form 29.- 31.7. 39 Offenburg Stoff im Metallrahmen III	Heimatfest Ohlau 5.8. 34 Metall IV	5. Kreistagung der NSDAP Oker 27.6. 1937 Metall IV
Oktoberfest 00 - 01	Oldenburg 31 - 01	Oldenburg 32 - 01
Oktoberfest Metall II	N.S.D.A.P. Oldenburg Sonnenwende 1931 Metall III	Sonnenwendfeier Oldenburg 25. Juni 1932 Metall III

Oldenburg 33 - 01 Tag der erwachenden Nation Oldenburg 4.3.33 Metall III	Oldenburg 33 - 02 Sonnenwende Oldenburg 24.6. 1933 Metall III	Oldenburg 33 - 03 Oldenburger Kriegerbund 60 Jahrfeier 10.u.11. Juni 1933 Metall II
Oldenburg 33 - 04 Grossflugtag Oldenburg 20.3.33 Metall V	Oldenburg 34 - 01 Treue um Treue Vereidigung Oldenburg 25. II. 1934 Metall III	Oldenburg 34 - 02 91er Banntreffen Oldenburg 5.- 6. Mai 1934 Metall: a) golden b) silbern III
Oldenburg 35 - 01 NSKOV - Treffen Lewer dod as Sklav Oldenburg 16. Juni 1935 Metall: a) Weißblech III b) emailliert V	Oldenburg 35 - 02 "25" Kreis- Sängerfest Oldenburg 18. u. 19. Mai 1935 Metall III	Oldenburg 36 - 01 Deutschland erwache Oldenburg Standartentag 1936 Metall IV
Oldenburg 37 - 01 Gautag Weser - Ems in Oldenburg 29.- 30. Mai 1937 Metall: a) hohl b) massiv III	Oldenburg 38 - 01 125 Jahre Oldenb. Infanterie 1813 - 1938 Metall III	Oldenburg 39 - 01 1. NSRL Kreisfest Oldenbg.- Ostfriesl. in der Gauhauptstadt Oldenburg 10.11.6. 1939 Metall III

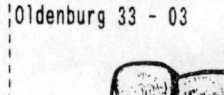

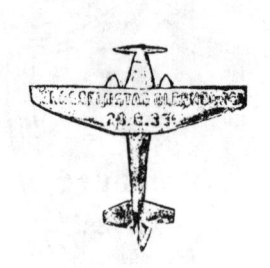

Oldesloe. Bad 33 - 01 2.7. 1933 Sportfest der NSDAP Bad Oldesloe Metall oh. Abb. III	Oliva 35 - 01 Deutscher Tag Oliva - Glettkau 7. Juli 35 Pappe II	Olpe Altenhundem 34 - 01 Kreisparteitag d. Kreises Olpe Altenhundem 16.- 17. 6. 1934 Metall III
Olsberg 33 - 01 Weihestunde der Arbeit Kreise: Brilon-Meschede in Olsberg 28. u. 29. Okt. 1933 N.S.B.O. D.A.F. Metall III	Olympiade 00 - 01 (Fackel) Stoff im Metallrahmen V	Olympiade 00 - 02 (Brandenburger Tor) Stoff im Metallrahmen V
Olympiade 00 - 03 (Glocke) Stoff im Metallrahmen V	Olympiade 00 - 04 Metall / emailliert verschied. Größen IV	Olympiade 35 - 01 Reichs-Sport Werbewoche 26.5.- 2.6. 1935 Ich rufe die Jugend der Welt Metall IV
Olympiade 36 - 01 Deutsches Olympia 1934 - 1936 Seidenbändchen III	Opladen 39 - 01 15 Jahre NSDAP Opladen 1924 12. April 1939 Kunststoff III	Oppeln 34 - 01 U. Gau O/S Amtswalter Vereidigung Oppeln 25. 2. 1934 Metall V

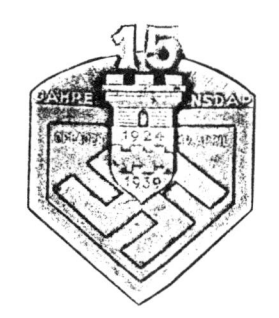

Oranienburg 34 - 01	Ort 32 - 01	Oschatz 32 - 01
DAF Kreistreffen Niederbarnim Oranienburg 26.8. 1934 Metall　　　　　　II	HW Heimatschutz Ort im Innkr. 1932 Metall　　　　　　II	Sonnenwendfeier Bezirk Oschatz- Grimma 25. Juni 1932 Metall　　　　　　II
Oschatz 33 - 01	Oschatz 33 - 02	Oschatz 34 - 01
Martin Mutschmann 1933 Ehrenbürger d. Stadt Oschatz 24.9. 1933 Metall　　　　　　III	Freiw. Feuerwehr Oschatz 1933 DFV 70 Metall　　　　　　III	Stahlhelm B.d.F. Oschatz 1924　1934 Metall　　　　　　III
Oschatz 34 - 02	Oschatz 35 - 01	Oschatz 36 - 01
Kyffhäuserbund Bez. Oschatz Potzdam-Berlin-Fahrt 15.5. 1934 Metall　　　　　　II	Reichssportwoche 26.5.- 2.6. 1935 Kreis Oschatz Pappe　　　　　　II	Wein - Werbe - Woche 1936 Hotel "Weißes Roß" Oschatz Pappe mit Seidenband　　　　　　II
Oschatz 36 - 02	Oschatz 37 - 01	Oschersleben 39 - 01
1896 - 1936 Wiedersehensfeier ehem. Oschatzer Realschüler Pappe　　　　　　II	Kreis Oschatz. Unser Wille ist Deutschlands Stärke 14.3.37 Metall　　　　　　III	Kreistag Oschersleben 10. u 11. Juni 1939 Kunststoff　　　　　　II

Osnabrück 00 - 01	Osnabrück 30 - 01	Osnabrück 31 - 01
Osnabrücker Schützen- u. Volks- Fest Auf der Schützenburg Metall — II	JANIFA Osnabrück 1930 Metall — II	76. Hauptversammlung des evgl. Vereins der Gustav Adolf- Stiftung Osnabrück 12.- 17. Sept. 1931 Metall — II
Osnabrück 32 - 01	Osnabrück 32 - 02	Osnabrück 32 - 03
Osnabrück Hitlertag 24.7. 1932 Metall — V	V.D.A. Jugendtreffen Osnabrück 27./ 28. Aug. 1932 Pappe — II	SA- Aufmarsch Osnabrück 17. Juli 1932 Metall — III
Osnabrück 33 - 01	Osnabrück 33 - 02	Osnabrück 33 - 03
Luthertag 1933 Osnabrück Metall — II	Gebiets- Aufmarsch Braune Messe Osnabrück 1933 Metall — III	N.S.D.A.P. Bezirkstag Beamtenabt. Osnabrück 12.- 13. 8. 1933 Metall — III
Osnabrück 33 - 04	Osnabrück 33 - 05	Osnabrück 33 - 06
Tag der Deutschen Arbeitsfront 20. Juli 1933 Osnabrück Papier * II	Jugendtag Bann 78 Osnabrück 1933 Metall — III	NSKOV Bezirkstreffen Osnabrück 1933 Metall — III

Osnabrück 34 - 01	Osnabrück 34 - 02	Osnabrück 34 - 03
Eintrittskarte Fest d. deutsch. Schule Osnabrück 16. Sept. 1934 20 Pfg. VDA Pappe II	1. Kreisturnfest Osnabrück 18.- 19.8. 34 Metall III	Regimentstag R.I.R. 92 28.- 30. 7. 34 Osnabrück Metall III
Osnabrück 36 - 01	Osnabrück 36 - 02	Osnabrück 38 - 01
30 Jahre 1906 1936 Osnabrück Metall V	Kreistag der NSDAP Osnabrück-Stadt 21.- 23. Aug. 1936 Leder III	Kreistag 1938 Kreis Osnabrück - Stadt Metall III
Osnabrück 39 - 01	Ostenfeld 33 - 01	Osterburken 00 - 01
Kreistag der NSDAP Osnabrück - Land 7.- 11. Juni 1939 Metall III	Adolf Hitler zur Natl. Erhebung Ostenfeld / R. 15. Oktober 1933 Metall II	4. Kreiskongress d. N.S.D.A.P. Osterburken den 10. Juni Metall III
Osterholz 34 - 01	Osterholz 38 - 01	Osternburg 30 - 01
Kreis - Parteitag Osterholz 1934 Porzellan V	N.S.D.A.P. Kreistreffen Osterholz 1938 Metall IV	Verbandsturnfest 1. Juni 1930. Osternburg i. Oldenb. Pappe II

Osterode 34 - 01	Osterode 34 - 02	Osterode 35 - 01
Handwerker- Tag Osterode Harz 1934 Papier * II	1. Kreisparteitag Kreis Osterode a. H. 30. Juni u. 1. Juli 1934 Metall II	N.S.D.F.B.St. Osterode am Harz 25./ 26.5. 1935 Metall III

Osterode 36 - 01	Osterode 37 - 01	Osterode 39 - 01
2. Kreistag Osterode 1.3.36 Gips im Metallrahmen III	N.S.D.A.P. Kreistag Osterode Harz 3.- 4.7.37 Metall III	Kreistag 1939 Osterode / Harz Kunststoff III

Osthannover 00 - 01	Osthannover 00 - 02	Osthannover 33 - 01
N.S.G. Kraft d. Freude Gau - Osthannover Lüneburger - Heide Stoff im Metallrahmen III	Lüneburger Heide NSG Kraft d. Freude Gau Osthannover Stoff im Metallrahmen III	Gautag Osthannover 1933 im Jahre der Nationalsozial. Erhebung Metall X

Osthannover 33 - 02	Osthannover 34 - 01	Osthannover 34 - 02
Gautag NS Frauenschaft Ost-Hannover 1933 Bakelite am Seidenband IV	1925 1934 Ost- Hannover Metall III	Gau- Parteitag der N.S. Volkswohlfahrt Gau Ost- Hannover Juni 1934 Mutter u. Kind Metall II

Osthannover 35 - 01	Osthannover 37 - 01	Osthannover 39 - 01
Zehn Jahre Gau Osthannover 1925 - 1935 Gautag 1935 Kunststoff III	Gautag Ost- Hannover der N.S.D.A.P. 1937 Leder III	Gautag Ost- Hannover 1939 Alluminium mit Leder, viele Farben V

Osthavelland 33 - 01	Ostmark 38 - 01	Ostmark 38 - 02
NSDSAP 1. Kreisparteitag Osthavelland 8.10. 1933 Metall IV	Gruppenwettkämpfe der SA Gruppe Ostmark 1938 Kunststoff III	Ostmark Landdienst der HJ 1938 Metall III

Ostmark 39 - 01	Ostmark-Oesterreich 38 - 01	Ostpreussen 00 - 01
Gruppenwettkämpfe der SA- Gruppe Ostmark Pappe II	Das jüngste Bollwerk des Gross-Deutschen Volksreiches Ostmark Oesterreich 12. März 1938 Metall IV	Bruderhilfe Ostpreussen Metall und Bernstein III

Ostpreussen 25 - 01	Ostpreussen 34 - 01	Ostpreussen 37 - 01
Stahlhelm-Tag Ostpreussen 23/24 Mai 1925 Metall IV	Gautag der NSBO Ostpreussen 1934 Metall III	1937 Ostpreussen Metall auf Bernstein V

Ostpreussen 38 - 01	Ostpreussen 39 - 01	Othmarschen 33 - 01
1928 Ostpreussen 1938 Metall und Bernstein — V	Einsatz im Osten ist Ehrendienst Ernteeinsatz in Ostpreussen 1939 Metall — V	Schlageter- Gedenkfeier Othmarschen 6.8. 1933 Metall — III
Ottersberg 36 - 01	Ottmachau 34 - 01	Ottobeuren 36 - 01
1000 Jahre Ottersberg 1936 Metall — II	Grenzlandsporttreffen Ottmachau 1.- 3. Juni 1934 Metall — III	Flugtag u. Schwäb. Segelfliegertreffen Ottobeuren 1936 Metall — V

Historische Antiquitäten

Europas bekannter Spezialist hilft Ihnen bei der Erweiterung Ihrer Sammlung.

Wir führen ständig im Angebot:
Orden & Ehrenzeichen, Historische Helme + Uniformen, Blankwaffen, Historische Porzellane + Kaisergeschenke, Gemälde mit histor. Motiven, Sammlungsstücke zu den Themen: Olympiaden, Marine + Luftfahrt, Studentika, Freimaurer, Allach-Porzellan, Cadinen, Reservistika, Polizei, Eisenbahn, Fachliteratur.

Fordern Sie unseren neuesten Spezialkatalog an.
Einzelkatalog für DM 10.–
Jahresabo DM 50.–
Spezial-Katalog 1. Orden + Ehrenzeichen, Urkunden, Blankwaffen, Militaria
Spezial-Katalog 2. Autographen, Politik, Militär-Geschichte
Spezial-Katalog 3. Antiquariats-Katalog, Militär, Geschichte, Politik, Plakate, Flugblätter, Graphik.

Verkaufsangebote jederzeit erwünscht

GALERIE D'HISTOIRE ANDRÉ HÜSKEN

Dammtorstraße 12, 2000 Hamburg 36
Telefon 0 40 / 34 31 31, Telefax 0 40 / 35 41 03

Postgirokonto Hamburg, Kto. 4 341 88 - 206
Deutsche Bank Hamburg, Kto. 4 992 541 (BLZ 200 700 00)

SCHÜTZEN SIE SICH VOR FÄLSCHUNGEN!
Lassen Sie Ihre Sammlungsstücke durch einen weltweit anerkannten Experten und Sachverständigen begutachten und prüfen.

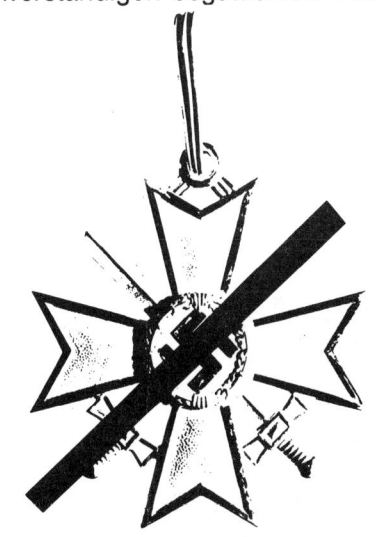

GALERIE D'HISTOIRE
André Hüsken

Dammtorstraße 12, 2000 Hamburg 36
Telefon 040/34 31 31, Telefax 040/35 41 03

Paderborn 34 - 01	Paderborn 36 - 01	Paderborn 37 - 01
HJ u. DJ Zeltlager Paderborn 19.- 27. 5. 34 Metall III	Provinzialfeuerwehrtag Westfalen Paderborn 26.- 27. 9. 36 Metall III	Westfalentag 1937 Paderborn Ton IV
Paderborn 37 - 02	Paderborn-Büren 39 - 01	Palm 38 - 01
Kreistreffen der NSDAP Paderborn 16. u. 17. Okt. 37 Metall III	Kreisaufmarsch der NSDAP Paderborn-Büren 1939 Kunststoff III	Palm - Ehrung 1938 Metall III
Palmbach 36 - 01	Paris 37 - 01	Parschnitz 30 - 01
50 jähr. Jubiläum verbunden mit 2. Fahnenweihe u. Freundschafts- Singen Gesangverein "Harmonie" Palmbach 13.,14.,15.6.36 Pappe I	Internationale Ausstellung Paris 1937 Metall IV	20. Gauturnfest Riesengb. Turngau Parschnitz 1930 Metall II
Pasewalk 33 - 01	Pasewalk 37 - 01	Passau 33 - 01
Pasewalk N.S.D.A.P. 1923 - 1933 Metall III	Pasewalk 21. Okt. 1937 Metall IV	1. Kriegsopfer Grenzland- Kundgebung u. Soldatentag Passau 8. Okt. 1933 Metall III

Passau 36 - 01	Passau 37 - 01	Passau 39 - 01
Gau - Sängerfest Passau 27.- 28. Juni 1936 Metall — III	Feuerwehrtag Passau 1937 Holz — III	Ilzer Haferlfest Passau 1939 Pappe — I
Peine 34 - 01	Peine 39 - 01	Pelkum-Wischerhöfen 36 - 01
Mai 1934 Jungbann Treffen Peine Metall — III	Kreistag Peine 10. u. 11. Juni 1939 Stoff im Metallrahmen — IV	10 Jahre NSDAP Pelkum-Wischerhöfen 1926 - 1936 Metall oh. Abb. III
Perleberg 00 - 01	Perleberg 32 - 01	Perleberg 33 - 01
Der Stahlhelm Bez. Gruppe Perleberg Pappe — III	Stahlhelm - Tag Perleberg 18.- 19. Juni 1932 Metall — III	Landbundtag Perleberg 10.9. 33 Metall — III
Perleberg 34 - 01	Petershagen 36 - 01	Pewsum 30 - 01
N.S.D.F.B. (Stahlhelm) Gautag Perleberg 15.- 16.9. 1934 Pappe — III	600 Jahrfeier Petershagen 1336 25. April 1936 12. Juli 1936 Metall — II	51. Vertreter- Tagung des Ostfr. Krieg.-Bundes 1.6. 1930 Pewsum Pappe — II

Pfaffstätten 36 - 01	Pfalz 00 - 01	Pfalz 33 - 01
Bezirksturnen Pfaffstätten 14.6.36 Metall II	DOEAV. Verband der Pfälz. Sektionen Metall / emailliert IV	Tag der Arbeit 1. Mai 33 NSBO Gau Pfalz NSDAP Metall II
Pfalz 33 - 02	**Pfalz 34 - 01**	**Pfalz 34 - 02**
Tag der Pfälz. Kriegsbeschädigten N.S.K.K. 20.8. 1933 Metall III	10 Jahre befreite Pfalz 9. Jan. - 12. Febr. 1924 - 1934 Metall II	Tag der Pfälz. Kriegsbeschädigten 24.6. 1934 Metall II
Pfalz 35 - 01	**Pfalz-Saar 00 - 01**	**Pfarrkirchen 33 - 01**
Johannisfeier 1935 der pfälz. Buchdrucker Material ? oh. Abb. II	K.d.F. Pfalz-Saar Metall oh. Abb. II	N.S.B.O. Fahnenweihe September 1933 Pfarrkirchen Metall II
Pfarrkirchen 35 - 01	**Pfarrkirchen 35 - 02**	**Pfarrkirchen 35 - 03**
Erster Kreisbauernthing Pfarrkirchen 1935 Metall IV	1860 1935 Erstes Kreisturnfest der niederbayr. Ostmark Pfarrkirchen 29.u.30. Brachmond (Juni) Metall III	Erstes Kreisturnfest der Niederbayrischen Ostmark verbunden mit 75 Jahrfeier des Turnvereins Pfarrkirchen 1860 am 29. u. 30. Brachet 1935 Pappe II

Pfarrkirchen 37 - 01	Pforzheim 32 - 01	Pforzheim 34 - 01
2. Kreisbauerntag Pfarrkirchen 1937 Metall　　　　　　III	SA SS Aufmarsch Pforzheim Juli 1932 Metall　　　　　　V	1. Badischer Kavallerie- Tag Pforzheim 8.- 11. Juni 1934 Metall　　　　　　III
Pforzheim 35 - 01	 Pforzheim 36 - 01	Pforzheim 37 - 01
14er Kameradentag u. Fahnenweihe Pforzheim 25. u. 26. Mai 1935 Metall　　　　　　III	Siedlungsweihe d. N.S.K.O.V. Kreistagung Pforzheim 24.5.36 Metall　　　　　　II	Gau XV D. DSB Badischer Sängerbund 75 Jähr. Jubiläum Pforzheim 1862　1937 28.- 30. August 1937 Metall　　　　　　III
Pfronten 00 - 01	Pfronten 34 - 01	Pfronten 35 - 01
Kraft durch Freude Pfronten　Allgäu Metall　　　　　　II	1. Kreis- Frauenturnen Pfronten 8. Juli 1934 Metall　　　　　　II	NSG Kraft d. Freude Pfronten 1935 Metall　　　　　　II
Pfullingen 37 - 01	Pillau 36 - 01	Pillnitz 34 - 01
1000 Jahre Pfullingen 23.- 26. Juli 1937 Metall　　　　　　II	300 Jahre Garnison Pillau 20.21.6. 1936 Metall　　　　　　III	57. Jahreshaupt- Vers. d. Gebirgs- V. für die Sächs. Schweiz in Pillnitz 15.- 16. Sept. 1934 Pappe: a) schwarze　b) braune Schrift　II

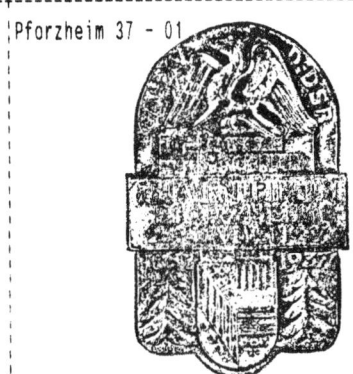

Pillnitz 38 - 01	Pinneberg 34 - 01	Pirmasens 30 - 01
Pillnitz an der Elbe 54. Kreisfeuerwehrtag 60 Jahre F.F. Pillnitz 4. September 1938 Stoff im Metallrahmen　　　　　III	Holsteiner Rosenfest 1934 Pinneberg - Rellingen Stoff im Metallrahmen　　　　　II	Endlich frei 1930 Süddeutscher Kavallerietag Pirmasens Metall　　　　oh. Abb.　　III
Pirmasens 33 - 01	Pirmasens 35 - 01	Pirmasens 36 - 01
450 Luthertag Pirmasens 10. Nov. 1933 Metall　　　　　　　　　II	Braune Messe Deutsche Woche Pirmasens 1935 Metall　　　　　　　　　III	Gauparteitag Pirmasens 25.10. 1936 Metall　　　　　　　　　III
Pirmasens 39 - 01	Pirna 34 - 01	Pitten 34 - 01
Tag der Wehrmacht Pirmasens 1939 Metall　　　　　　　　　III	Kyffhäuserbund Flaggenweihe Bez. Verb. Pirna 10.5. 1934 Metall　　　　　　　　　III	50 Jahre D.Tv. Pitten 1934 4. Turnbez. 3. Bezirks- Turnfest 1. Heuets Metall　　　　　　　　　III
Plaue 00 - 01	Plauen 33 - 01	Plauen 33 - 02
200 Jahrfeier Plauer Fischer - Innung Pappe　　　　　　　　　II	Sonnenwend Plauen 1933 Metall　　　　oh. Abb.　　II	1. Gebietstreffen der sächs. HJ Plauen i.V. 1923 - 1933 Metall　　　　　　　　　III

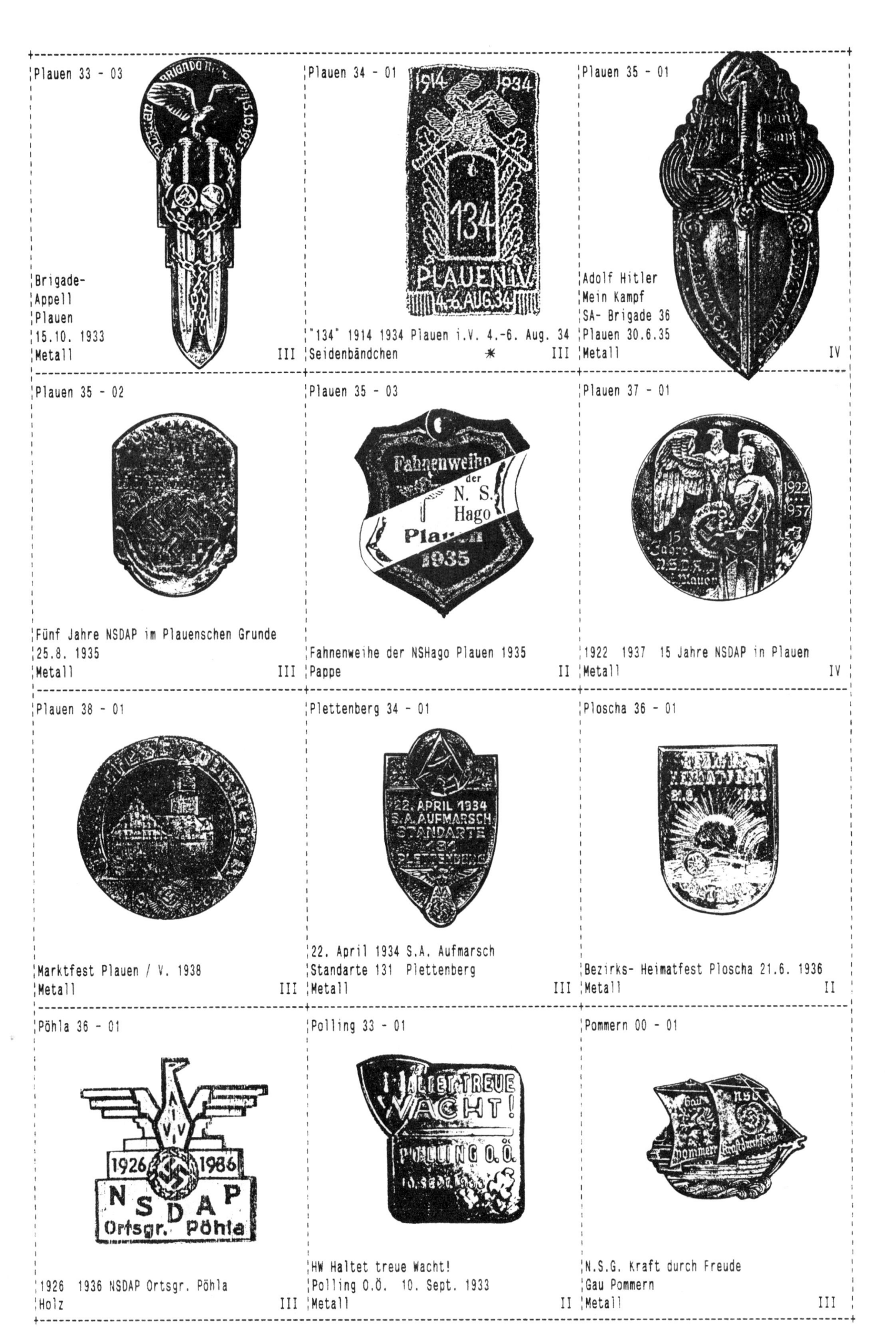

Plauen 33 - 03 Brigade-Appell Plauen 15.10. 1933 Metall — III	Plauen 34 - 01 "134" 1914 1934 Plauen i.V. 4.-6. Aug. 34 Seidenbändchen ✶ III	Plauen 35 - 01 Adolf Hitler Mein Kampf SA- Brigade 36 Plauen 30.6.35 Metall — IV
Plauen 35 - 02 Fünf Jahre NSDAP im Plauenschen Grunde 25.8. 1935 Metall — III	Plauen 35 - 03 Fahnenweihe der NSHago Plauen 1935 Pappe — II	Plauen 37 - 01 1922 1937 15 Jahre NSDAP in Plauen Metall — IV
Plauen 38 - 01 Marktfest Plauen / V. 1938 Metall — III	Plettenberg 34 - 01 22. April 1934 S.A. Aufmarsch Standarte 131 Plettenberg Metall — III	Ploscha 36 - 01 Bezirks- Heimatfest Ploscha 21.6. 1936 Metall — II
Pöhla 36 - 01 1926 1936 NSDAP Ortsgr. Pöhla Holz — III	Polling 33 - 01 HW Haltet treue Wacht! Polling O.Ö. 10. Sept. 1933 Metall — II	Pommern 00 - 01 N.S.G. Kraft durch Freude Gau Pommern Metall — III

Pommern 00 - 02 Alte Garde NSDAP Pommern Metall IV	Pommern 33 - 01 NSDAP Gautag Pommern 1933 Metall V	Pommern 35 - 01 2. Pommerscher Landesbauerntag 1935 Metall III
Pommern 37 - 01 Sport-Wettkämpfe der SA - Gruppe Pommern 10.- 11. 7. 1937 Metall III	Pommern 38 - 01 NSDAP Gautag Pommern 1938 Kunststoff IV	Pommern 39 - 01 Gau Kultur Tage Pommern 1939 Kunststoff III
Pommern 39 - 02 Wettkampftage der SA Gruppe Pommern 1939 Kunststoff III	Pommerndorf 31 - 01 Bez. Turnfest Pommerndorf 1931 Metall II	Poschetzau 38 - 01 Volks u. Kinderfest Poschetzau 15.V. 1938 Metall II
Pössneck 34 - 01 Kreistag in Pössneck 3. juni 1934 Metall III	Pössneck 35 - 01 50 Jahre Haus u. Grundbesitzer Ver.e.V. Pössneck u. Landesverbandstagung d. Thür. Haus u. Grundbesitzer 1935 in Pössneck Metall III	Posttreffen 37 - 01 Posttreffen 1937 Metall III

Potsdam 33 - 01 Niedersächs. Fussart.- Regt. 10 Regimentstag 14.u.15. Okt. 33 Potsdam Metall III	Potsdam 33 - 02 Pr. Landes - Kriegerverband Potsdam 1933 Stoff im Metallrahmen III	Potsdam 34 - 01 21. März 1933 21. März 1934 Potsdam Metall: a) silber b) bronzefarbend III
Potsdam 34 - 02 Ein Volk Ein Reich Ein Führer 21. März Potsdam 1933/34 Metall III	Potsdam 34 - 03 2. Reichstreffen Potsdam 1934 1916 Kumbuke Deutsch Ostafrika Metall V	Potsdam 35 - 01 Frontsoldaten u. Kriegsopfer- Ehrentag Potsdam 4.9.35 Metall II
Potsdam 36 - 01 Gautag d. Kurmark Potsdam 19.- 21. Juni 1936 Metall: a) bronze b) silber III	Potsdam 36 - 02 Aufmarsch u. Sportfest Bann 35 Jungbann 1/35 Potsdam 1936 Metall III	Potsdam 39 - 01 Gau Mark Brandenburg Gautag Potsdam 1939 Metall III
Prag 35 - 01 Kulturtag Prag 5.- 7.VII. 1935 Metall II	Prag 37 - 01 BdD Bundesbezirk Prag 10.Oktoberfest 1937 Holz II	Predigtstuhl 41 - 01 Predigtstuhl- Staffellauf 1941 Metall II

Pressburg 41 - 01	Pressnitz 34 - 01	Pressnitz 37 - 01
Sportfest der deutschen Jugend Pressburg 15. VI. 41 Kunststoff II	Völkisch. Turnertreffen im Erzg. Pressnitz 21.- 22. H. 1934 Metall II	SdP Pressnitz 1937 Metall III
Probstheida 37 - 01	**Prösen-Wainsdorf 33 - 01**	**Prüm 37 - 01**
Heimatfest Probstheida 14.- 15. August 1937 Nitroplast II	NSDAP Ortsgruppe Prösen - Wainsdorf Fahnenweihe 1933 Metall III	N.S.K.O.V. Siedlung Prüm 1937 Holz III
Pürstein 37 - 01	**Pyritz 39 - 01**	
5. Egertal Heimatfest Pürstein Pfingsten 1937 Karton mit Trageband II	NSDAP Kreistreffen Pyritz 1939 Kunststoff III	

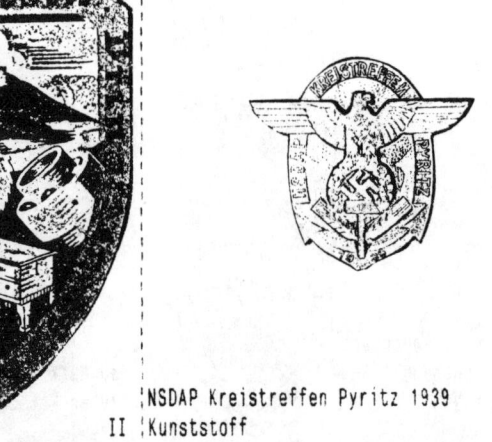

Reinhard Tieste   Belgarder Str. 5   2820 Bremen 77

WINTERHILFSWERK

Gesucht wird alles, von einzelnen Gauabzeichen, über Sammelbüchsen, Plakaten, Emailleschildern, Tellern, Medaillen, Hortungsposten und ganzen Sammlungen.

Quakenbrück 33 - 01

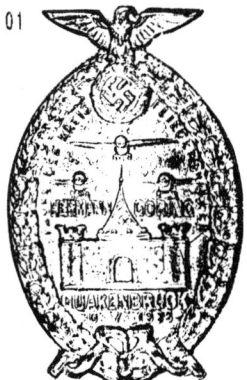

Taufe der Kreisfliegerstaffel
Hermann Göring   Quakenbrück 30.7. 1933
Metall   IV

Quakenbrück 35 - 01

700 Jahre Burgmannstadt
Quakenbrück 24.- 26.8. 1935
Metall   II

Quakenbrück 39 - 01

350 jähr. Jubelfest Quakenbrücker
Schützenverein e.V. 2.- 9. July 1939
Kunststoff   II

Quedlinburg 36 - 01

Heinrich König
der Deutschen
919 - 936
Quedlinburg 2. Juli 1936
Metall   X

Quedlinburg 36 - 02

Staatsfeier
z. 1000. Todestag König Heinrich I
Reiterspiele Quedlinburg 2. 7. 1936
Metall   III

Quedlinburg 39 - 01

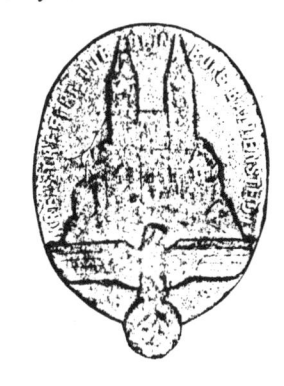

Kreistreffen Quedlinburg Ballenstedt 1939
Preßpappe   III

Querfurt 39 - 01

D.J. kreisappell   Querfurt 1939
Metall   III

Speziell Deutschland

Ankauf · Verkauf · Tausch
Beratung · Expertisen

Ständig im Angebot:

Gute Orden, Ehrenzeichen, Abzeichen, Urkunden, Ausweise,
Bücher, Fachliteratur, Uniformen, Kopfbedeckungen,
Effekten, Elastolin, etc.

Suchwunsch-Service und Unbegrenzte Originalitäts-Garantie.

4 Kataloge im Jahr zum Abo-Preis von DM 15,–

Detlev Niemann

Bauernvogtkoppel 1c · D-2000 Hamburg 65
Telefon 040 – 60 10 8 99

Raab 33 - 01	RAD 34 - 01	RAD 38 - 01
HW 1933 Schießstand-Eröffnung Raab i.I. Metall II	Reichswerbetag 15.7. 1934 Metall III	RAD Abt. 8/304 Lagereinweihung 29. 5. 38 Metall III
Radfahrer 33 - 01	Radkersburg 30 - 01	Radkersburg 38 - 01
Tag des Deutschen Radfahrers 1933 Metall II	Befreiungsfeier Radkersburg "Der Teufel selber räumt das Feld wo deusche Treue Schildwach hält" 26.7. 1920 26.7. 1930 Metall III	7.8.1938 Treffen der Putschisten und Freiheitskämpfer in Radkersberg Metall IV
Radolfzell 36 - 01	Rahnsdorf 34 - 01	Rain 00 - 01
"185" Radolfzell 6.7.u.8. 6. 1936 Metall III	Heimatwoche Rahnsdorf 1934 Metall III	Sturm 36 / IV / 10 Fahnenübergabe Rain a. Lech Metall III
Ransbach 34 - 01	Rantzau 39 - 01	Raspenau 35 - 01
Bundes Flaggen Weihe Ransbach 1934 Pappe II	Strandfest am Rantzauer See 2. Juli 1939 Efoplast II	Frauen - Gauturnfest Raspenau, 13.- 16. Heuet 1935 Metall II

Rastatt 33 - 01	Rastatt 34 - 01	Rastatt 35 - 01
Werbetag der N.S.K.K. u. Motor SA in Rastatt 14.5.33 Metall III	10. 112er Tag Rastatt 7.u.6. Juli 1934 Metall II	45. Pionier Tag 1935 in Rastatt Metall III
Rastatt 37 - 01	Rastatt 41 - 01	Rastenberg 37 - 01
Regimentstag ehem. 111er Rastatt 1937 85 Jähr. Reg. Jubiläum verb. mit Ehrenmalweihe Metall III	Bann - Untergau - Sportfest - 1941 Rastatt 21.- 22.6 Metall IV	Brunnen- Fest Rastenberg 1937 Papier * II
Rastenberg 37 - 02	Rathenow 37 - 01	Ratibor 34 - 01
Brunnen-Fest Rastenberg 1937 Pappe II	NSDAP Rathenow-Westhavelland 3.- 4.7. 1937 Metall III	1925 1934 NSDAP U. Gau O/S Kongress Ratibor Porzellan V
Ratzeburg 36 - 01	Ravensburg 37 - 01	RDB 33 - 01
Goldene Konfirmation Ratzeburg 27.9. 1936 Seidenbändchen * II	1. Kreisfes 1937 Kreis 7 Oberschwaben in Ravensburg Metall III	RDB GdDA RDB 18.5.- 30.6. 1933 Metall IV

Recklinghausen 33 - 01	Recklinghausen 36 - 01	Recklinghausen 39 - 01
Fahnenweihe Recklinghausen Oktober 1933 Metall III	Kreistreffen NSDAP Recklinghausen 22. März 1936 Metall III	NSDAP Kreistreffen Recklinghausen 1939 Kunststoff III
Regensburg 30 - 01	Regensburg 33 - 01	Regensburg 33 - 02
Bund der Frontsoldaten Bayerischer Stahlhelmtag Regensburg 15. Juni 1930 Metall III	N.S.B.O. Generalappell Gau Bayr. Ostmark Regensburg Okt. 1933 Metall III	Gautag Bayer. Ostmark Regensburg Pfingsten 1933 Metall III
Regensburg 33 - 03	Regensburg 34 - 01	Regensburg 35 - 01
NSKK Motorsport - Tag Regensburg 1933 Metall III	Kreistag Regensburg 1934 Metall IV	Landestagung Bayer. Kleingärtner u. Kleinsiedler Regensburg 1935 Metall II
Regensburg 38 - 01	Regimentsappell 36 - 01	Regimentstag 34 - 01
Regensburg Sommerfest 1938 Kunststoff III	75er Regimentsappell 19.- 20. Sept. 1936 Metall III	4. Regimentstag d. Königs- Ulanen u. Ihrer Ers. Formationen am 2. u. 3. Juni 1934 Metall III

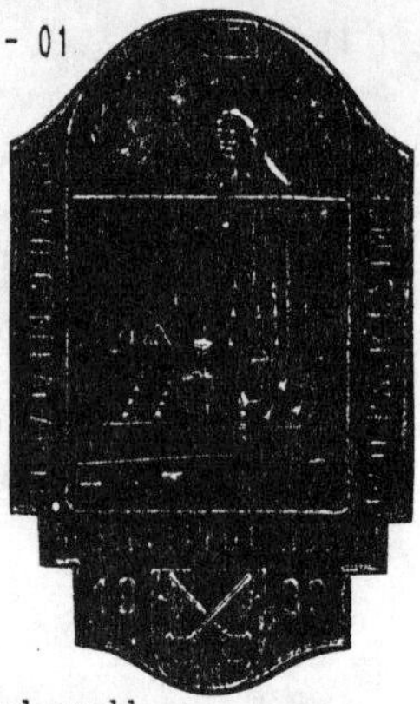

Rehburg, Bad 35 - 01	Reibersdorf 27 - 01	Reichenau 31 - 01
1. Kreistreffen des Kr. Nienburg-W. des N.S.D.F.B./Stahlhelm Bad Rehburg 2.6.1935 Metall — III	Bezirkssporttag "Stahlhelm" Zittau – Land 3.u.4. Sept. 1927 Reibersdorf Metall — III	2. Bezirksturnfest Reichenau 4.5. 7. 1931 Metall — II
Reichenbach 38 - 01	**Reichenberg 34 - 01**	**Reichenberg 37 - 01**
Stadt Reichenbach a/L 1238 1938 700 Jahre Glas — II	Wehrtage Reichenberg 28.- 30.IX. 1934 Metall — II	SdP Reichenberg 1937 Metall — II
Reichenberg 37 - 02	**Reichenhall 33 - 01**	**Reichenhall, Bad 40 - 01**
3. Sudetendeutsches Sängerbundesfest Reichenberg 26.- 29.6. 1937 Metall — II	Kriegsopfertag Reichenhall Tittmoning 20. VIII. 1933 Metall — III	100 Krieger- Kameradschaft Bad Reichenhall 1840 28. 4. 1940 Pappe — III
Reichersberg 31 - 01	**Reichs-Sportwerbewoche 35 - 01**	**Reichsautobahn 00 - 01**
Wimpel - Weihe u. Inselfest Reichersberg Mai 1931 Metall — II	Reichs - Sportwerbewoche 26. Mai – 2. Juni 1935 Metall — III	Reichsautobahn 2000 km Metall — IV

Reichsautobahn 00 - 02	Reichsautobahn 36 - 01	Reichsbahn 00 - 01
3000 km Reichsautobahn Metall IV	1000 km Reichsautobahn 1936 Metall IV	Deutsche Reichsbahn Metall II
Reichsbahn 35 - 01	Reichshubertusfeier 37 - 01	Reichstagswahl 33 - 01
10 Jahre Reichsbahn S.V. 1925 - 1935 Metall IV	Reichshubertusfeier 1937 Leder III	Sieg Heil Reichstagswahl 5. März 1933 Metall III
Reinfeld 36 - 01	Reit im Winkl 40 - 01	REK 00 - 01
750 Jahrfeier 1186 1936 Der Stadt Reinfeld i. Holst. Stoff im Metallrahmen II	Haslberger Gedächtnisspringen Reit im Winkl 1940 Metall III	Neuwerden Freiwerden REK Metall III
Remscheid 33 - 01	Rendsburg 33 - 01	Rendsburg 33 - 02
Industrie Handwerk Gewerbe Handel Braune Messe Remscheid 1933 Metall III	Schleswig-Holstein Nordschleswig Grenzlandkundgebung Rendsburg 18.Juni 1933 Metall II	3 Jahre Hitler Jugend Rendsburg 23./ 24.9. 1933 Metall III

Rendsburg 33 - 03 Deutsche Arbeitsfront N.S.B.O. Rendsburg 27.8.1933 Metall — III	**Rendsburg 34 - 01** Liederfest Rendsburg 1934 Metall — II	**Reutlingen 00 - 01** 75 Jahre Technikum Reutlingen Stoff im Metallrahmen — III
Reutlingen 33 - 01 1845 1933 90. Gründungsfest Turngemeinde Reutlingen 24.- 25. Juni Metall oh. Abb. II	**Reutlingen 35 - 01** Kavallerie Kameradschaft Reutlingen Standartenweihe 1935 Metall — III	**Reutte 43 - 01** Kreisschiessen Reutte 1943 Metall oh. Abb. III
Reutte 44 - 01 Reutte 1944 kreisschiessen Georg Schieferer Ernberg 1703 Metall * IV	**Rheine 34 - 01** HJ Bann 263 Rheine am 4.- 5. VIII. 34 Metall oh. Abb. III	**Rheine 34 - 02** "Deutsch die Saar" Saarkundgebung Rheine 2.4.1934 Metall — III
Rheinisch-Bergischer Kreis 35 - 01 Kreistag Rheinisch-Bergischer Kreis 1935 Metall — III	**Rheinpfalz 00 - 01** K.D.F. Rheinpfalz Metall — II	**Rheinpfalz 32 - 01** Kampf und Opfer 31. Juli 1932 Gau Rheinpfalz Metall — III

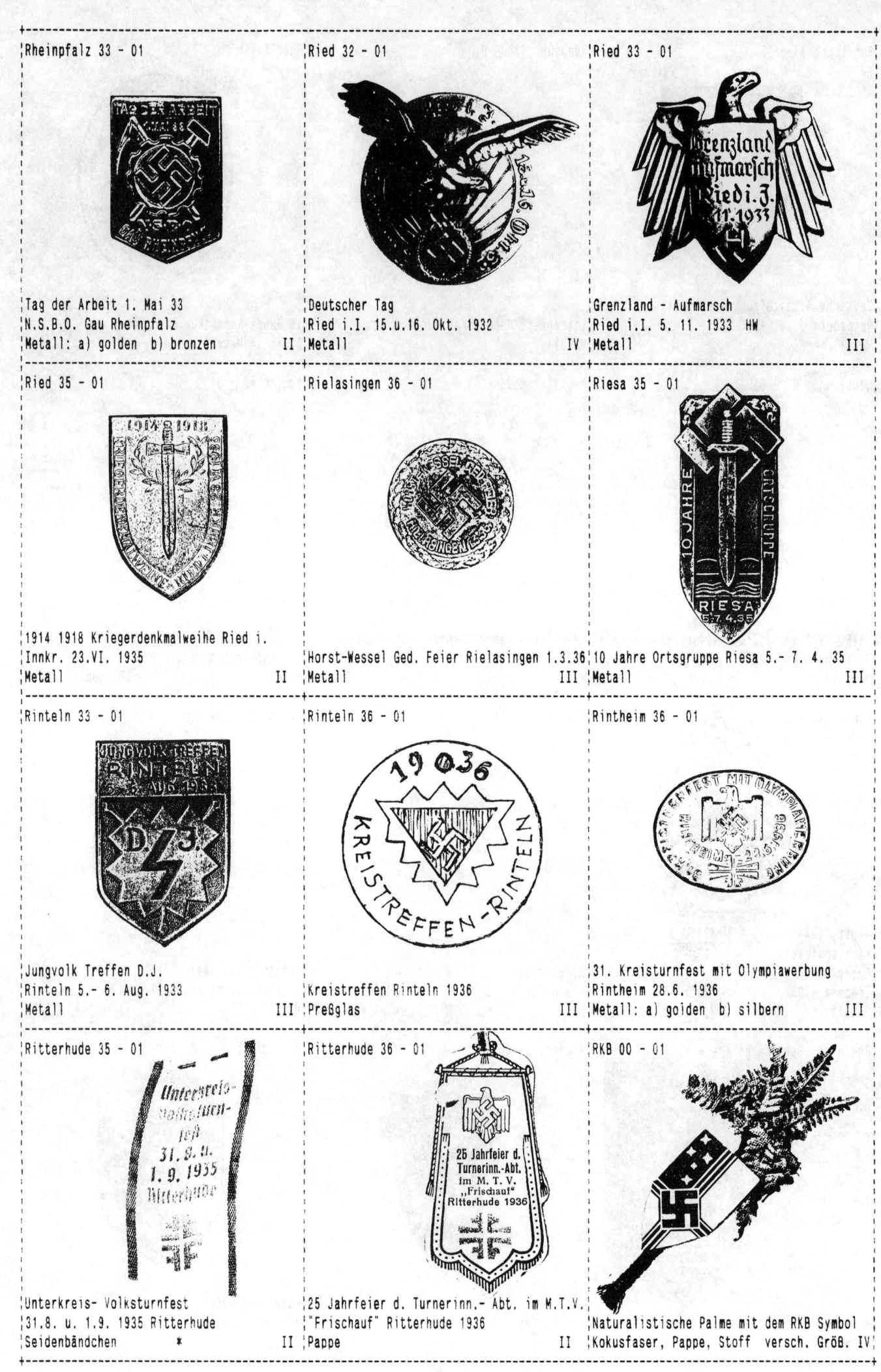

Rheinpfalz 33 - 01 Tag der Arbeit 1. Mai 33 N.S.B.O. Gau Rheinpfalz Metall: a) golden b) bronzen II	Ried 32 - 01 Deutscher Tag Ried i.I. 15.u.16. Okt. 1932 Metall IV	Ried 33 - 01 Grenzland - Aufmarsch Ried i.I. 5. 11. 1933 HW Metall III
Ried 35 - 01 1914 1918 Kriegerdenkmalweihe Ried i. Innkr. 23.VI. 1935 Metall II	Rielasingen 36 - 01 Horst-Wessel Ged. Feier Rielasingen 1.3.36 Metall III	Riesa 35 - 01 10 Jahre Ortsgruppe Riesa 5.- 7. 4. 35 Metall III
Rinteln 33 - 01 Jungvolk Treffen D.J. Rinteln 5.- 6. Aug. 1933 Metall III	Rinteln 36 - 01 Kreistreffen Rinteln 1936 Preßglas III	Rintheim 36 - 01 31. Kreisturnfest mit Olympiawerbung Rintheim 28.6. 1936 Metall: a) golden b) silbern III
Ritterhude 35 - 01 Unterkreis- Volksturnfest 31.8. u. 1.9. 1935 Ritterhude Seidenbändchen *	Ritterhude 36 - 01 25 Jahrfeier d. Turnerinn.- Abt. im M.T.V. "Frischauf" Ritterhude 1936 Pappe II	RKB 00 - 01 Naturalistische Palme mit dem RKB Symbol Kokusfaser, Pappe, Stoff versch. Größ. IV

RLB 00 - 01	RLB 00 - 02	RLB 00 - 03
Luftschutz tut not Metall — II	RLB Luftschutzspende Metall — III	Luftschutz - Werbung Metall — IV
Rochlitz 34 - 01	Rochlitz 35 - 01	Rodach 33 - 01
Kreisturnfest Rochlitz 1934 Metall — III	Friedrich-August-Turm 1860 Rochlitzer Berg 1935 Holz — III	Kreistag der N.S.D.A.P. in Rodach 1. u. 2. Juli 1933 Metall — II
Rodewisch 32 - 01	Ronneburg 33 - 01	Ronnenberg 30 - 01
Deutscher Tag Rodewisch 18.- 19.6. 1932 Metall — IV	Fahnenweihe NSDAP Ronneburg 16. Juli 1933 Metall — III	530 - 1930 1400 Jahre Ronnenberg 15.- 17. Juni 1930 Metall — II
Rorschach 39 - 01	Rosenheim 29 - 01	Rosenheim 30 - 01
Sängertag 1939 Rorschach Papier unter Zelluloid im Metallrahmen II	1. Oberbayerischer Gautag in Rosenheim 1929 Metall — V	Erinnerung an den grossen Trachtenaufmarsch in Rosenheim 17.3. 1930 Metall — II

Rosenheim 33 - 01 NSBO Kreistagung Rosenheim 11. 6. 1933 Metall　　　　　III	Rosenheim 35 - 01 1920 NSDAP 1935 15 Jahre Ortsgruppe Rosenheim Metall　　　　　III	Rostock 00 - 01 Volksdag Rostock　Fritz Reuter Metall　　　　　II
Rostock 34 - 01 Gautagung Vereidigung der Pol. Leiter Rostock 24.- 25.2. 1934 NSDAP Gau Mecklbg.- Lübeck Metall　　　　　V	Rostock 34 - 02 90er Bannaufmarsch Rostock 14.15. Juli 1934 Metall　　　　　III	Rostock 34 - 03 Kreistagung Kreis Rostock 6. u. 7. 10. 1934 Metall　　　　　III
Rostock 35 - 01 2. Rostocker Kulturwoche 23.- 30. Juni 1935 Metall　　　　　II	Rostock 36 - 01 3. Kulturwoche der Seestadt Rostock 20.- 27. September 1936 Metall　　　　　III	Rostock 38 - 01 N.S.D.A.P. Gau Mecklenburg Kreistag 1938 kreis Rostock - Stadt Metall　　　　　III
Roßwein 34 - 01 Roßweiner Schulfest 1934 Holz　　　　　II	Rotenburg 00 - 01 10 Jahre N.S.D.A.P. Ortsgruppe Rotenburg / Hann. Metall　　　　　III	Rotenburg 36 - 01 N.S.D.A.P. Kreistreffen in Rotenburg am 16. u. 17.5. 1936 Metall　　　　　III

Rotenburg 38 - 01	Roth 33 - 01	Roth 39 - 01
III. Kreistreffen Rotenburg / Hann. 21. u. 22. Mai 1938 Metall — III	Horst Wessel Ehrenalweihe Roth bei Nürnberg 10. Sept. 1933 Metall — III	Rother Kirchweih 12.- 15. . 1939 Metall — II
Rötha 36 - 01	Rötha 37 - 01	Rothenburg 33 - 01
25 Jahrfeier Verein Röthaer Kegler u. Umg. 1911 - 1936 Seidenbändchen * I	SA Reit u. Fahr Turnier Rötha 30. Mai 1937 Metall oh. Abb. III	S.A. Sportfest Sturmbann III/19 Rothenburg o.T. 1. Okt. 1933 Pappe III
Rothenburg 36 - 01	Rothenburg 39 - 01	Rottach-Egern 37 - 01
Rothenburg O T 1936 Metall — II	Rothenburg ob der Tauber 1939 Metall — II	Deutsche Skimeisterschaft 1937 Rottach-egern am Tegernsee Metall / emailliert V
Rottenburg 36 - 01	Rüdersdorf 34 - 01	Rüdesheim 36 - 01
Kreisturnfest Kreis Achalm Rottenburg N. Juli 1936 Metall — II	1. Rüdersdorfer Bergfest im Dritten Reich 25.- 27.8. 1934 Metall — IV	Deutsches Rotes Kreuz 3. Mai 1936 50 Jahre Sanitätshalbzug Rüdesheim Pappe III

Rudolstadt 33 - 01	Rudolstadt 34 - 01	Rudolstadt 36 - 01
HJ Thüringen Rudolstadt 1933 Metall: a) silber b) bronzefarbend II	SA - Brigade Treffen Rudolstadt (Thür.) 29.IV. 1934 Metall V	Kreistag Rudolstadt NSDAP 20./21.6.36 Metall III
Rudolstadt 39 - 01	Rügendamm 36 - 01	Ruhr-Niederrhein 37 - 01
Leistungsschau d. Thür. Hitler Jugend Rudolstadt Juni 1939 Metall oh. Abb. III	Erste Eisenbahnfahrt über den Rügendamm Metall III	Sporttag 1937 Obergau Ruhr-Niederrhein Metall III
Rundfunkteilnehmer 35 - 01	Rüppurr 33 - 01	Rüsselsheim 37 - 01
Sommerfest 22.7. 1935 Reichsverband Deutscher Rundfunk-Teilnehmer e.V. Seidenbändchen * II	NSDAP Ortsagr. Rüppurr Fahnenweihe 1933 Metall III	1437 1937 500 Jahrfeier Stadt u. Festung Rüsselsheim a.M. Metall III

Reinhard Tieste   Belgarder Str. 5   2820 Bremen 77

TAGUNGSABZEICHEN - ANGEBOT

```
10 verschiedene Abzeichen        DM    50.-
50 verschiedene Abzeichen        DM   550.-
100 verschiedene Abzeichen       DM  1500.-
```

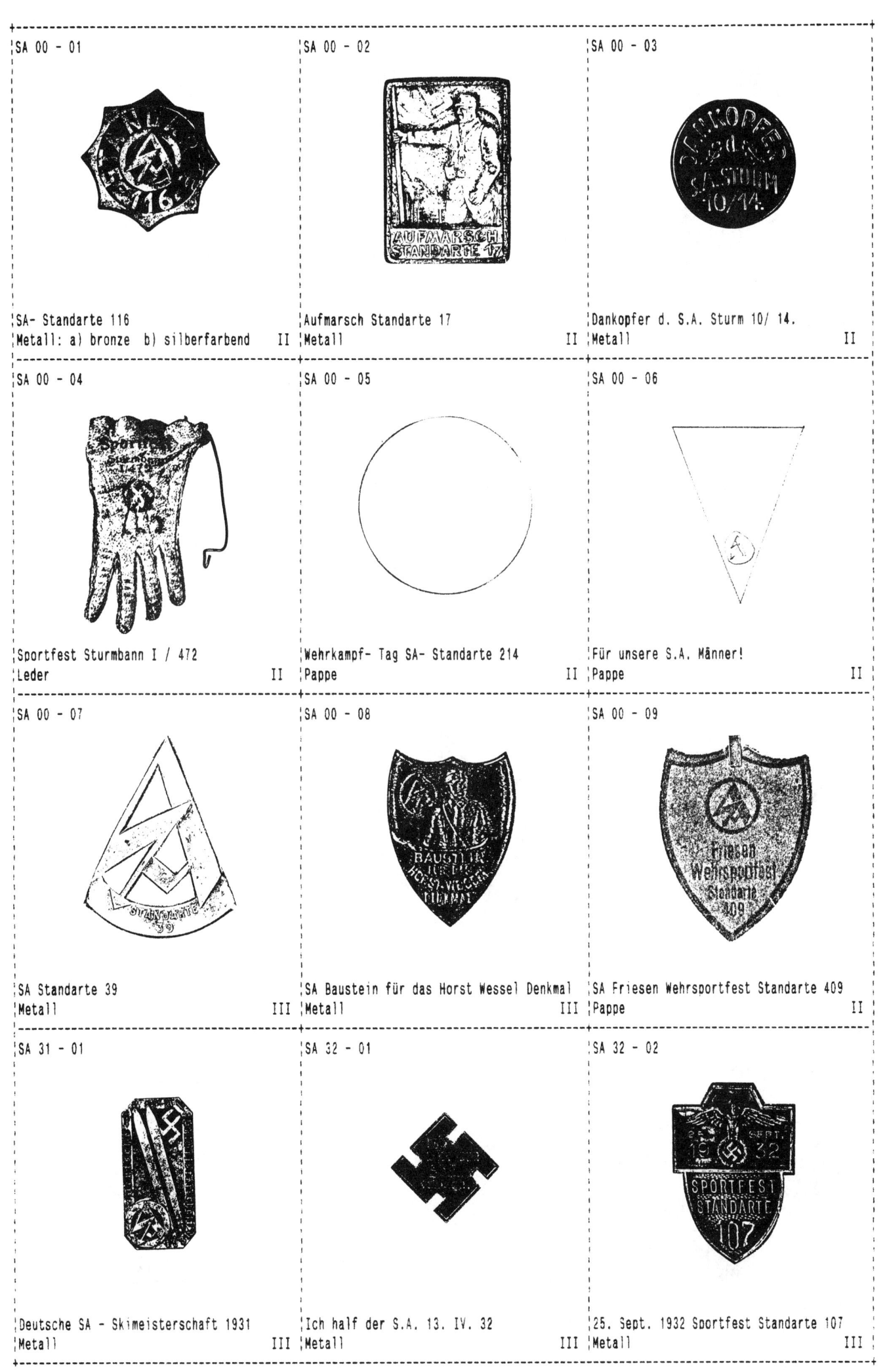

SA 00 - 01	SA 00 - 02	SA 00 - 03
SA- Standarte 116 Metall: a) bronze b) silberfarbend II	Aufmarsch Standarte 17 Metall II	Dankopfer d. S.A. Sturm 10/ 14. Metall II
SA 00 - 04	SA 00 - 05	SA 00 - 06
Sportfest Sturmbann I / 472 Leder II	Wehrkampf- Tag SA- Standarte 214 Pappe II	Für unsere S.A. Männer! Pappe II
SA 00 - 07	SA 00 - 08	SA 00 - 09
SA Standarte 39 Metall III	SA Baustein für das Horst Wessel Denkmal Metall III	SA Friesen Wehrsportfest Standarte 409 Pappe II
SA 31 - 01	SA 32 - 01	SA 32 - 02
Deutsche SA - Skimeisterschaft 1931 Metall III	Ich half der S.A. 13. IV. 32 Metall III	25. Sept. 1932 Sportfest Standarte 107 Metall III

SA 33 - 01 SA- Herbst - Parade 1933 Brigade M.O. Metall IV	SA 33 - 02 Erstürmung des Annaberges 1821 SA Aufmarsch 1933 Metall III	SA 33 - 03 Skimeisterschaft 1933/34 SA Brigade 86 Metall III
SA 33 - 04 23.7. 1933 Sportfest Sturmbann III 107 Metall III	SA 34 - 01 SA- Sportwettkampf Sturmbann II / 29 3. u. 10. Juni 1934 Metall II	SA 34 - 02 SA- Brigade 77 Besichtig. d. Stabschef Röhm 13. Mai 1934 Metall II
SA 34 - 03 Sportfest der Standarte 171 17. Juni 1934 Metall IV	SA 34 - 04 SA- Sportfest Standarte 472 23.9. 1934 Metall III	SA 34 - 05 15. April 1934 Tag der SA- Standarte 29 Metall II
SA 34 - 06 Aufmarsch SA- Brigade 45 24. Juni 1934 Metall IV	SA 34 - 07 Sportfest der Standarte 16 1934 Metall II	SA 34 - 08 SA Sportfest Sturmbann I/28 8. Juli 1934 Metall III

SA 34 - 09 SA Turn- u. Sportfest der Standarte 474 19. August 1934 Holz III	SA 35 - 01 Sporttag der SA Standarte 207 1935 Metall III	SA 35 - 02 Brigade 27 Aufmarsch 8.12.35 Metall III
SA 35 - 03 Skagerrak 1935 SA Marinestandarte 2 Metall III	SA 35 - 04 Wettkampf SA Standarte 106 21. u. 22. Sept. 1935 Metall III	SA 35 - 05 Sporttag 29. September 35 Standarte 245 Metall III
SA 36 - 01 Sporttag SA Brigade 49 Metall II	SA 39 - 01 SA Standarte 37 2. Schikampftag 1939 Pappe II	SA 39 - 02 1. Wehrwettkampftag der SA. Standarte Jäger 27 1939 Pappe II
Saalfeld 31 - 01 NSDAP Saalfeld/S. 1931 Bezirks-Tag u. SA Aufmarsch 10. u. 11. Okt. Metall IV	Saalfeld 33 - 01 Deutsche Arbeitsfront Kreistag Saalfeld (Saale) 14./15.X. 1933 Rudolstadt Ziegenrück 14.u.15. Okt. 1933 Metall III	Saar 00 - 01 Saar Unsere Kinder bleiben Deutsch Metall II

Saar 00 - 02	Saar 00 - 03	Saar 00 - 04
Bund der Saarvereine Metall II	Saar Pappe II	Deutsch die Saar Metall III
Saar 00 - 05	Saar 00 - 06	
Deutsch ist die Saar Kunststoff III	Handwerk u. Handel immerdar Treu verbunden mit der Saar Metall: a) gold b) silber c) bronze III	
Saar 00 - 08	Saar 35 - 01	Saar 35 - 02
Deutsch die Saar immerdar Glas mit Fischhautüberzug III	Saar 1. März 1935 Metall: a) gold b) silber C) bronze III	Saar 13. Januar 1935 Metall III
Saar 35 - 03	Saar 35 - 04	Saar 35 - 05
Zur Erinnerung 13. Jan. 1935 Volksabstimmung Die Saar ist frei Metall III	Erster Aufmarsch Bann 70 24.3. 1935 Saar Metall oh. Abb. III	Deutsch war Deutsch ist Deutsch bleibt die Saar 13.1. 1935 1.3.35 Metall III

Saar 35 - 06	Saar 35 - 07	Saar 35 - 08
Frontsold. u. Kriegsopf. Befreiungstreffen 30.5.35 Deutsch die Saar Metall III	Frei ist die Saar 1.3. 1935 Metall III	Saar-Abstimmung 13. Januar 1935 Metall mit Kohlestückchen IV
Saar 35 - 09	Saar 35 - 10	Saar 35 - 11
Saar Spende der DSt 1935 Kunststoff II	1935 Deutsch ist die Saar Ja Metall II	1935 Saar - Mosel - Rhein Metall / emailliert IV
Saarbrücken 34 - 01	Saarbrücken 34 - 02	Saarbrücken 35 - 01
Saarbrücker Tagung an Rhein und Mosel Pfingsten 1934 VDA Metall III	Kath. Saarjugend bekennt Saarbrücken 1934 Metall III	Reichstreubund Heimkehrfeier Saarbrücken 4.5. Mai 1935 Metall III
Saarbrücken 35 - 02	Saarbrücken 35 - 03	Saarbrücken 36 - 01
Befreiungs Gaufest DRL 1935 Saarbrücken Metall III	2. Reichstagung Deutscher Erzieherinnen im NSLB Saarbrücken 28.- 31. 8. 1935 Metall III	Bundestagung ehem. 60er Saarbrücken 1936 Porzellan V

Saarbrücken 36 - 02 2. Reichsinnungstagung d. Schmiedehandwerks Saarbrücken Saar 4.- 6. Juni 1936 Metall III	Saarbrücken 36 - 03 Sängergau Westmark Kundgebung 1936 Saarbrücken Stoff im Metallrahmen III	Saarbrücken 38 - 01 Weihe des Gautheaters Saarpfalz Saarbrücken 9. Oktober 1938 Metall III
Saarbrücken 39 - 01 28. Spichererbergfest Saarbrücken 1939 Metall II	Saarburg 33 - 01 2. Gauparteitag Saarburg 14.u.15. Okt. 33 N.S.D.A.P. Saargebiet Metall III	Saarlouis 35 - 01 Ehrenmal d. Feld Art. Reg. v. Holtzendorff (1. Rhein.) Nr. 8 Saarlouis 30. Juni 1935 Stoff im Metallrahmen III
Saarlouis 35 - 02 Regts.- Appell des 9. Lothr. Inf. Reg. 173 Saarlouis 27.- 29.7. 1935 Metall III	Saarlouis 35 - 03 Marinetag Saarlouis 1935 Metall III	Saarlouis 35 - 04 Fussart.-Saar-Rückgliederungsfeier Saarlouis 1.2. u. 3. Juni 1935 Stoff im Metallrahmen III
Saarpfalz 00 - 01 Saarpfalz Metall II	Saarpfalz 00 - 02 K.D.F. Saar Pfalz Metall III	Saarpfalz 00 - 03 Fahrt mit uns K.d.F. Saarpfalz Metall II

Saarpfalz 37 - 01 Führerlager der Saarpfälzischen H.J. Feldwache der Nation 1937 Metall oh. Abb. III	Saaz 33 - 01 3. Verbandsturnfest Saaz 1933 Metall: a) bronze b) silber III	Saaz 35 - 01 "9" 8. Verbandsfest Saaz 4.- 5. Mai 1935 Metall II
Saaz 36 - 01 Genossenschaft der Fleischer u. Selcher Saaz 43. Verbandstag verb. mit 600 Jahrfeier 9.10.u.11. August 1936 Metall mit Stoff II	Saaz 37 - 01 Eghalanda Bundesfest Saaz 9.- 12. Juli 1907 1937 Metall II	Saaz 37 - 02 SJ Saaz 1937 Metall II
Saaz 38 - 01 I. Bez. ATUS Union Fest Saaz 1938 Metall II	Sachrang 31 - 01 Zur Erinnerung a.d. Fahnenweihe d. Freiw. Feuerwehr Sachrang 17.5. 1931 Pappe III	Sachrang 33 - 01 Krieger- Gedächtnis- Kapellen- Einweihung Sachrang 8. Okt. 1933 Pappe II
Sachsa, Bad 33 - 01 Bad Sachsa Kreistag N.S.D.A.P 2. Juli 1933 Metall III	Sachsa, Bad 37 - 01 51. Hauptversammlung des Harz - Clubs 1937 Bad Sachsa Metall III	Sachsen 00 - 01 Volksfeste im Gau Sachsen Kraft durch Freude Leder II

Sachsen 00 - 02 Mit "K.d.F." Gau Sachsen in die Lüneburger Heide Holz IV	Sachsen 00 - 03 Kraft durch Freude Gau Sachsen Holz III	Sachsen 00 - 04 Kraft durch Freude Gau Sachsen Holz IV
Sachsen 00 - 05 Sachsen Nitroplast I	Sachsen 00 - 06 Mit "K.d.F." Gau Sachsen in die Fränk. Schweiz Holz IV	Sachsen 00 - 07 Kraft durch Freude Mit "K.d.F." Gau Sachsen Holz IV
Sachsen 00 - 08 Schlesien Mit "K.d.F." Gau Sachsen Holz IV	Sachsen 00 - 09 Mit KdF Gau Sachsen an die See Holz IV	Sachsen 00 - 10 Mit KdF Gau Sachsen in das Elbtal Holz IV
Sachsen 00 - 11 Mit KdF Gau Sachsen in die Ostmark Holz IV	Sachsen 00 - 12 Mit KdF Gau Sachsen in die Ostmark Holz IV	Sachsen 00 - 13 Mit KdF Gau Sachsen in die Lüneburger Heide Holz IV

Sachsen 00 - 14	Sachsen 00 - 15	Sachsen 00 - 16
Mit KdF Gau Sachsen in die Ostmark Holz IV	Mit KdF Gau Sachsen in die Ostmark Holz IV	Mit KdF Gau Sachsen in das Erzgebirge Holz IV
Sachsen 00 - 17	Sachsen 00 - 18	Sachsen 00 - 19
Mit KdF Gau Sachsen in das Erzgebirge Holz IV	Mit KdF Gau Sachsen in das Erzgebirge Holz IV	Mit K.d.F. Gau Sachsen in den bayr. Wald Holz IV
Sachsen 00 - 20	Sachsen 00 - 21	Sachsen 00 - 22
"KdF" Gau Sachsen Holz IV	"KdF" Gau Sachsen Holz IV	"KdF" Gau Sachsen Holz IV
Sachsen 00 - 23	Sachsen 00 - 24	Sachsen 00 - 25
"KdF" Gau Sachsen Holz IV	"KdF" Gau Sachsen Holz IV	"K.d.F." Gau Sachsen nach Norwegen Holz V

Sachsen 00 - 26	Sachsen 00 - 27	Sachsen 00 - 28
K.d.F. Gau Sachsen Fahrt ins Erzgebirge Holz IV	Kraft durch Freude Gau Sachsen Holz IV	Kraft durch Freude Gau Sachsen Holz IV
Sachsen 00 - 29	Sachsen 00 - 30	Sachsen 00 - 31
Kraft durch Freude Gau Sachsen Holz IV	Kraft durch Freude Gau Sachsen Holz IV	Kraft durch Freude Gau Sachsen Holz IV
Sachsen 00 - 32	Sachsen 00 - 33	Sachsen 00 - 34
Kraft durch Freude Gau Sachsen Holz IV	Kraft durch Freude Gau Sachsen Holz IV	Kraft durch Freude Gau Sachsen Holz IV
Sachsen 00 - 35	Sachsen 00 - 36	Sachsen 00 - 37
Kraft durch Freude Gau Sachsen Holz IV	Jungarbeiter Aktion Sachsen N.S.J.B. Metall II	K.d.F. Gau Sachsen Oberfranken Stoff im Metallrahmen IV

Sachsen 00 - 38	Sachsen 00 - 39	Sachsen 00 - 40
K.d.F. Gau Sachsen Nach Berlin Stoff im Metallrahmen IV	K.d.F. Gau Sachsen Ostpreußen Stoff im Metallrahmen IV	K.d.F. Gau Sachsen A.d. Bodensee Stoff im Metallrahmen IV
Sachsen 00 - 41	Sachsen 00 - 42	Sachsen 00 - 43
Kraft durch Freude Gau Sachsen Holz IV	Kraft durch Freude Gau Sachsen Holz IV	Mit "K.d.F." Gau Sachsen nach Oberbayern Holz IV
Sachsen 00 - 44	Sachsen 00 - 45	Sachsen 00 - 46
kraft durch Freude Gau Sachsen Holz IV	Kraft durch Freude Gau Sachsen Holz IV	Mit "Kraft durch Freude" Gau Sachsen in die Eifel Holz IV
Sachsen 00 - 47	Sachsen 00 - 48	Sachsen 32 - 01
K.d.F. Gau Sachsen Fahrt ins Erzgebirge Holz IV	Kraft durch Freude Gau Sachsen Leder V	Frühjahrs - Offensive d. sächsischen Hitlerjugend 1932 Metall III

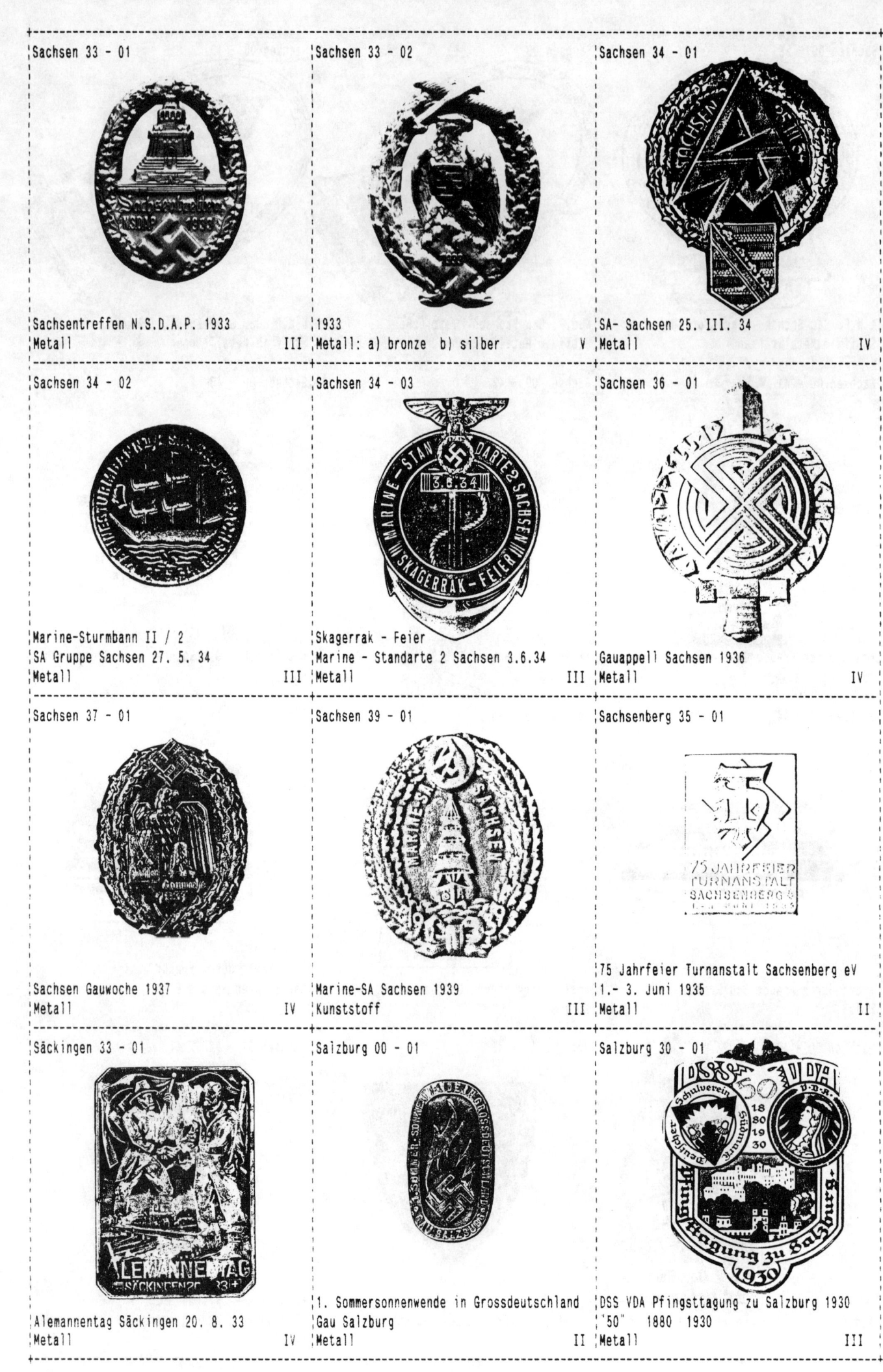

Sachsen 33 - 01 Sachsentreffen N.S.D.A.P. 1933 Metall　　　　　　　　　　　III	Sachsen 33 - 02 1933 Metall: a) bronze b) silber　　V	Sachsen 34 - 01 SA- Sachsen 25. III. 34 Metall　　　　　　　　　　　IV
Sachsen 34 - 02 Marine-Sturmbann II / 2 SA Gruppe Sachsen 27. 5. 34 Metall　　　　　　　　　　　III	Sachsen 34 - 03 Skagerrak - Feier Marine - Standarte 2 Sachsen 3.6.34 Metall　　　　　　　　　　　III	Sachsen 36 - 01 Gauappell Sachsen 1936 Metall　　　　　　　　　　　IV
Sachsen 37 - 01 Sachsen Gauwoche 1937 Metall　　　　　　　　　　　IV	Sachsen 39 - 01 Marine-SA Sachsen 1939 Kunststoff　　　　　　　　　III	Sachsenberg 35 - 01 75 Jahrfeier Turnanstalt Sachsenberg eV 1.- 3. Juni 1935 Metall　　　　　　　　　　　II
Säckingen 33 - 01 Alemannentag Säckingen 20. 8. 33 Metall　　　　　　　　　　　IV	Salzburg 00 - 01 1. Sommersonnenwende in Grossdeutschland Gau Salzburg Metall　　　　　　　　　　　II	Salzburg 30 - 01 DSS VDA Pfingsttagung zu Salzburg 1930 "50"　　1880　1930 Metall　　　　　　　　　　　III

Salzburg 30 - 02	Salzburg 31 - 01	Salzburg 32 - 01
3. Verbandsturnfest Salzburg Juli 1930 Metall II	7. Oesterreichisches Bundesschiessen 1931 Salzburg Metall / emailliert V	Kaufmannstagung Salzburg 1932 Keramik IV
Salzburg 37 - 01	Salzburg 37 - 02	Salzburg 39 - 01
Fahnenweihe u. Wiedersehensfest in Salzburg 4.u.5. Sept. 1937 S.A.K.V. Metall III	Alpenl. Kriegsteilnehmerverband Salzburg Wiedersehensfest Fahnenweihe 3. Okt. 1937 Metall oh. Abb. II	Sportwettkämpfe der HJ 1939 Geb. Salzburg Kunststoff III
Salzburg 39 - 02	Salzburg 39 - 03	Salzburg 42 - 01
SA- Wettkampf Salzburg 24.- 25. Juni 1939 SA-Geb. Jägerbrigade 98 Metall III	BDM Sportwettkämpfe 1939 Obergau Salzburg Kunststoff III	Studentische Tage deutscher Kunst Salzburg 1942 Metall III
Salzburg 44 - 01	Sangerhausen 34 - 01	Sarstedt 34 - 01
2. Gauschiessen Salzburger Heimatwoche 1944 Metall III	Fest der 400000 Rosen Sangerhausen 1934 Metall II	II. Kreistagung der NSDAP Kreis Hildesheim-Land 27. Mai 1934 Sarstedt Metall III

Sarstedt 37 - 01 Werksausflug 1937 Vosswerke Sarstedt / Hannover Seidenbändchen — II	Saßnitz 36 - 01 Fischerfest 1936 Kreideheilbad Saßnitz Pappe — II	Schaffendes Volk 00 - 01 Schaffendes Volk (wohl Düsseldorf) Metall — II
Schalkau 35 - 01 Bezirkstreffen 11.8. 35 NSDAP Schalkau Preßmasse — IV	Schandau, Bad 35 - 01 Bad Schandau 10 Jahre NSDAP 4.- 5.5. 1935 Metall — III	Schanzel 34 - 01 1794 1934 Schanzel Metall oh. Abb. II
Scharbeutz 34 - 01 "Der Mann kann fallen - die Fahne steht" Fahnenweihe NSDAP Scharbeutz 22. 7. 34 Metall — III	Schaumburg 39 - 01 NSDAP Kreistreffen Grafschaft Schaumburg 1939 Kunststoff — III	Schaumburg-Lippe 39 - 01 NSDAP Kreistreffen Schaumburg-Lippe 1939 Kunststoff — III
Schemm 00 - 01 Haltet einander die Treue Hans Schemm Metall — IV	Schicksalswende 33 - 01 Jahrestag Deutscher Schicksalswende 1933 / 34 Metall — II	Schierke 34 - 01 Deutsche Winterkampfspiele 1934 Schierke Pappe — II

Schima 35 - 01	Schlag 37 - 01	Schlageter 00 - 01
Kreisverband Elbegau Fahnenweihe u. Erntedankfest Schima 25.8.1935 Metall II	Gablonzer Turnb. Fahnenübergabe 29.8.1937 Schlag Metall II	Schlageter Gedenkfeier Seidenbändchen * II
Schlageter 23 - 01	Schlageter 36 - 01	Schlageter 39 - 01
Seid Deutsch wie er Schlageter 26.5. 1923 Metall II	Schlagetertag 24. Mai 1936 Metall II	Albert Leo Schlageter 21./22.5.1919 - 21./22.5.1939 1. Erstürmung v. Riga durch Deutsche Freikorpskämpfer Metall * V
Schlaggenwald 38 - 01	Schlebusch 35 - 01	Schleiz 34 - 01
Denkmalenthüllung Schlaggenwald 1938 Metall III	Heimatfest Schlebusch Juli 1935 Metall II	Schleizer Dreieck- Rennen NSKK DDAC 1934 Metall III
Schlesien 00 - 01	Schlesien 00 - 02	Schlesien 34 - 01
Kraft Durch Freude Gau - Schlesien Porzellan V	Unsere Heimat ist das Bäderland Schlesien Holz IV	NSG KdF 1934 Schlesien - Fahrt Rübezahls Reich Metall III

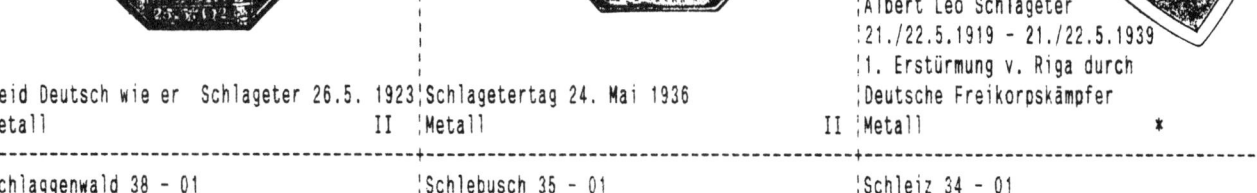

291

Schlesien 34 - 02	Schlesien 35 - 01	Schlesien 36 - 01
"Blut und Boden" 1934 Schlesische Bauernwoche Metall III	Gautag Schlesien 25.- 27.10.35 Porzellan V	Gautag Schlesien 12.- 14. Juni 1936 Metall III
Schlesien 38 - 01	Schleswig 33 - 01	Schleswig 37 - 01
Gautag 1938 Schlesien Metall IV	Kreisfeuerwehrverband Schleswig 13. Juni 1933 Schleswig Kunststoff III	Flugtag der Nordmark Schleswig 22. August 1937 Pappe IV
Schleswig-Holstein 00 - 01	Schleusingen 33 - 01	Schliersee 33 - 01
VDA VI / 9 Schles.- Holst. Metall III	15.10. 1933 Ehrentag der SA und SS in Schleusingen Metall oh. Abb. III	Oberlandfeier Schliersee 1923 1933 Metall II
Schliersee 38 - 01	Schlochau 39 - 01	Schlüchtern 00 - 01
1923 - 15 Jahre - 1933 NSDAP Ortsgruppe Schliersee 5.6. III. 1938 Metall III	NSDAP Kreistreffen Schlochau 1939 Kunststoff oh. Abb. III	R.A.D. Gruppe 225 Gruppen-Sportfest 3.- 4. Aug. Schlüchtern Metall III

Schlüchtern 34 - 01 Arbeit adelt! Einweihung des Peter Gemeinderlagers N.S. Arbeitsdienst Abteilung 8/225 Schlüchtern 25.- 26.8. 34 Metall III	Schmaderbach 34 - 01 1. Obererzgebirger Heimatfest Schmaderbach 27.- 30. Juli 1934 Metall II	Schmalkalden 33 - 01 Kreistagung der NSDAP Schmalkalden - Suhl - Schleusingen 4.5.33 Metall oh. Abb. III
Schmalkalden 34 - 01 Seefahrt tut Not Marine Gautag Schmalkalden 1934 Metall oh. Abb. IV	Schmalkalden 36 - 01 Kreistag d. N.S.D.A.P. in der Konventstadt Schmalkalden 22.23. Aug. 1936 Kreis Schmalkalden - Suhl - Schleusingen Metall III	Schmiedeberg 37 - 01 T.V. Schmiedeberg "50" 1937 Stoff im Metallrahmen III
Schmiedeberg, Bad 35 - 01 VDH Heidefest Bad Schmiedeberg 1. Sept. 1935 Metall II	Schmöckwitz 33 - 01 Volksfest 1933 NSDAP Ortsgr. Schmöckwitz - Karolinenhof Metall III	Schmölln 00 - 01 Marktfest Knopfstadt Schmölln Kunststoff II
Schmölln 38 - 01 Markt- u. Lohsenfest 27/28. Aug 1938 Knopfstadt Schmölln RM. 0.50 Pappe II	Schmölln 38 - 02 600 Jahre Stadt Schölln Thür. Festwoche 9.- 17. Juli 1938 Preßpappe II	Schneidemühl 33 - 01 SA- Flugtag Schneidemühl Pfingsten 1933 Metall V

Schneidemühl 37 - 01 4. Kurmärkischer Landesbauerntag Schneidemühl 1.- 4. Juli 1937 (Text Rs.) Metall / emailliert — V	**Schneverdingen 00 - 01** Heide - Blütenfest 22./ 23. August Schneverdingen Pappe — II	**Schoenefeld 37 - 01** Woche der NSDAP in Schoenefeld 29.8. bis 5.9. 1937 Nitroplast — III
Schönau 33 - 01 10 Jähr. Todestag Albert Leo Schlageter Schönau Schwarzwald Pfingsten 1933 Metall — III	**Schönau 35 - 01** Schlageter- Feier Schönau i.W. 26.5. 1935 Metall — III	**Schönebeck 36 - 01** 10 Jahre NSDAP Schönebeck - Elbe 1926 - 1936 Metall — III
Schöneck 38 - 01 8. Vogtl. Kavallerie Tag Schöneck 28. u. 29. V. 1938 Pappe — II	**Schönsee 36 - 01** Heimatfest der Stadt Schönsee 1.- 9. Aug. 1936 Metall — II	**Schönwalde 34 - 01** 150 Jahre Schwanenkrug Heimatwoche Schönwalde 7.- 15. Juli 1934 Metall — II
Schorndorf 36 - 01 NSDAP 2. kreistag Kreis Schorndorf 14./15. Nov. 1936 Metall — III	**Schorndorf 37 - 01** 4. Gautagung D.C. Schorndorf 17.10.37 Volkskirche Deutsche Christen Metall — oh. Abb. III	**Schorndorf 38 - 01** R.I.R. 121 Regientstag Schorndorf 1938 Metall — II

Schriesheim 38 - 01 10 Jahrfeier 1938 NSDAP Ortsgruppe Schriesheim Holz — III	**Schrobenhausen** 1861 1936 75 Jahre M.T.V. Schrobenhausen Metall — II	**Schwaben 00 - 01** Schwäbische Skimeisterschaft Kleinwalsertal Metall — IV
Schwaben 34 - 01 SA Appell Brigade 87 Schwaben 25. Nov. 1934 Metall oh. Abb. III	**Schwaben 35 - 01** SA- Treffen Brig. 86 Schwaben 24.25.8.35 Metall — IV	**Schwaben 36 - 01** Ländertreffen Schwaben Bodensee 1936 Metall — II
Schwaben 36 - 02 Schulungstagung des NSLB Gau Schwaben 3.- 5. Mai 1936 Metall — III	**Schwaben 38 - 01** Kampfspiele der Schwäb. Hitler Jugend 1938 Metall — II	**Schwäbisch Hall 33 - 01** 29. Bundestag d. Württbg. Kriegerbundes 27.- 28. Mai 1933 in Schw. Hall Metall oh. Abb. III
Schwäbisch Hall 34 - 01 N.S.B.O. Kundgebung Arbeitsfront Schwäb. Hall 13. 5. 1934 Metall — III	**Schwandorf 34 - 01** SA- Wehrsport II/J 15 Schwandorf 3./4. VIII. 1934 Metall — III	**Schwarzatal 34 - 01** Zeltlager des Bannes 218 im schönen Schwarzatal Pfingsten 1934 Metall — III

Schwarzburg 34 - 01	Schwedt 00 - 01	Schweinfurt 35 - 01
Schwarzburg die Perle Thüringens Volks- u. Trachtenfest Schlossbeleuchtung Juli - August 1934 Metall II	Fest der Tabaksblüte Schwedt / O. Preßpappe: a) braun b) grün II	Untergausportfest Schweinfurt 21.- 22.9.35 Metall III
Schweinfurt 36 - 01	Schweinfurt 38 - 01	Schweinfurt 39 - 01
K.d.F. Winzerfest Schweinfurt 1936 Pappe II	Kreistag Schweinfurt 1938 Metall III	Fest der Leibesübung im Gau XVI - Bayern Schweinfurt 14.- 16. Juli 1939 NSRL Metall II
Schwelm 33 - 01	Schwelm 36 - 01	Schwenningen 35 - 01
Ehret die Arbeit Aufmarsch der Deutschen Arbeitsfront N.S.B.O. Ennepe- Ruhr- Kreis Schwelm Aug. 1933 Metall III	Deutscher Artilleristen Tag 1936 Schwelm i.W. Kriegerverbandsfest Ennepe-Ruhr Metall III	1. Gaufest des R.F.L. 43. Schwäb. Landesturnfest 25.- 28. Juli 1935 Schwenningen a/N. Metall III
Schwerin 33 - 01	Schwerin 33 - 02	Schwerin 34 - 01
Eröffnung der Motor SA Schule Schwerin i.M Gruppenstaffel Hansa 18. u. 19. Nov. 1933 Metall IV	" Schleswig - Holstein " Marinetag Schwerin 13. 8. 1933 Metall III	Landarbeitertag Mecklenburg - Lübeck Schwerin 1934 Metall III

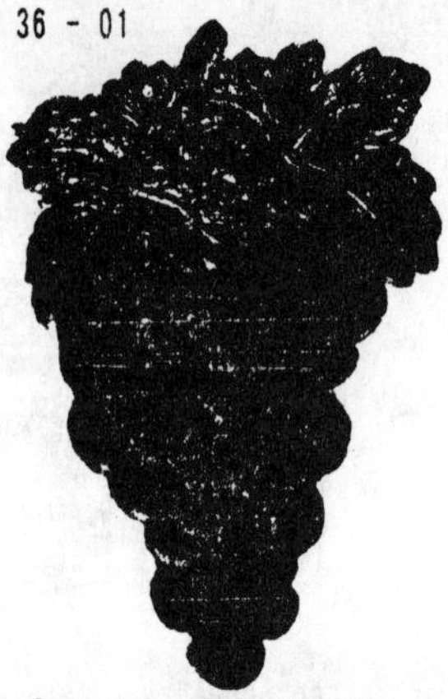

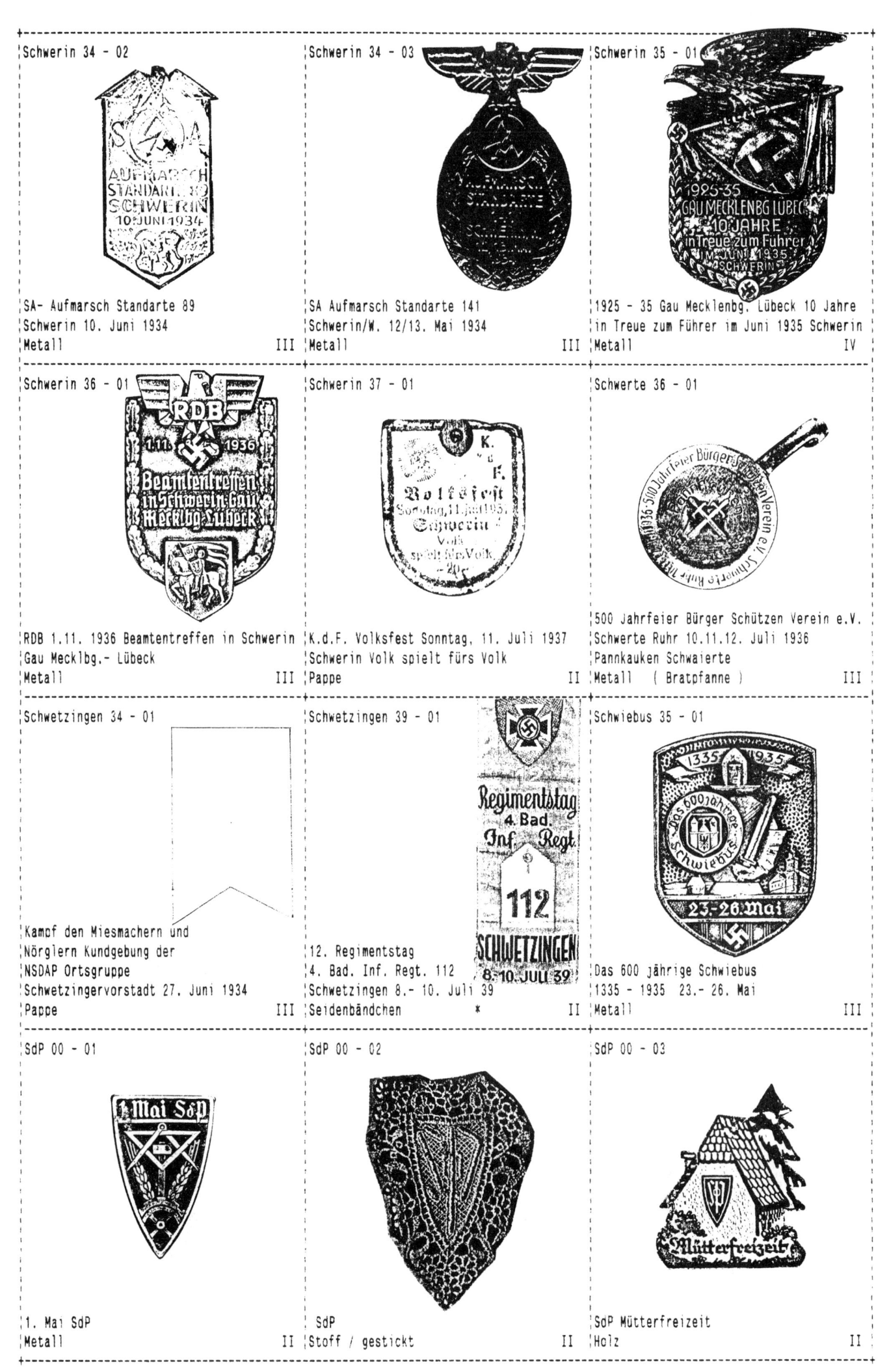

Schwerin 34 - 02 SA- Aufmarsch Standarte 89 Schwerin 10. Juni 1934 Metall III	Schwerin 34 - 03 SA Aufmarsch Standarte 141 Schwerin/W. 12/13. Mai 1934 Metall III	Schwerin 35 - 01 1925 - 35 Gau Mecklenbg. Lübeck 10 Jahre in Treue zum Führer im Juni 1935 Schwerin Metall IV
Schwerin 36 - 01 RDB 1.11. 1936 Beamtentreffen in Schwerin Gau Mecklbg.- Lübeck Metall III	Schwerin 37 - 01 K.d.F. Volksfest Sonntag, 11. Juli 1937 Schwerin Volk spielt fürs Volk Pappe II	Schwerte 36 - 01 500 Jahrfeier Bürger Schützen Verein e.V. Schwerte Ruhr 10.11.12. Juli 1936 Pannkauken Schwaierte Metall (Bratpfanne) III
Schwetzingen 34 - 01 Kampf den Miesmachern und Nörglern Kundgebung der NSDAP Ortsgruppe Schwetzingervorstadt 27. Juni 1934 Pappe III	Schwetzingen 39 - 01 12. Regimentstag 4. Bad. Inf. Regt. 112 Schwetzingen 8.- 10. Juli 39 Seidenbändchen * II	Schwiebus 35 - 01 Das 600 jährige Schwiebus 1335 - 1935 23.- 26. Mai Metall III
SdP 00 - 01 1. Mai SdP Metall II	SdP 00 - 02 SdP Stoff / gestickt II	SdP 00 - 03 SdP Mütterfreizeit Holz II

SdP 00 - 04	SdP 00 - 05	SdP 37 - 01
SdP Holz II	SdP Für Arbeit Recht und Brot Metall III	1. Mai 1937 SdP Metall: a) einfarbig b) rot gefärbt II
SdP 38 - 01	**Seefahrt 00 - 01**	**Seefahrt 33 - 01**
Erntedank 1938 SdP Holz II	Seefahrt ist Not Gips III	Tag der Seefahrt 1933 Metall III
Seefahrt 35 - 01	**Seekirchen 30 - 01**	**Seesen 33 - 01**
Seefahrt ist Not Tag der Deutschen Seefahrt 25.26.5. 1935 Metall I	Heimatschutz 28.9. Seekirchen 1930 Gau- u. Ortswimpelweihe Metall II	Fahnenweihe der N.S.B.O. des Kreises Gandersheim in Seesen am 4. Juni 1933 Metall III
Seesen 36 - 01	**Seesen 39 - 01**	**Seestadt 35 - 01**
Führer befiehl! Wir folgen dir! Kreistagung Seesen 22.3. 1936 Pappe III	6. Kreistag der NSDAP Kreis Gandersheim Kreisschule Seesen 17.- 18. Juni 1939 Efoplast III	Wiedersehensfest 6.- 7. Juni 1935 Seestadt Metall II

Segeberg, Bad 34 - 01	Segelflug 37 - 01	Segen des Meeres 00 - 01
Feier des ersten Spatenstiches Thingplatz Bad Segeberg Sonntag 27. Mai 1934 Papier unter Zelluloid im Metallrahmen II	Internationaler Segelflug Wettbewerb 1937 Metall: a) bronze b) silber IV	Segen des Meeres Metall auf Leder II
Seifhennersdorf 30 - 01	Seifhennersdorf 32 - 01	Seifhennersdorf 34 - 01
Militärverein Seifhennersdorf 1855 - 1930 Metall II	2. Gauturnfest S.O.L. Seifhennersdorf 17. Juli 1932 Metall II	44. Verbandstag (Feuerwehr) Seifhennersdorf 14.- 15. 7. 1934 Metall III
Seifhennersdorf 35 - 01	Selb 29 - 01	Selb 32 - 01
N.S.D.A.P. 1925 Seifhennersdorf 28. Juli 1935 Metall IV	Nationalsozialistische Kundgebung 15. 9. 29 Selb in Oberfranken Metall V	Wanderkundgebung Bezirk Selb 23./ 24. Juli 1932 Metall III
Selb 35 - 01	Selb 36 - 01	Seligenstadt 34 - 01
1. Kreisturnfest der Fränkischen Ostmark Selb 2. - 4. Ernting 1935 Porzellan V	Fichtelgebirgsverein Haupttagung Selb 1936 Pappe II	Einweihung d. SA-Sportplatzes 1. Juli 1934 Seligenstadt Metall III

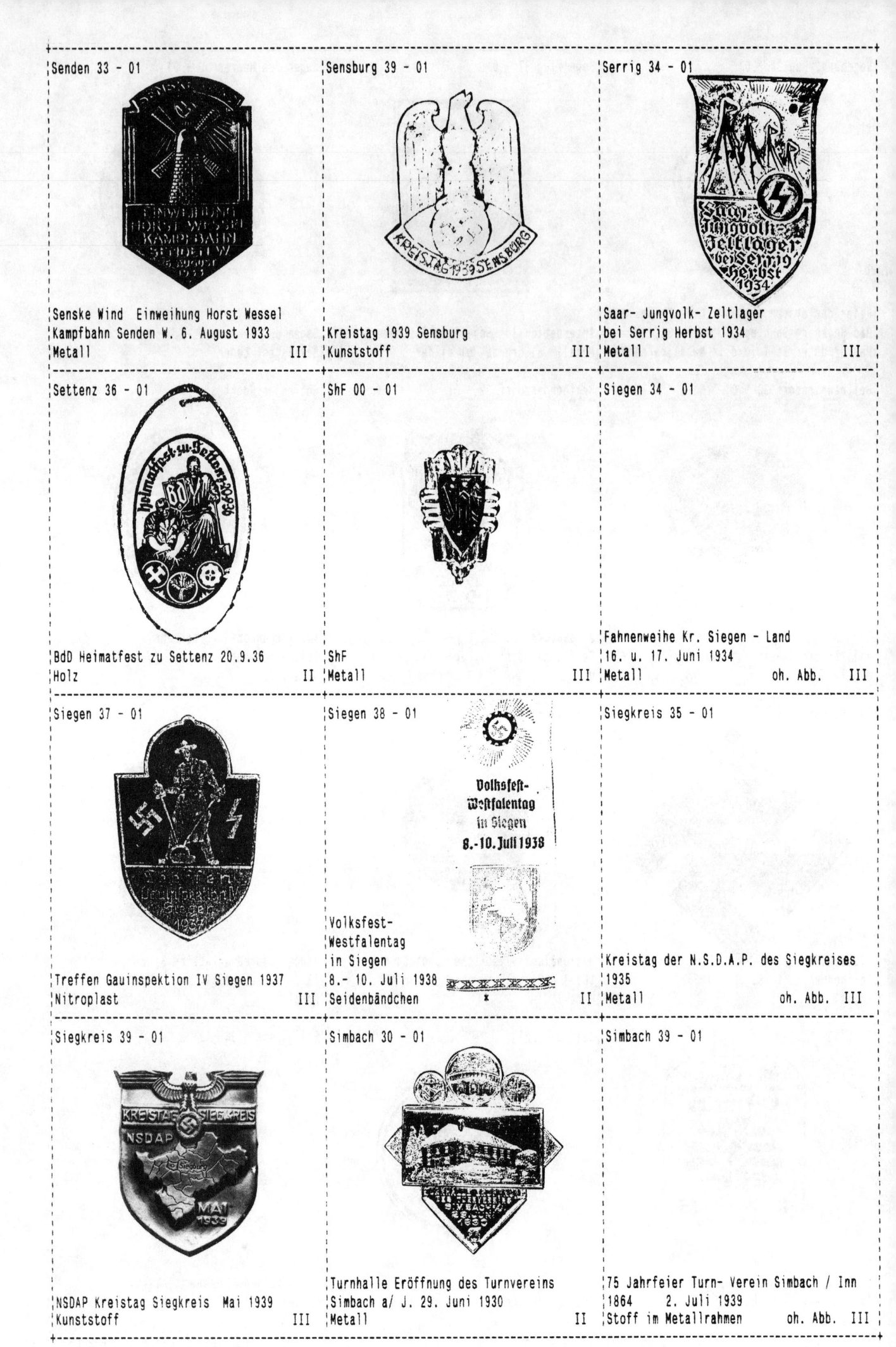

Senden 33 - 01	Sensburg 39 - 01	Serrig 34 - 01
Senske Wind Einweihung Horst Wessel Kampfbahn Senden W. 6. August 1933 Metall III	Kreistag 1939 Sensburg Kunststoff III	Saar- Jungvolk- Zeltlager bei Serrig Herbst 1934 Metall III
Settenz 36 - 01	ShF 00 - 01	Siegen 34 - 01
BdD Heimatfest zu Settenz 20.9.36 Holz II	ShF Metall III	Fahnenweihe Kr. Siegen - Land 16. u. 17. Juni 1934 Metall oh. Abb. III
Siegen 37 - 01	Siegen 38 - 01	Siegkreis 35 - 01
Treffen Gauinspektion IV Siegen 1937 Nitroplast III	Volksfest- Westfalentag in Siegen 8.- 10. Juli 1938 Seidenbändchen II	Kreistag der N.S.D.A.P. des Siegkreises 1935 Metall oh. Abb. III
Siegkreis 39 - 01	Simbach 30 - 01	Simbach 39 - 01
NSDAP Kreistag Siegkreis Mai 1939 Kunststoff III	Turnhalle Eröffnung des Turnvereins Simbach a/ J. 29. Juni 1930 Metall II	75 Jahrfeier Turn- Verein Simbach / Inn 1864 2. Juli 1939 Stoff im Metallrahmen oh. Abb. III

Simmern 30 - 01	Singen 33 - 01	Sobernheim 33 - 01
1330 1930 600- Jahrfeier der Stadt Simmern 12.- 14. Juli 1930 Metall II	Gau- Inspektions- Apell Gau VII Baden Singen a.H. 1933 Metall III	HJ Oster-Treffen Sobernheim 1933 Metall III
Soden, Bad 33 - 01	Soden, Bad 36 - 01	Soden, Bad 38 - 01
Inhalatorium SA Sportfest Sturmbann I 166 Bad Soden a. Ts. 30. 7. 1933 Metall III	NSDAP Kr. Maintaunus 1936 Volksfest in Bad Soden 8.- 10. Aug. Metall III	Kreistag der NSDAP Bad Soden aT. 25.- 26. Juni 1938 Kunststoff III
Soest 34 - 01	Soest 34 - 02	Soest 36 - 01
Kampfring der Deutsch- Österreicher Soest 1.7. 1934 Metall II	S.A. Sportfest Standarte 219 Soest 17. Juni 1934 Metall oh. Abb. III	Westfalentag Soest 1936 Der Jäger von Soest Metall III
Soest 38 - 01	Soldin 34 - 01	Solingen 33 - 01
Regimentstag Soest i. Westfalen 1914 "217" 1918 7.- 8. Mai 1938 Nitroplast III	Kreistag Soldin 1. Juli 1934 Metall oh. Abb. III	I. Sportfest der SA Standarte 53 Solingen - 10. Sept. 1933 Metall III

Solingen 37 - 01	Solitude 36 - 01	Soltau 34 - 01
2. Lothr. F.A.R. 34 Wiedersehensfeier 19.- 21. Juni 1937 in Solingen Seidenbändchen * II	Int. Solitude Rennen 17. 5. 36 Metall II	Erster Aufmarsch der SA Standarte 215 in Soltau am 28.10. 1934 Metall III
Soltau 34 - 02	Soltau 37 - 01	Soltau 38 - 01
1. Gaujugendtreffen in Soltau 1934 Pappe II	Tausendjahrfeier Soltau 22.- 30.Aug. 1937 Metall II	Sängerbund Niedersachsen v. 1831 Kr. 12 Lüneburg 6. Sängerfest der Heide 17.- 18. Sept. 1938 Soltau Stoff im Metallrahmen III
Sondershausen 33 - 01	Sondershausen 34 - 01	Sondershausen 35 - 01
Kreistag der N.S.B.O. u. Fahnenweihe Sondershausen 6. Okt. 1933 Metall II	N.S.B.O. D.A.F. Kreisaufmarsch Sondershausen 7.10. 1934 Metall III	Kreis-Partei-Tag Sondershausen 12.V. 1935 Kunststoff II
Sondershausen 36 - 01	Sonneberg 00 - 01	Sonneberg 31 - 01
Kreistag Sondershausen 1936 Metall IV	Spielzeugschau Sonneberg Holz, Pappe, Metall III	NSDAP Südthür.- Oberfr. Freiheits-Kundgebung 16.- 17. 5. 1931 Metall IV

Sonneberg 31 - 02 Hundertjahrfeier Gesang-Verein Sonneberg i./Th. 27.- 29. Juni 1931 Metall II	Sonneberg 33 - 01 Kreiskongress der NSDAP Sonneberg 7.- 8. 10. 1933 Metall III	Sonneberg 34 - 01 Kreistag der NSDAP Sonneberg 4.- 5. Aug. 1934 Holz IV
Sonneberg 35 - 01 Kreisparteitag Sonneberg 24./ 25.8. 35 Preßmasse IV	Sonneberg 36 - 01 NSDAP Kreistag 1936 Sonneberg Glas III	Sonnenwende 00 - 01 Metall II
Sonnenwende 00 - 02 Metall: a) geschwärzt b) goldfarbend II	Sonnenwende 00 - 03 Metall III	Sonnenwende 00 - 04 Gaukler Sonnenwend Metall III
Sonnenwende 00 - 05 Feuer Glühe Einheit Blühe Metall III	Sonnenwende 32 - 01 Mit Adolf Hitler auf d. Hoherodskopf z. Sonnenwendfeier am 18. Juni 1932 Metall II	Sonnenwende 33 - 01 Deutsche Sonnenwend 1933 Metall III

Sonnenwende 33 - 02	Sonnenwende 33 - 02	Sonnenwende 34 - 01
Sonnenwende Zeitenwende 1933 Metall III	Sonnenwende Jungbann 15 20.12. 1933 Metall III	Sonnenwende - Jahreswende 1934 N.S.D.A.P. Kreis 9 Metall III
Sonnenwende 34 - 02	Sonnenwende 34 - 03	Sonnenwende 35 - 01
Sonnenwende 1934 Metall III	Sonnenwendfeier Sportplatz Wurzener - Str. 23.6. 34 Metall III	Sonnenwende 1935 Metall III
Sonnenwende 36 - 01	Sonthofen 00 - 01	Sorau 39 - 01
Lohe, Unser Glaube Flamme, Unsere Tat Sonnenwend 1936 Metall III	Kraft d. Freude Kreis Sonthofen Metall II	Fest der Ostlausitz im N.S.R.L. Sorau 23.- 30. Juli 1939 Metall III
Spandau 33 - 01	Spandau 34 - 01	Spandau 35 - 01
Heimatwoche Spandau 19.- 26. Nov. 1933 Metall III	10 Traditionstag Sturmbann I/ 14 Spandau 17.3.34 Metall III	100 Jahrfeier des Kriegervereins 1935 Spandauer Heimatwoche Metall III

Speyer 34 - 01	Spital 30 - 01	SS 00 - 01
Speyer 1934 XXI. Pionierbundestag Ehrenmaleinweihung Metall II	Wimpelweihe Spital a. Semmering 18. V. 1930 Metall III	SS Schütze Metall V
SS 33 - 01	SS 37 - 01	St. Andreasberg 32 - 01
Heinrich Himmler SS- Wehrsportschwimmen am 19/20. August 1933 Metall X	SS- Frühjahrswettkämpfe 1937 Holz oh. Abb. IV	1. Oberharzer Wintersport-Flugtag St. Andreasberg 1932 Metall IV
St. Anton 42 - 01	St. Christoph 42 - 01	St. Goarshausen 38 - 01
St. Anton a/A. Deutsche Kriegs - Ski- Meisterschaft Metall III	4. Deutsch Japan. Akad. Tagung 1942 St. Christoph am Arlberg Tirol Metall / emailliert X	Kreistag Rheingau Kreistag Rheingau St. Goarshausen 1938 Metall III
St. Goarshausen 39 - 01	St. Ingbert 35 - 01	St. Ingbert 35 - 02
Versammlungswelle Bist du bereit.... Rheingau- St. Goarshausen 11.12. März 1939 Nitroplast III	Bundestag d. Reichsver. ehem. Kriegsg. St. Ingbert Mai 1935 REK Metall II	Die Saar ist frei Wiedersehensfeier ehem. 23er St. Ingbert u. Umgebung 10. Juni 1935 Metall III

St. Marein 32 - 01 50 Jähr. Gründungsfest der Freiw. Feuerwehr u. Rettungsabtlg. St. Marein i.M. 1882 - 1932 Metall III	St. Pölten 39 - 01 Kreistag der NSDAP St. Pölten 1939 Metall IV	St. Veit 32 - 01 10 j. Gründungsf. 13.- 14.8.32 d. Turnver. St. Veit a.d. Göl Metall II
St. Wendel 32 - 01 Stadt 600 Jahre Jahre St. Wendel 26. Juni - 10. Juli 1932 Metall II	Stade 33 - 01 Motor SA u. NSKK der Staffel 28 Kampfsporttag Stade 1933 Metall IV	Stade 34 - 01 N.S.D.F.B.St. Stade 29.- 30. IX. 1934 Metall III
Stade 36 - 01 NSDAP Kreistreffen Stade 20.u.21. 6. 1936 Metall: a) golden b) silbern III	Stade 38 - 01 Kreistreffen der NSDAP Stade 18.- 19. Juni 1938 Kunststoff III	Stadt u. Land 33 - 01 Stadt u. Land Hand in Hand Juli 1933 Metall II
Stadtoldendorf 36 - 01 1185 750 Jahrfeier 8. - 10.8. 1935 Stadtoldendorf Metall II	Stadtroda 37 - 01 Volksfest Stadtroda Tag der Arbeit 1937 Metall III	Stahlhelm 30 - 01 11. R.F.S.T. 4.- 5. Oktober 1930 Der Stahlhelm am Rhein Metall: a) golden b) silber III

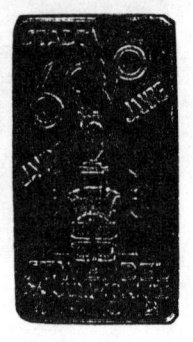

Stahlhelm 33 - 01 Stahlhelm 18. Nov. 1933 (Bremen) Metall III	Stahlhelm 33 - 02 Stahlhelmtag am Bodensee 27.- 28. 5. 1933 Metall III	Stargard 34 - 01 Braune Messe Deutsche Woche Stargard Pom. 10.- 17. Juni 1934 Metall III
Stargard 36 - 01 3. Kreisbauerntag Stargard 1936 Metall III	Starnberg 33 - 01 Kreiskongress Starnberg 1933 Metall III	Starnberg 34 - 01 Sonnwendfeier Starnberg 1934 Metall III
Starnberg 36 - 01 2. Bezirkssportfest Starnberg 1936 Metall oh. Abb. II	Starnberg 38 - 01 1938 See - Sonnenwendfeier Starnberg Efoplast II	Starnberg 39 - 01 See- Sommernacht Starnberg 1939 Pappe II
Stecklenberg 34 - 01 Krieger- Landwehrverb. Stecklenberg 50 Jähr. Stiftungsfest 1884 1934 Metall II	Steele 38 - 01 1000 Jahre Steele Stadtverbandsfest NS Reichskriegerbund 1938 Seidenbändchen * II	Steglitz 34 - 01 Steglitzer Heimatwoche 13.4.- 20.4. 1934 a) Metall b) Papier (größer) II

Steiermark 39 - 01 Gautag der NSDAP Steiermark 1939 Kunststoff / viele verschiedene Farben III	Steiermark 39 - 02 Erstes Steirisches Gebiets- und Obergausportfest 1939 Kunststoff III	Stein 34 - 01 20 Jähr. Jubil. d. Vergg. Bayr. Volks- trachtenver. L.D.D. verb. mit Fahnenweihe d. T.V. Almrausch-Edelweiss Stein 1934 Metall II
Steinach 34 - 01 Heimatwehr Jung Vaterland 19. VIII. 34 Steinach am Brenner Metall II	Steinebach 33 - 01 Deutscher Tag i. Steinebach a. Wörthsee SA Heimeinweihung Sturmbann IV/2 Aug. 1933 Metall III	Steinigt 34 - 01 S.A. Sportfest II / 103 Steinigt-Wolmsdorf 10. 6. 34 Metall III
Stendal 30 - 01 10. Mitteldeutscher Handwerkertag in Stendal 21.- 23. Juni 1930 Metall II	Stendal 34 - 01 Braune Messe Stendal 13.- 21. X. 34 Metall II	Stendal 34 - 02 1. Bannaufmarsch in Stendal Bann 27 25.7. 1934 Metall III
Stettin 33 - 01 Treffen Kriegsverletzter Frontsoldaten N.S.K.O.V. Stettin Okt. 1933 Gau Pommern Metall III	Stettin 33 - 02 Braune Messe Die grosse Pom. Landesmesse Stettin 29.9. - 8.10. 1933 Metall III	Stettin 35 - 01 Sonnenwende Stettin 1935 Metall III

Stettin 35 - 02 Frontsoldatentag Gau Pommern N.S.K.O.V. Stettin 19.5. 1935 Metall III	Stettin 36 - 01 Bezirks- Treffen Stettin 1936 Metall III	Stettin 36 - 02 Sonnenwende Stettin 1936 Metall III
Stettin 37 - 01 5. Reichstreffen "Standard" Stettin 1937 Pappe II	Stettin 37 - 02 2. Pommerscher Beamtentag Stettin 9.- 11.4.37 RDB Metall III	Stettin 38 - 01 Gautreffen 1938 Gau Pommern Stettin Metall III
Stettin 38 - 02 Gautag 1938 Gau Pommern Stettin Metall III	Steyr 00 - 01 Kolonialtag Steyr Metall IV	Steyr 30 - 01 HW 30.u.31. VIII. 1930 Steyr Metall III
Stockum 33 - 01 N.S.B.O. Fahnenweihe Stockum 13.8.33 Pappe II	Stollhamm 33 - 01 Sonnenwende 25. Juni 1933 zu Stollhamm Pappe II	Stolp 36 - 01 Bezirkstreffen Stolp 1936 Metall III

Stralau 37 - 01 Stralauer Fischzug 1937 700 Jahre Berlin Metall II	Stralsund 37 - 01 Junger Norden Stralsund 1937 Metall II	Stralsund 38 - 01 Junger Norden vom 26.6. - 3.7. 1938 in Stralsund Metall III
Stralsund 39 - 01 Deutsch - Schwedisches Gemeinschaftslager Stralsund 30.7. - 8.8. 1939 Kunststoff oh. Abb. III	Straubing 35 - 01 Kreisturnfest Straubing 13.- 14. Juli 1935 Walhallaturnkreis Metall III	Straubing 37 - 01 Stiftungsfest d. Sanitätskolonne Straubing u.d.GEM. Zweigverein Straubing 25.u.26. Sept. 1937 50/ 65 Jahre DRK Metall IV
Streckenwald 37 - 01 500 Jahrfeier Streckenwald 16. Mai 1937 Holz II	Strehlen 34 - 01 Strehlen 8. Juli 1934 Metall III	Striegau 34 - 01 Ortsgruppenleitung der NSDAP Striegau 1934 Seidenbändchen * II
Striesen 33 - 01 1929 - 1933 NSDAP Striesen Nord-Süd 24.9.33 Metall III	Stuttgart 00 - 01 Deutsches - Auslands - Institut Stuttgart Metall III	Stuttgart 00 - 02 N.S.G. "Kraft durch Freude" Kreisamt Stuttgart Seidenbändchen II

Stuttgart 31 - 01 RIR 246 Rgts. Tag 2. u. 3. Mai 1931 Stuttgart Metall III	Stuttgart 33 - 01 15. Deutsches Turnfest Stuttgart 1933 Metall II	Stuttgart 33 - 02 15. Deutsches Turnfest Stuttgart 1933 Metall III
Stuttgart 33 - 03 Kundgebung der Deutschen Arbeitsfront Stuttgart 1933 Metall II	Stuttgart 33 - 04 15. Deutsches Turnfest Stuttgart 1933 Seidenwimpel II	Stuttgart 33 - 05 Bund deutscher Mädchen 2. Württ. Treffen Stuttgart 17.9.1933 Metall II
Stuttgart 33 - 06 Schwäb. Kriegsopfer- Ehrentag Stuttgart 22.10.33 Metall III	Stuttgart 33 - 07 Gautag Stuttgart 27./ 28.5.33 Metall III	Stuttgart 33 - 08 Wir sind die Bauherrn d. 3. Reiches Hitlerjugend Unterbann VII Jugendtag 8.9. Juli 1933 Stuttgart Metall III
Stuttgart 33 - 09 15. Deutsches Turnfest Stuttgart 1933 Seidenbändchen II	Stuttgart 33 - 10 Landestreffen NSKK Süd-West 5.11. 1933 Stuttgart Metall III	Stuttgart 34 - 01 SA- Stuttgart 1. VII. 34 Metall IV

Stuttgart 34 - 02 Gauparteitag Württemberg - Hohenzollern Stuttgart 25. II. 1934 Metall IV	Stuttgart 34 - 03 Handwerkertag Stuttgart 15. April 1934 Metall II	Stuttgart 34 - 04 VDE Tagung Stuttgart 1934 Metall II
Stuttgart 34 - 05 Gauparteitag Württemberg - Hohenzollern Stuttgart 25. II. 1934 Metall III	Stuttgart 34 - 06 FUSSA 13 Waffengedenktag u. Fahnenweihe 21.10.34 Stuttgart Metall III	Stuttgart 34 - 07 Beamten- Gautagung N.S.D.A.P. Stuttgart 11.2. 1934 Metall III
Stuttgart 34 - 08 II. Braune Messe Deutsche Woche Stuttgart 1934 Metall III	Stuttgart 35 - 01 2. Sporttreffen Stuttgart 1935 Metall III	Stuttgart 35 - 02 Wasserstrassen- Wassersport Stuttgart 1935 Metall II
Stuttgart 36 - 01 3. Deutscher Apothekertag Stuttgart 15.- 22. Juni 1936 Metall * V	Stuttgart 36 - 02 Tagung der Auslands- Organisation Gau Ausland NSLB Stuttgart 19.-23. August 1936 Kunststoff oh. Abb. III	Stuttgart 36 - 03 Volkskirche Deutsche Christen Gaukirchentag Stuttgart 29. Nov. 1936 Metall III

Stuttgart 37 - 01	Stuttgart 37 - 02	Stuttgart 37 - 03
Gautag der N.S.D.A.P. Württemberg - Hohenzollern Stuttgart 4. - 6. Juni 1937 Metall III	Gautag der N.S.D.A.P. Württemberg - Hohenzollern Stuttgart 25. - 27. Juni 1937 Metall: a) hohl b) massiv III	V. Reichstagung der Auslandsdeutschen Stuttgart 1937 Metall III
Stuttgart 37 - 04	Stuttgart 37 - 05	Stuttgart 38 - 01
Reichskriegerbund Landesverb. Württemberg-Hohenz. Jahresappell 25.4.37 Stuttgart Metall III	Südwestdeutsche Textilleistungsschau 1937 in Stuttgart vom 12. bis 30. Juni zur Reichstagung der RGB 2 Textil Metall III	VI. Reichstagung der Auslandsdeutschen Stuttgart 1938 Metall III
Stuttgart 38 - 02	Stuttgart 38 - 03	Stuttgart 38 - 04
Stuttgarter Studententag 1938 Metall oh. Abb. III	Deutscher Wandertag Stuttgart 1938 Metall II	Kameradschaftsabend NSFK Sturm 5 / 101 Stuttgart 15.6. 1938 Metall X
Stuttgart 38 - 05	Stuttgart 38 - 06	Stuttgart 38 - 07
Deutsche Naturforscher u. Ärzte Stuttgart 1938 Metall IV	15 Jahre Fußball "V.f.B." S. 1923 - 1938 Pappe II	34. Schwäbisches Liederfest Suttgart 8.- 11. Juli 1938 Metall II

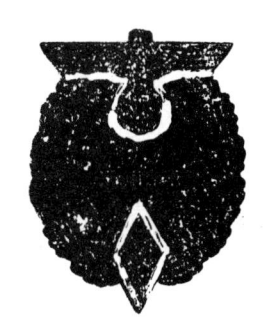

Stuttgart 39 - 01 3. Reichs - Gartenbautag Stuttgart 13.8. 1939 Efoplast III	**Stuttgart 39 - 02** Reichsgartenschau Stuttgart 1939 Holz (einen Sonnenhut darstellend) III	**Stuttgart 39 - 03** 1939 (Bannsportfest 19.6.39) a) Metall b) Kunststoff III
Stuttgart-Böblingen 33 - 01 N.S. Flugtag Stuttgart Böblingen Schwabenflug 1933 Metall V	**Süchteln 33 - 01** Deutsche Arbeitsfront Niederrhein Treffen Süchteln 24.9. 1933 Metall III	**Süd-Hannover-Braunschweig 31 - 01** NSDAP Gautag Süd-Hannover-Braunschweig 21. 22. Februar 1931 Metall III
Süd-Hannover-Braunschweig 34 - 01 Heilpraktiker Tagung Gau Süd- Braunschweig 27.- 28.1. 1934 Metall III	**Süd-Hannover-Braunschweig 38 - 01** Gautag Süd-Hannover-Braunschweig 9.- 12.6. 1938 Stoff im Metallrahmen III	**Süd-Holstein 00 - 01** Schlageter-Gedenktag Gefallen 26.5. 1923 Hitler-Jugend Bann "Süd-Holstein" Metall III
Südbayern 33 - 01 1883 1933 50 Jahre Bayer. Wald - Verein Jubiläumskundgebung am Brennes 27.8. 1933 Zum Segen der Heimat 5. Ostmarkfahrt ADAC Gau Südbayern Metall III	**Sudeten 00 - 01** Sudetendeutscher Gewerbetag Metall II	**Sudeten 38 - 01** Sudetenfahrt der Deutschen Technik 4. Dez. 1938 Metall III

Sudeten 38 - 02	Sudeten 38 - 03	Sudeten 39 - 01
3 1/2 Millionen Sudetendeutsche kehren zurück ins Deutsche Reich 1938 Metall III	Sudetenland's Freiheit Grossdeutschland's Ehre 1. Okt. 1938 Metall IV	Wettkampftage 1939 SA- Gruppe Sudeten Metall IV
Sulingen 39 - 01	Sulzbach-Rosenberg 34 - 01	Swinemünde 33 - 01
NSDAP Kreistag Sulingen 1939 Kunststoff III	Zusammenschluss Sulzbach Rosenberg Staatsakt 1934 Metall III	Ostland - Sympathie NSBO Hansestadt Danzig Kundgebung Swinemünde 1.10. 33 Metall III
Swinemünde 34 - 01		
Durch Arbeit zur Freiheit Swinemünde Usedom/Wollin 24.6. 34 Metall IV		

DER SPEZIALIST FÜR:
- **DEUTSCHES NOTGELD**
- **NOTGELD DER WELT**
- **ANTIQUARISCHE LITERATUR**
- **SPEZIALKATALOGE**

FORDERN SIE MEINE LISTEN AN!

**kkk - Verlag
Kai Lindman
Gamsener Weg 6
3177 Sassenburg
05371 - 54538**

Suche alte und neue Veranstaltungsabzeichen aus Niedersachsen.

Tabarz 34 - 01	Tangermünde 35 - 01	Tannenberg 00 - 01
Heimatfest Tabarz 17.- 20. August 1934 Stoff im Metallrahmen III	Altmärker Kriegsopfer Ehrentag Tangermünde 1935 Metall III	Tannenberg Metall: a) bronze b) silber III
Tannenberg 00 - 02	Tannenberg 00 - 03	Tannenberg 34 - 01
Metall V	Tannenberg Metall auf Bernstein III	1914 - 1934 Tannenberg Metall: a) bronze b) silberfarbend III
Tannenberg 34 - 02	Tatenruhm 38 - 01	Taubenberg 35 - 01
Reichskriegsopfertag Tannenberg 26.8.34 Metall auf Bernstein V	Ewig bleibt der Toten Tatenruhm 25. Juli 1934 - 1938 Metall I	1. Kreis Bauerntag Taubenberg 12.5. 1935 Metall oh. Abb. II
Tecklenburg 39 - 01	Templin 37 - 01	Teplitz 32 - 01
Kreistreffen der NSDAP Tecklenburg 1939 Kunststoff III	Kreistag Templin 1937 Metall III	50 jähr. Bestandfeier d. Tempels & Tempelvereines Teplitz 3.9.32 Metall II

Teplitz 35 - 01 Zur 50 Jahr- Feier d. Teplitzer Gebirgsvereines 1935 Metall　　　　　　　　　　II	Teplitz 35 - 02 12. Reichsjugendtagung Teplitz 1935 Metall　　　　　　　　　　II	Teplitz 37 - 01 Fest d. Deutschen Arbeiter Arbeitsgebiete Teplitz, Dux, Bilin, Karbitz　　Teplitz 1.8. 1937 Metall: a) silber b) golden　　II
Teplitz-Schönau 00 - 01 D. Frontkämpfer Teplitz-Schönau Heimat Söhne i. Weltkriege Metall　　　　　　　　　　II	Teplitz-Schönau 32 - 01 Bundestag d. Hausbesitzerv. Teplitz-Schönau 25.- 26. Juni 1932 Metall　　　　　　　　　　II	Teplitz-Schönau 34 - 01 ATUS 5. Kreis 1. Kr. Kinderturnfest 9. u. 11. Juni 1934 Teplitz-Schönau Metall　　　　　　　　　　II
Teplitz-Schönau 35 - 01 1. Kreistreffen Sd.P. Teplitz-Schönau Metall　　　　　　　　　　II	Teplitz-Schönau 36 - 01 1. Gaufest Kinderfreunde Teplitz-Schönau 20./ 21. Juni 1936 Metall　　　　　　　　　　II	Teplitz-Schönau 36 - 02 SdP Fahnentreffen Teplitz-Schönau 1936 Metall　　　　　　　　　　II
Teplitz-Schönau 37 - 01 Erste Reichskleintierschau Bad Teplitz-Schönau 30.- 31.1. 1937 Metall　　　　　　　　　　II	Teplitz-Schönau 37 - 02 Kreisarbeitertag Teplitz-Schönau 14.- 15. Aug. 1937 Metall　　　　　　　　　　II	Teplitz-Schönau 37 - 03 XVI. Schachkongress Teplitz-Schönau 21.- 31. August 1937 Metall　　　　　　　　　　III

Teplitz-Schönau 38 - 01 1888 1938 Fleischer-Genossenschaft Teplitz-Schönau Metall II	Teplitz-Schönau 38 - 02 Sudetendeutsche Musikfestwoche Teplitz-Schönau 21.- 28. Mai 1938 Metall II	Tetschen 30 - 01 Elbegau d.S.B.d.S. 5. Sängerfest Tetschen 31.5.- 1.6.30 Metall II
Tettnang 37 - 01 Reichshopfnbauerntagung Tettnang / Bodensee 1937 Stoff im Metallrahmen III	Teuchern 33 - 01 1000 Jahrfeier Teuchern 933 - 1933 Metall II	Teutschneureut 33 - 01 Karlsruher Turnbezirk 64. Bezirks- Turn- fest 15.u.16.7.33 in Teutschneureut Pappe II
Thale 33 - 01 NSKK- Treffen u. Dreiecksrennen Thale a./H. 19.- 20.8. 1933 Metall II	Thalmässing 31 - 01 Deutscher Tag 20./21. 6. 1931 Thalmässing Pappe III	Theben 39 - 01 Grenzlandtag Theben 1939 Pappe * II
Thening 38 - 01 Hitlereiche 24. V. 1938 Thening Metall II	Thierbach 35 - 01 Sportplatz- Eröffnung AFK Thierbach 25. Aug. 1935 Pappe I	Thingplatz 35 - 01 Thingplatz - Eröffnung Porzellan III

Thüringen 00 - 01 K D F Thüringen Preßmasse (Ton) IV	Thüringen 00 - 02 D.A.F. N.S.G. Kraft durch Freude Gau Thüringen Kunststoff II	Thüringen 00 - 03 Thüringer auf froher Fahrt Holz III
Thüringen 00 - 04 Thüringen KdF Preßmasse III	Thüringen 35 - 01 N.S.D.A.P. Thüringen 1925 1935 Metall III	Thüringen 37 - 01 Kreistag N.S.D.A.P. Thüringen 19./ 20.6. 1937 Metall III
Thüringen 38 - 01 Kreistag N.S.D.A.P. Thüringen 18.19.6. 38 Metall III	Thüringen 38 - 02 Kreistag N.S.D.A.P. Thüringen 25,26.6. 38 Metall III	Thüringen 38 - 03 Kreistag N.S.D.A.P. Thüringen 30.31.7. 38 Metall III
Thüringen 38 - 04 Für Ehre und Freiheit Für Arbeit und Brot NSDAP Thüringen 15. Mai 1938 Kreisabschnittstreffen Preßpappe III	Tiengen 37 - 01 Tiengen Hochrhein Schwyzertag 1937 Metall II	Tilsit 34 - 01 Braune Messe Tilsit 1934 Metall III

Tilsit 34 - 02	Tilsit 34 - 03	Tilsit 35 - 01
12. September 1914 1934 Befreiungsfeier Tilsit Metall III	Spatenstich Thingplatz Tilsit 1934 Metall III	Frontsoldaten u. Kriegsopfer Ehrentag Grenzland Kundgebung Tilsit 18.8. 1935 Metall III
Tirol 33 - 01	Tirol 38 - 01	Tirol 39 - 01
Tiroler SA- Skimeisterschaften 1933 Metall oh. Abb. III	Tiroler Landesschießen 1938 Metall V	Standschützenverband 1939 Metall III
Tirol 39 - 02	Tirol 40 - 01	Tirol 40 - 02
Tiroler Landesschiessen 1939 Metall / emailliert V	Landesschießen 1940 Metall / emailliert V	Landesschießen 1940 Kleinkaliber Meisterklasse Metall / emailliert * X
Tirol 40 - 03	Tirol 42 - 01	Tirol 43 - 01
Landesschießen 1940 Armeegewehr - Meisterklasse Metall/emailliert * X	KK - Gewehr Metall / emailliert V	Pistole 1943 Metall / emailliert V

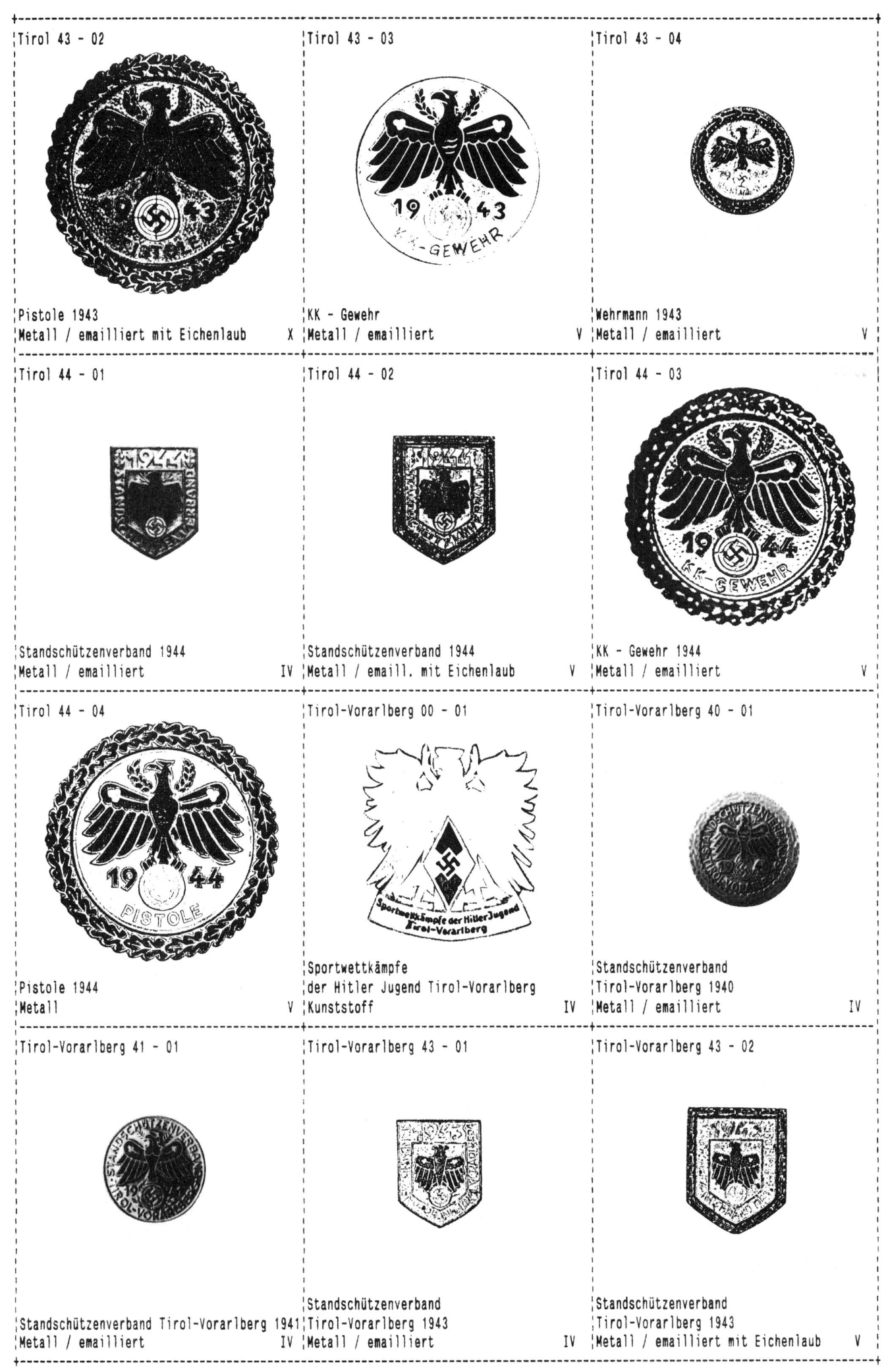

Tirol 43 - 02	Tirol 43 - 03	Tirol 43 - 04
Pistole 1943 Metall / emailliert mit Eichenlaub X	KK - Gewehr Metall / emailliert V	Wehrmann 1943 Metall / emailliert V
Tirol 44 - 01	Tirol 44 - 02	Tirol 44 - 03
Standschützenverband 1944 Metall / emailliert IV	Standschützenverband 1944 Metall / emaill. mit Eichenlaub V	KK - Gewehr 1944 Metall / emailliert V
Tirol 44 - 04	Tirol-Vorarlberg 00 - 01	Tirol-Vorarlberg 40 - 01
Pistole 1944 Metall V	Sportwettkämpfe der Hitler Jugend Tirol-Vorarlberg Kunststoff IV	Standschützenverband Tirol-Vorarlberg 1940 Metall / emailliert IV
Tirol-Vorarlberg 41 - 01	Tirol-Vorarlberg 43 - 01	Tirol-Vorarlberg 43 - 02
Standschützenverband Tirol-Vorarlberg 1941 Metall / emailliert IV	Standschützenverband Tirol-Vorarlberg 1943 Metall / emailliert IV	Standschützenverband Tirol-Vorarlberg 1943 Metall / emailliert mit Eichenlaub V

Tirschenreuth-Kemnath 36 - 01	Tirschenreuth-Kemnath 37 - 01	Torgau 39 - 01
NSDAP Kreistreffen 1936 Tirschenreuth-Kemnath Pappe — II	NSDAP Kreistreffen Tirschenreuth-Kemnath 27.6. 1937 Leder — II	Kreistreffen Torgau 25. Juni 1939 Metall — III
Tost 00 - 01	**Traunkirchen 34 - 01**	**Traunstein 33 - 01**
Tost Burgenland Schlesien Metall — III	JV Traunkirchen 28. 10. 1934 Metall — II	10. Juni 33 10. Gründungsfest d. N.S. Ortsgruppe Traunstein Metall: a) silber b) gold — III
Traunstein 33 - 02	**Trautenau 36 - 01**	**Trautenau 38 - 01**
Katholiken-Tag 1933 Traunstein Metall — II	17. Kulturverbandsfest Trautenau Pfingsten 1936 Metall — II	Hausbesitzer Bundestag Trautenau 1938 Metall — II
Trebbin 35 - 01	**Treffurt 36 - 01**	**Treuchtlingen 33 - 01**
"25" Wanderertag in Trebbin 31.8. - 1. 9. 1935 Pappe — II	Lagerweihe u. Sporttfest R.A.D. Gr. 235 Treffurt 19.- 20. 9. 36 Metall — III	Horst Wessel Denkmal-Weihe Treuchtlingen 1933 Metall — III

Treuenbrietzen 36 - 01 600 Jahre Schneiderinnung Treuenbrietzen 1336 1936 Pappe II	Triberg 34 - 01 Krieger- Ehrenmal Triberg 1934 Metall II	Triebes 34 - 01 Heimatfest Stadt Triebes 10.- 15. Juni 1934 Kunststoff: a) grün b) schwarz II
Trier 30 - 01 IR 29 Regimentstag Trier 1930 Metall II	Trier 32 - 01 35. Mittelrhein. Kreisturnfest Trier 1932 Metall auf Stoff II	Trier 33 - 01 Trier 1933 Metall II
Trier 33 - 02 19. Prov. Verb. Tag d. San. Kol. d. Rheinprovinz Trier 1933 Metall III	Trier 36 - 01 Frontkämpfer u. Kriegsopfer Ehrentag Trier 1936 Metall III	Trier 37 - 01 SA- Wettkampftage der Gruppe Westmark Trier 26.27.6. 1937 Metall: a) bronze b) silber III
Trier 39 - 01 Westmark Gautag 1939 9.- 11. Juni in Trier Metall III	Trier 39 - 02 Wettkampftage der SA- Gruppe Westmark Trier 8.- 9.7.39 Metall II	Trostberg 34 - 01 700 Jahrfeier Trostberg 9.- 16.9. 1934 Stoff im Metallrahmen II

Trostberg 34 - 02	 Trostberg 37 - 01	Tschernotin 30 - 01
Trostberg 700 Jahrfeier 6.- 14.9. 1934 Stoff im Metallrahmen II	Soldatentag Trostberg 22./ 23. Mai 1937 Pappe II	Motorspritzenweihe der freiwilligen Feuerwehr Tschernotin 18.5. 1930 Seidenbändchen III
Tübingen 35 - 01	Tübingen 36 - 01	Tübingen 37 - 01
3. Schwäb. Frontsold. Kriegsopfer-Ehrentag Tübingen 11.8. 1935 Metall III	40er Treffen in Tübingen 1936 Seidenbändchen * II	1. Motor Sporttage N.S.K.K. Tübingen 18.- 19.9. 1937 Metall III
Turn 00 - 01	Turn 30 - 01	Turn 33 - 01
Freiw. Feuerwehr Turn Holz III	19.- 20.7. 1930 Gründungsfest der Union d. Bergarb. Arbeiter-Turner Arb.- Radfahrer Turn Metall III	II. Verb.- Tag ehem. Kriegsgefangener in Turn am 1. und 2. Juli 1933 Seidenbändchen * II
Turn 34 - 01	Turn 34 - 02	Turn 35 - 01
15 jähr. Bestandfest des Bundes der Kriegsverletzten Witwen u. Waisen Sitz Reichenberg Ortsgruppe Turn 14.- 15.7.1934 Pappe II	D.B.Sch.V. Gau VI Turn 1934 Metall II	Kinderhilfe Stadt Turn 1935 Metall in verschiedenen Ausführungen II

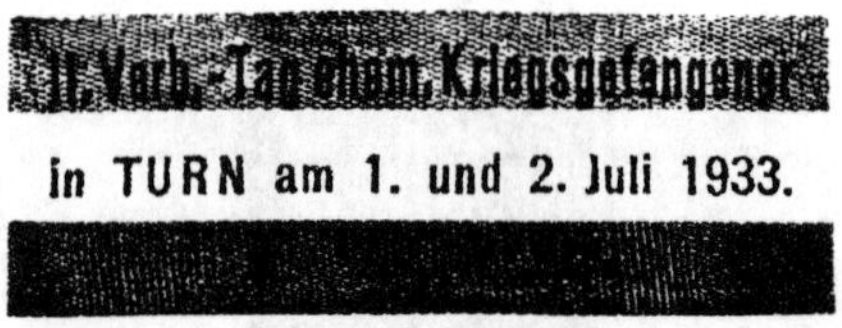

Turn 36 - 01

15. Wiedersehensfest der H.S.i.W.
Turn 13.u.14. Juni 1936
Pappe   II

Turn 37 - 01

dkv Bezirksfest Turn 1937
Holz   II

Tutzing 33 - 01

Brahms Fest Tutzing 1933
Metall   II

Tutzing 37 - 01

Bezirkssportfest Tutzing 1937
Metall   III

Nordharz-Militaria und Antik

Ankauf · Verkauf · Tausch · Schätzungen
Sachverständiger für Militaria

Neue Liste 3,– DM, Jahresabo. (4 Listen) 12,– DM

Ich führe ständig im Angebot:

Waffen-Ersatzteile (G 71, G 88, G 71/84, G 98, K 98 A, K 98/43), Reserv.-Bilder, Pickelhauben, Helme, Uniformen, Effekten, Blankwaffen, Koppelschlösser, Orden, Fotos, Literatur, Ausrüstungsgegenstände, Kleinabzeichen usw.

Öffnungszeiten:
Mo. – Fr. 10 –18 Uhr, Sa. 10 –13 Uhr

Besuche bitte mit telefonischer Vereinbarung.

Peter Rautmann
Brückenstraße 13 · 3344 Ohrum
Telefon (0 53 37) 15 42

Ueberlingen 35 - 01	Uelzen 33 - 01	Uelzen 33 - 02
50. Gründungsfest T.V. Überlingen 29.- 30.6.35 1885 - 1935 Metall II	Fest der deutschen Schule VDA Uelzen 1933 Metall II	SA Brigade Aufmarsch Hann. Ost in Uelzen 8.10. 33 Metall III
Uelzen 33 - 03	Uelzen 34 - 01	Uelzen 34 - 02
5 Jahre Hitler-Jugend Ost-Hannover Treffen Uelzen 28.5. 33 Metall III	SA- Brigade- Aufmarsch Brigade 60 Uelzen Okt. 1934 Metall IV	Deutsch ist die Saar VDA Fest d. deutsch. Schule Uelzen 1934 Metall III
Uelzen 38 - 01	Uetersen 34 - 01	Uhlenbusch 00 - 01
NSDAP Kreistreffen Uelzen 29.5.38 Metall III	700 Jahrfeier der Stadt Uetersen Deutsche Rosenschau Juni - Okt. 1934 Metall II	Uhlenbusch Metall III
Ulm 34 - 01	Ulm 34 - 02	Ulm 36 - 01
Tag der Ulmer Garnison 5. Aug. 1934 Metall III	Schwäb. Kriegsopfer- Ehrentag Ulm 23.9. 1934 Metall III	Alfred Rosenberg Ulm 18. 10. 36 Metall III

Ulm 37 - 01	Ulrich Graf Burg 37 - 01	Ulrichskirchen 32 - 01
Reichsbund Kreisfest im Ulmer Stadion 17.- 18.7. 1937 Metall III	Fahnenübergabe auf der Ulrich Graf Burg am 3./ 4. Juli 1937 Metall II	10 Jahre Deutsches Turnen D.T.V. Ulrichskirchen Brachet 1932 Metall III
Undenheim 35 - 01	**Unken 33 - 01**	**Unterland 34 - 01**
Verbands- Fest Rhh. Posaunen Chöre in Undenheim 22. - 23.6. 1935 Pappe II	Zur Erinnerung an d. Ehrenbürger Feier d. Reichsk. Adolf Hitler Unken 28.5. 1933 Metall III	H.J. Bann=Treffen 121. Unterland 23./ 24. Brachet 34 Metall III
Unterweser 33 - 01	**Urach 37 - 01**	**Usingen 38 - 01**
Banntreffen "190" Unterweser 27.- 28. Okt. 1933 Metall III	Uracher Schäferlauf 1937 Metall II	Oberlahn Kreistag Usingen 1938 Kunststoff III
Usingen 38 - 02		
Buchfinkenfest Usingen i. Taunus 30.- 31. 7. 1938 Efoplast II		

Vacha 34 - 01	VDA 00 - 01	VDA 00 - 02
Aufmarsch der Standarte 393 am 23.u.24. Juni 1934 Vacha Metall oh. Abb. III	Fest der deutschen Schule VDA Metall III	VDA Tag des deutschen Volkstum Metall III
Vechta 00 - 01	Vechta 33 - 01	Vechta 33 - 02
Amt Vechta Metall IV	8. Oldenburgisches Sängerfest in Vechta am 24./ 25.6. 1933 Metall II	Vechta i.O. 26. Mai 1933 Schlageter Metall III
Vechta 38 - 01	Vegesack 34 - 01	Verden 32 - 01
Kreistag NSDAP Vechta 18.19. Juni 1938 Metall III	Parteitag der N.S.D.A.P. Kreis Bremen Vegesack 1934 Porzellan V	"Jufa" Verden 1932 Metall II
Verden 33 - 01	Verden 33 - 02	Verden 34 - 01
Gross- Flugtag Verden 8.10.33 Metall oh. Abb. IV	Gautag 30.4.33 Verden Metall III	Niedersachsentag 23.6. 1934 Verden 782 Metall III

Verden 37 - 01	Verden 37 - 02	VfK 32 - 01
Tag des BDM in Verden 3. u. 4. Juli 1937 Pappe　　　　　　　　　　　　II	600 Jahre Verdener Schützentradition 31. Juli 1. August 2. August 1937 Metall　　　　　　　　　　　　III	40 Jahre VfK 1892 - 1932 Metall　　　　　　　　　　　　I
Viareggio 00 - 01	Viechtach 30 - 01	Viersen 39 - 01
P.N.F. O.N.D. Lavoratori Tedeschi in Italia Viareggio A. XVII kunststoff mit Metallauflage　　IV	17. Gauturnfest des Donau-Wald-Turngaues in Viechtach 14. u. 15. Juni 1930 Metall　　　　　　　　　　　　II	Schützen- u. Heimatfest Viersen 1939 Metall　　　　　oh. Abb.　II
Viersen-Kempen 34 - 01	Viersen-Kempen 35 - 01	Vilbel 35 - 01
Sonnenwende Grenzland Viersen-Kempen 1934 Metall　　　　　　　　　　　　III	Sonnenwende Grenzland Viersen Kempen 1935 Metall　　　　　　　　　　　　III	Altdeutsche Tage 22.- 24.6. 35 Vilbel Hessen vor 500 Jahren Stoff im Metallrahmen　　　　III
Vilbel, Bad 34 - 01	Vilbel, Bad 38 - 01	Villach 32 - 01
Einweihung des Ehrenmals F.d.i. Weltkrieg Gefallenen Bad Vilbel 22. 7. 1934 Metall　　　　　　　　　　　　III	Hauptversammlung des D.H.C. Bad Vilbel 11. u. 12. VI. 1938 Stoff im Metallrahmen　　　　III	N.S.D.A.P. Gauparteitag Villach 8. Okt. 1932 Metall　　　　　　　　　　　　IV

Villach 39 - 01	Villach 40 - 01	Villingen 35 - 01
NS- Winterkampfspiele 17.- 19.2. 1939 Villach - Kärnten Metall oh. Abb. III	Internationale Wintersportkämpfe Villach v. 24.- 28. Jänner 1940 Metall III	32. Badischer Landes-Feuerwehrtag Villingen i/Schw. vom 30. August bis 2. Sept. 1935 Seidenbändchen * III
Villingen 38 - 01	Vöcklabruck 34 - 01	Vöcklabruck 35 - 01
48. Bad. Pioniertag in Villingen 1938 Metall III	JV 1. Gau-Jugendtreffen Attergau Vöcklabruck 7. 10. 1934 Metall II	Dr. Engelbert Dollfuß Denkmal Enthüllung Vöcklabruck 1935 Metall II
Vöcklabruck 36 - 01	Vöcklabruck 39 - 01	Volksdorf 37 - 01
VF Bezirkskundgebung Vaterl. Front Vöcklabruck Mai 1936 Metall II	Kreishaus Eröffnung Vöcklabruck August 1939 Metall IV	500 Jahrfeier Volksdorf 1937 Metall III
Volkswagenwerk 38 - 01	Vollmerhausen 00 - 01	Vorau 00 - 01
Grundsteinlegung des Volkswagenwerkes Mai 1938 Metall X	SA- Sporttag in Vollmerhausen Sturmbann II/ 65 Metall oh. Abb. III	Ottokar Kernstock Denkmal in Vorau Metall II

Wachau 36 - 01	Wachau 37 - 01	Wachau 38 - 01
Wachauer Frühlingsfest 1.- 3. Mai 1936 Metall II	Wachauer Frühlingsfest 1937 Metall II	Wachau Deutscher Frühling 1938 Metall II
Wackersberg 33 - 01	Wahren 37 - 01	Waiblingen 36 - 01
Heil Hitler Einweihung des Hitlerberges u. der Hindenburg Höhe 8./ 9. Juli 1933 Wackersberg bei Tölz Metall III	75 Jahre ATV Wahren 14.- 23. Aug. 1937 Kunststoff II	Kreisturnfest Kreis Stuttgart Waiblingen 1936 Metall III
Waidhofen 39 - 01	Waldbröl 36 - 01	Waldeck 00 - 01
1939 Kreistag der NSDAP Waidhofen / Th. Metall IV	Ehrentag des R.A.D. Gruppe 213 Waldbröl 1936 Metall IV	VDA Hessen-Nassau Waldeck Metall IV
Waldenburg 35 - 01	Waldheim 38 - 01	Waldshut 36 - 01
Bundestag Waldenburg 2.- 4. Aug. 1934 Bund heimattreuer Schlesier Vereinigte Oberschlesier u. Schlesier Berlin Metall II	4. Wiedersehenstag E.J.R. 24 Waldheim 20.21. Aug. 1938 Preßpappe III	Waldshuter Fasnacht 1936 Metall II

Waldshut 36 - 02 Waldshuter Chilbi 1936 Metall　II	Waldshut 37 - 01 Waldshuter Fasnacht 1937 Metall　II	Waldshut 37 - 02 Waldshuter Chilbi 1937 Metall　II
Waldshut 37 - 03 1897 10.- 11. Juli 1937 DSB Frohsinn Waldshut Metall　II	Walkemühle 34 - 01 Walkemühle 1. Juli 1934 Metall　III	Walkenried 34 - 01 NSDAP Kreiskongreß 5.- 6. Mai 1934 Klosterort Walkenried Pappe　II
Walsertal 35 - 01 Kriegerdenkmalweihe Walsertal 20. Okt. 1935 Metall / emailliert　V	Walsrode 36 - 01 2. Kreistreffen der N.S.D.A.P. Kr.Fallingbostel Walsrode 3.- 5. Juli 1936 Metall　III	Waltrop 38 - 01 Kreistreffen NSDAP Kreis Recklinghausen in Waltrop 1938 Hartpappe　III
Wangen 33 - 01 Fahnenweihe d. O.G. d. NSBO Wangen i/ A. 1933 Metall　II	Wangerooge 34 - 01 Wangerooge 1934 Metall　III	Wanne-Eickel 35 - 01 Wanne-Eickel 500 Jahrfeier der Cranger Kirmes vom 9.- 14. August 1935 Reichstag d. Wirtschaftsgr. Ammbulantes Gewerbe Metall　III

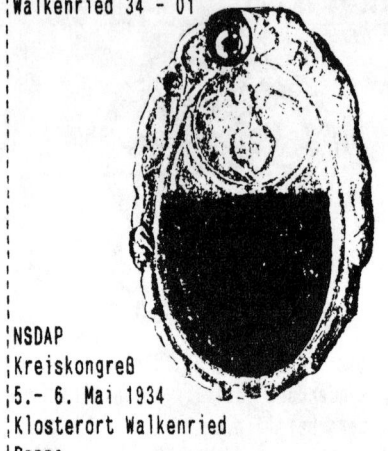

Wanne-Eickel 37 - 01 Kreistreffen 1937 N.S.D.A.P. Wanne-Eickel 23.- 25. Juli 1937 Stoff im Metallrahmen III	Wanne-Eickel 38 - 01 NS. Deutscher Marinebund Gautreffen Westfalen Wanne-Eickel Juli 1938 Metall IV	Waren 34 - 01 Aufmarsch d. Standarte 60 Aufmarsch d. Standarte 60 Waren 1.7. 34 Metall III
Warndt 35 - 01 Einweihung Warndt - Ehrenmal 16. Juni 1935 Metall II	Wasgau 32 - 01 Wasgau- Bergfest DT 1932 Metall II	Wasserburg 34 - 01 36. Gaufest des Gau Verbandes I in Wasserburg a. Inn 22.7. 1934 Pappe II
Wassertrüdingen 35 - 01 75 Jähriges Jubiläum Ges.V. Wassertrüdingen 1935 Metall II	Wattenscheid 39 - 01 NSDAP Kreistag Wanne-Eickel Wattenscheid 1939 Kunststoff III	Weferlingen 32 - 01 1832 1932 100 Jahrfeier Schützenverein Weferlingen e.V. 19.6. 32 Metall III
Wegscheide 00 - 01 Zur Erinnerung an die Wegscheide Metall II	Wehlen 36 - 01 Stadt Wehlen und Dötscha Marktfest 8.8.36 Metall II	Weida 33 - 01 13. Thür. Gautag des G.D.A. in Weida 6./7. Mai 1933 Metall III

Weil 34 - 01 Kreis-Turnfest Weil a Rh. 1934 Metall　II	Weiler 37 - 01 1912 1937 25 jähr. Jubiläum Trachten- u. Heimatverein "Rothachtaler" Weiler im Allgäu 18. 7. 37 Pappe　II	Weimar 26 - 01 NSDAP Reichsparteitag in Weimar 3.,4.7.26 Pappe　X
Weimar 32 - 01 1832 1932 J.W.v. Goethe 12. Thür. GDA Gautag Weimar Metall mit Seidenbändchen　III	Weimar 33 - 01 Braune Messe Weimar 3.- 10.12. 1933 Metall　oh. Abb.　II	Weimar 33 - 02 Gautagung Beamten- Abtlg. d. N.S.D.A.P. Weimar 23.- 24.9. 1933 Metall　III
Weimar 33 - 03 Zur Weihe Horst Wessel-Haus Weimar 2. 7. 33 Metall　III	Weimar 33 - 04 1. Reichsbauerntag Weimar 20.- 23. Gilbhart 1933 Metall　III	Weimar 34 - 01 Tag des Thür. Arb. Soldaten Arbeitsgau 23 Thüringen Weimar 26.- 27.5.34 Metall　IV
Weimar 34 - 02 In Krautes Saft wirkt Gottes Kraft Deutscher Apotheker-Tag Weimar 1934 Metall　V	Weimar 34 - 03 Blut und Boden 1. Reichsbauerntag Weimar 1934 Metall　V	Weimar 34 - 04 Führerappell Weimar 1934 Metall　III

Weimar 34 - 05	Weimar 35 - 01	Weimar 36 - 01
1859 1934 Weimar 13. Mai 1934 Metall III	Thüringer Ärztetag Weimar 1935 Metall III	10 Jährige Wiederkehr des Reichsparteitages Weimar 1926 1936 Metall: a) bronze b) silber IV
Weimar 36 - 02	Weimar 37 - 01	Weimar 38 - 01
1. Deutscher Fachkongreß für d. Prüfungs- und Treuhandwesen Weimar 13.- 15. II. 36 Metall III	1. Kreisfest Gau VI im DRL Weimar 1937 Metall III	Gautag NSDAP Weimar 22.- 23. Okt. 1938 Metall III
Weinheim 30 - 01	Weinsberg 30 - 01	Weinstrasse 00 - 01
Ratschr. Tagung Weinheim 1930 Metall II	DT Unterer Neckargau T. u. Sp. V. Weinsberg Gauturnfest 12./ 13. Juli 1930 Pappe II	Die Deutsche Weinstrasse Metall I
Weissenfels 35 - 01	Weissenfels 38 - 01	Weissenfels 39 - 01
750 Jahrfeier der Stadt Weissenfels 1935 Stoff im Metallrahmen III	Heimatfest 1938 Stadt Weissenfels Metall III	Heimatfest 1939 Stadt Weissenfels Kreisappell der NSDAP Metall oh. Abb. III

Weissensee 36 - 01 Weissenseer Heimatwoche 1936 Metall oh. Abb. II	Weissenstadt 33 - 01 Ostmark Kundgeb. Scharfschiessen Weissenstadt 16.- 17. Sept. 1933 Metall III	Weiterode 36 - 01 Kirmes Weiterode 1936 Pappe: a) rot b) grün II
Weitnau 34 - 01 Kreisgruppenturnfest u. Fahnenweihe in Weitnau 17.6. 1934 Metall II	Wekelsdorf 37 - 01 Bund der Deutschen Wekelsdorf 1937 Holz II	Wels 31 - 01 Ob. Öst. Gautag N.S.D.A.P. Wels August 1931 Metall V
Wels 37 - 01 Schulter an Schulter Deutsches u. österreich. Frontsoldatentreffen Wels 17.- 18.7. 1937 Metall III	Wels 39 - 01 Kreiskriegerführung Vöcklabruck Kreiskriegerführung Wels NS. Reichskriegerbund Fahnen - Enthüllungsfeier 26. Februar 1939 in Wels Pappe * II	Werdau 33 - 01 10 Jahre NSDAP Werdau 1923 - 1933 "10" 24.- 25. Juni Metall III
Werdau 38 - 01 15 Jahre NSDAP Werdau Kreistagungen HJ Heimweihe 25.- 26. Juni 1938 Metall III	Werdau 39 - 01 2. NSRL. - Kreisfest Werdau 24/25. 6. 1939 Metall III	Werdohl 34 - 01 Kreis Altena Aufmarsch der D.A.F. Werdohl 21.u.22.7. 1934 Metall III

Werneuchen 37 - 01	Werningerode 00 - 01	Werningerode 33 - 01
Garnisionstadt Werneuchen Nov. 1937 Efoplast — III	Werningerode (Harz) Seidenbändchen * II	Werningerode 22. Okt. 1933 Metall — III
Wesel 35 - 01	Wesel 36 - 01	Wesel 37 - 01
IR 57 75. Gründungsfest am 1.u.2. Juni 1935 Wesel Inf. Regt. Herzog Ferdinand von Braunschweig (8.Westf.) Nr. 57 Metall — III	1936 Wesel Metall — III	Kreistag Rees in der Schillstadt Wesel 27.- 29.8. 1937 Metall — III
Weser-Ems 00 - 01	Weser-Ems 00 - 02	Weser-Ems 00 - 03
Gau Weser Ems (Weinrebe) Kunststoff — II	NS- Gemeinschaft "Kraft durch Freude" Gau Weser - Ems Stoff im Metallrahmen (Edelweiß) II	NS- Gemeinschaft Kraft durch Freude Gau Weser-Ems (Kornblume) Stoff im Metallrahmen — II
Weser-Ems 00 - 04	Weser-Ems 00 - 05	Weser-Ems 00 - 06
Gau Weser-Ems (Edelweiß) Kunststoff — II	Gau Weser Ems (Tannenbaum) Kunststoff — II	L.- V. Weser-Ems V.D.A. Metall — III

Weser-Ems 00 - 07	Weser-Ems 00 - 08	Weser-Ems 00 - 09
VDA VI / 13 Weser-Ems Metall — III	NS- Gemeinschaft Kraft durch Freude Gau Weser-Ems Stoff im Metallrahmen (Weinrebe) — II	VDA VI / 1 Weser-Ems Metall — III
Weser-Ems 00 - 10	Weser-Ems 34 - 01	Weser-Ems 34 - 02
Gau Weser-Ems Kunststoff (Maiglöckchen) — II	Gau Parteitag Gau Weser-Ems Juli = 1934 Metall — III	1934 Rheinlandfahrt N.S.G. Kraft d. Freude Gau Weser-Ems Metall — II
Weser-Ems 34 - 03	Weser-Ems 34 - 04	Weser-Ems 34 - 05
NSG KdF. 1934 Nordseefahrt Gau Weser-Ems Metall — III	NSG KdF. 1934 Allgäu - Fahrt Gau Weser-Ems Metall — II	Harzfahrt 1934 N.S.G. Kraft d. Freude Gau Weser Ems Metall — III
Weser-Ems 39 - 01	Weser-Ems 39 - 02	Wesermarsch 36 - 01
Sommer - Sonnenwende Gau Weser-Ems 1939 Metall — III	1929 Weser-Ems 1939 NS- Frauenschaft Deutsches Frauenwerk Metall — III	Kreistag Wesermarsch 28. Juni 1936 Metall — III

Wesermarsch 38 - 01	Wesermünde 34 - 01	Wesermünde 36 - 01
Kreistag NSDAP Wesermarsch 28./ 29. Mai 1938 Metall III	Kreisparteitag der NSDAP Landkreis Wesermünde 13. u. 14. Okt. 1934 Metall III	2. Kreistreffen der NSDAP 27/ 28.6. Wesermünde 1936 Metall IV
Wesermünde 38 - 01	Wesertal 37 - 01	Westbau 38 - 01
Kreistreffen NSDAP Wesermünde 18. / 19. Juni 1938 Metall III	Wesertal "25" 6. 11. 37 Steingut III	Westbau 1938 Metall II
Westbau 39 - 01	Westfalen 00 - 01	Westfalen 00 - 02
Einsatzstaffel Westbau 1938-39 Metall III	Gebietsaufmarsch Gebiet Westf. 9 a) Metall b) grauer c) weiß. Kunststoff II	Gau IX DT Westf. Metall emailliert X
Westfalen 33 - 01	Westfalen 33 - 02	Westfalen 34 - 01
Westf. JgBtl Nr.7 SA- Std. Jg Nr. 7 1815 - 1933 Metall V	N.S.B.O. I. Tagung d. Deutsch. Arbeitsfront Bez. Westfalen 5.11. 1933 Metall IV	Erstes Westfäl. Landesbauernthing 16.6. 1934 Metall II

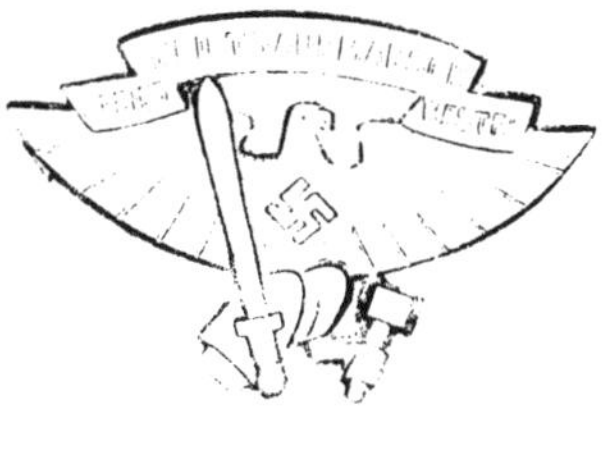

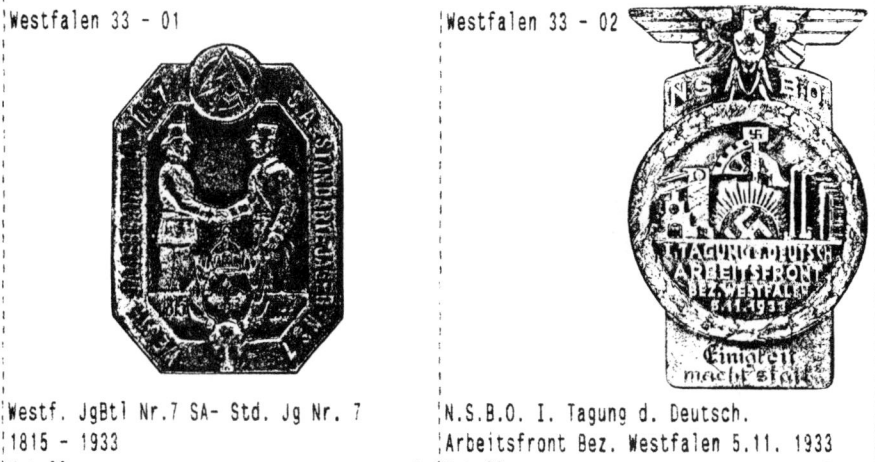

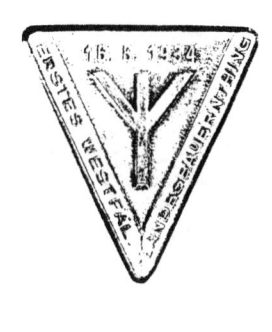

Westfalen 34 - 02	Westfalen 39 - 01	Westfalen 39 - 02
Westfalentag Volkstum u. Arbeit 1934 Metall II	50 Jahre Obst- u. Gemüsebauverband F. Westf. u. L. 1889 1939 Efoplast II	SA- Gruppe Westfalen SA Wehr- Wettkampftage 1939 Kunststoff III
Westfalen-Nord 00 - 01	Westfalen-Nord 33 - 01	Westfalen-Nord 34 - 01
Gau Westfalen-Nord Kunststoff II	1. Gautreffen der N.S.B.O. Westfalen-Nord 1933 Metall III	N.S.D.A.P. Gautag Westf.- Nord 1934 Metall III
Westfalen-Nord 35 - 01	Westfalen-Nord 36 - 01	Westfalen-Süd 33 - 01
Gautreffen Gau Westf. Nord am 5.6.u.7. Juli 1935 Metall: a) hohlgeprägt b) massiv III	NSG Kraft d. Freude Gau Westf.- Nord Urlaubsreise 1936 Stoff im Metallrahmen III	N.S.B.O. Gautreffen Westfalen - Süd 16. Juli 1933 Metall III
Westfalen-Süd 34 - 01	Westfalen-Süd 36 - 01	Westfront 40 - 01
Meinem Führer Unverbrüchliche Treue Rs: Zur Erinnerung an die Vereidigung der Pol. Leiter des Gaues Westfalen-Süd am 25. 2. 1934 Metall V	NSG. Kraft d. Freude Urlaubsreise 1936 Gau Westfalen-Süd Stoff im Metallrahmen III	Westfront 1939 - 40 Metall II

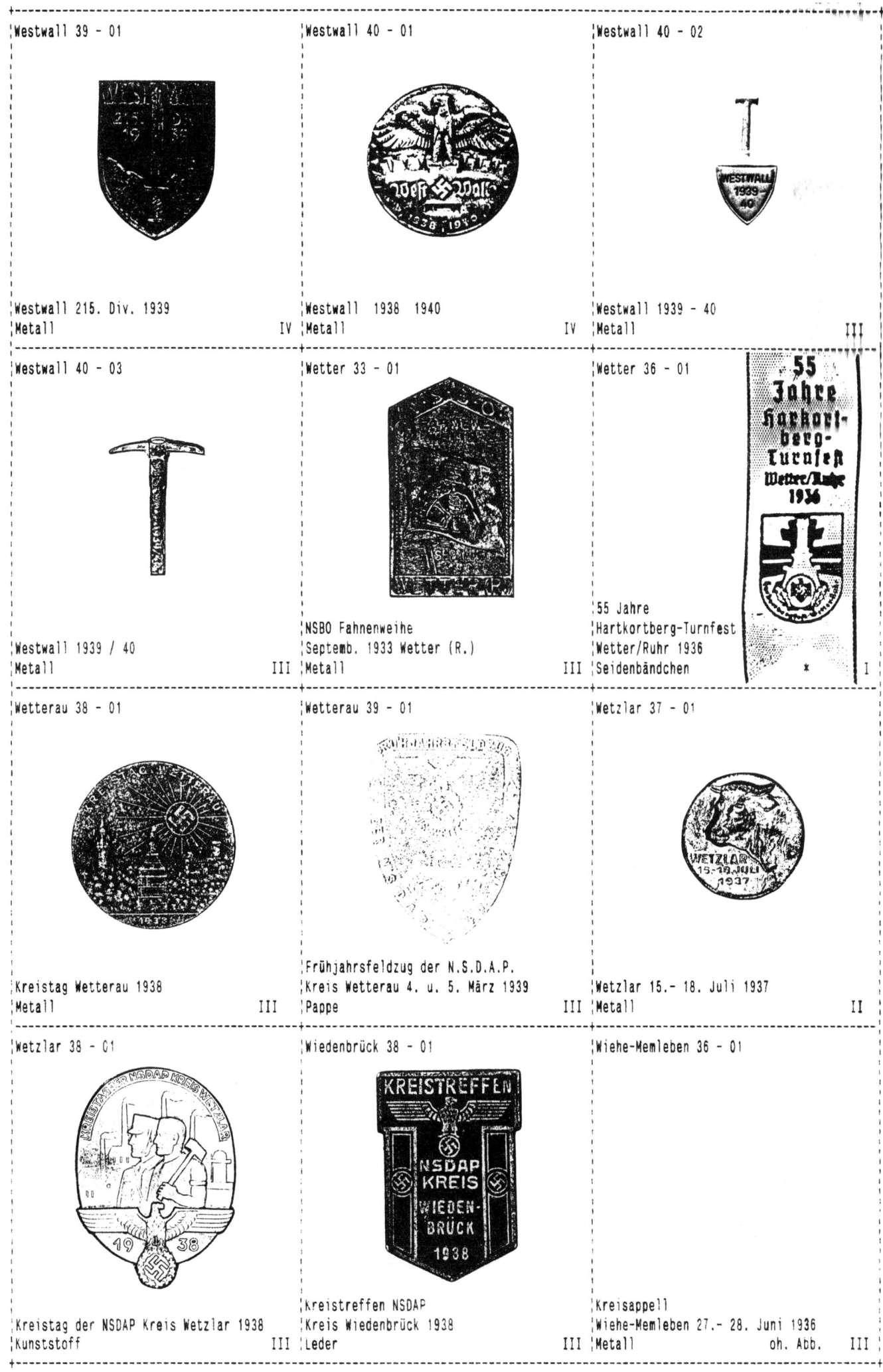

Westwall 39 - 01	Westwall 40 - 01	Westwall 40 - 02
Westwall 215. Div. 1939 Metall IV	Westwall 1938 1940 Metall IV	Westwall 1939 - 40 Metall III
Westwall 40 - 03	Wetter 33 - 01	Wetter 36 - 01
Westwall 1939 / 40 Metall III	NSBO Fahnenweihe Septemb. 1933 Wetter (R.) Metall III	55 Jahre Hartkortberg-Turnfest Wetter/Ruhr 1936 Seidenbändchen x I
Wetterau 38 - 01	Wetterau 39 - 01	Wetzlar 37 - 01
Kreistag Wetterau 1938 Metall III	Frühjahrsfeldzug der N.S.D.A.P. Kreis Wetterau 4. u. 5. März 1939 Pappe III	Wetzlar 15.- 18. Juli 1937 Metall II
Wetzlar 38 - 01	Wiedenbrück 38 - 01	Wiehe-Memleben 36 - 01
Kreistag der NSDAP Kreis Wetzlar 1938 Kunststoff III	Kreistreffen NSDAP Kreis Wiedenbrück 1938 Leder III	Kreisappell Wiehe-Memleben 27.- 28. Juni 1936 Metall oh. Abb. III

Wien 00 - 01	Wien 31 - 01	Wien 31 - 02
1. K.d.F. Fahrt des Deutschen Österreich Berlin Wien Metall　　　　　　　　III	2. Arbeiter Olympiade Wien 1931 Metall　　　　　　　　III	Wiener Frühjahrsmesse 1931 Rotunde Metall　　　　　　　　II
Wien 31 - 03	Wien 32 - 01	Wien 32 - 02
Gauparteitag Hitler-Bewegung Nat. Soz. D.A.P.- Wien 1.- 3. Mai 1931 Metall　　　　　　　　III	2. Gauturnfest Wien 1932 Metall　　　　　　　　II	NSDAP Gautag 2. Okt. 1932 Wien Metall　　　　　　　　III
Wien 33 - 01	Wien 33 - 02	Wien 33 - 03
Allg. Deutscher Katholikentag Wien 1933 Metall　　　　　　　　II	25 Jahre Verein d. Lehrer und Schulfreunde d. Christl. Schulbrüder Wien Fünfhaus 14. Mai 1933 Metall　　　　　　　　II	250 Jahre Wien Österr. Heimatschutz-Treffen Schönbrunn 14. 5. 33 Metall　　　　　　　　III
Wien 35 - 01	Wien 36 - 01	Wien 38 - 01
75 Jahre Wiener Liedertafel 1859 1935 Metall　　　　　　　　II	1686 1936 250 Jahre Feuerwehr der Stadt Wien Metall　　　　　　　　III	Sonnwend Tabak Verschleißer Wien 1938 Metall　　　　　　　　III

Wien 38 - 02	Wien 39 - 01	Wien 39 - 02
1. Grossdeutscher Gaststättentag Wien 1938 Metall — III	Reichskolonialtagung Wien 16.- 18. Mai 1939 Metall — IV	4. Gautag Wien 15.- 18. Juni 1939 Metall — III
Wien 39 - 03	Wien 39 - 04	Wien 39 - 05
4. Reichskleingärtnertag Wien 28.6. - 2.7. 1939 Metall — III	1. Grossdeutscher Uhrmachertag 1939 Kunststoff — III	Studentenweltspiele Wien 20.- 27. August 1939 Metall — III
Wien 39 - 06	Wien 40 - 01	Wien 40 - 02
GW Gas-Wasser-Tagung Wien 1939 Metall — II	Mitteldeutsche Kolonialschau Wien 1940 Metall — IV	Quer durch Wien 1940 Metall — III
Wien 40 - 03	Wien 40 - 04	Wien 41 - 01
Sommerlager 1940 Gebiet Wien 27 Metall — III	Donaufahrt m. KDF Gau Wien 1940 Metall — III	Grossdeutsche Kriegsmeisterschaften im Schwimmen Wien 1941 Metall — IV

Wien 41 - 02 Quer durch Wien 1941 Metall — IV	**Wien 41 - 03** Mozart-Woche des Deutschen Reiches Wien 1941 Metall — II	**Wien 41 - 04** Wiener Herbstmesse 1941 21. bis 28. Sept. Sichtbar tragen! Ohne dazugehörigen ..... Pappe: in verschiedenen Farben — II
Wien 42 - 01 Europäischer Jugendkongress Wien 13.- 19. Sept. 1942 Metall — III	**Wiener Neustadt 00 - 01** Heimatschutz-Tagung Wiener Neustadt Metall — III	**Wiener Neustadt 39 - 01** 1939 Kreistag der NSDAP Wiener Neustadt Metall — IV
Wiesbaden 00 - 01 Werbe - Woche der Hitler Jugend Bann 80 Wiesbaden Metall — III	**Wiesbaden 31 - 01** 31. Verbandsschiessen Baden Mittelrhein Pfalz Wiesbaden 12.- 19. Juli 1931 Metall — III	**Wiesbaden 33 - 01** Braune Messe Wiesbaden 1933 Metall — III
Wiesbaden 34 - 01 Arbeit gibt Brot Wiesbaden 6.- 8. April 1934 Metall — II	**Wiesbaden 35 - 01** Für erholungsbedürftige Volksgenossen SA- Standort Wiesbaden 1935 Metall — III	**Wiesbaden 35 - 02** 1. Gaufest Sängergau Nassau Wiesbaden 19.- 21. Juli 1935 Metall — II

Wiesbaden 36 - 01	Wiesbaden 36 - 02	Wiesbaden 37 - 01
SA- Kampfsporttag Standarte 80 Wiesbaden 1936 Metall oh. Abb. III	1926 1936 10 Jahre N.S.D.A.P. Kreis Wiesbaden Metall III	Wiesbaden VDZ 1937 Metall II
Wiesbaden 38 - 01	Wiesbaden 39 - 01	Wiesbaden 39 - 02
1813 1933 125. Jähr. Jubelfeier Füsilier - Regt. von Gersdorf (Kurhess.) No 80 in Wiesbaden Metall III	Vorwärts wir greifen an ! Kreis Wiesbaden 3.3. 1939 Seidenbändchen * II	Kreistag der NSDAP Wiesbaden 10. u. 11. Juni 1939 Kunststoff III
Wiesbaden-Biebrich 32 - 01	Wieseck 36 - 01	Wiesental 37 - 01
3. Nassauische Junghandw. Tagung Wiesbaden-Biebrich 7.u.8. Mai 1932 Pappe II	3. Kreisturnfest Turnkreis Lahn - Dill in Wieseck 4.- 6. Juli 1936 Pappe II	75 Jahre freiwillige Feuerwehr Wiesental 13. Juni 1937 Pappe III
Wildbad 33 - 01	Wildbad 35 - 01	Wilhelmi Wilhelm 34 - 01
NSDAP Deutscher Tag Wildbad 2. Juli 1933 Pappe III	Kraft durch Freude Wildbad i. Schwarzwald Urlaub 1935 Metall III	Gedenkfeier Wilhelm Wilhelmi 11.3.34 Pappe II

Wilhelmshaven 33 - 01	Wilhelmshaven 35 - 01	Wilhelmshaven 36 - 01
Jugendtreffen Wilhelmshaven L.V. Weser - Ems VDA 1933 23. u. 24. Sept. Metall: a) bronze b) golden III	Marine Standarte 116 S.A. Treffen 28./ 29. Sept. 1935 Wilhelmshaven Pappe II	L.J.R. 77 Regimentstag Wilhelmshaven 13./ 15. Juni 1936 Pappe II
Wilhelmshaven 37 - 01	Wilhelmshaven 39 - 01	Wilhelmshaven-Rüstringen 33 - 01
Soldaten-Tag Wilhelmshaven 22. Aug. 1937 Metall III	Der Führer am 1. April 1939 in Wilhelmshaven Metall III	19. Februar 1933 Aufbruch der Nation Wilhelmshaven-Rüstringen Metall III
Windhoek 35 - 01	Windsbach 34 - 01	Windsfeld 34 - 01
DT SWA Gau Turnfest 1935 Windhoek Metall X	SA Sturmbannsportfest I / 19 Windsbach 3.6. 1934 Metall III	Mfr. Ackerbautagung Windsfeld 1.7. 1934 Metall III
Windsheim 30 - 01	Windsheim 34 - 01	Winsen 34 - 01
3. Heimatfest Windsheim 1930 Metall II	Sportfest Stb. II / 8 17. 6. 1934 Windsheim Metall III	Aufmarsch der Standarte 428 Winsen - Luhe 11. Nov. 1934 Metall III

Winterlingen 36 - 01	Winterprüfung 34 - 01	Winterscheid 36 - 01
1100 Jahrfeier der Gemeinde Winterlingen 12.7. 1936 Metall III	Winterprüfung 34 - 01 Metall I	60 Jahre Kirchenchor "Cäcilia" Winterscheid 1936 Pappe II
Wismar 31 - 01	Wismar 34 - 01	Witten 00 - 01
Meckl. Landeskr. Fest Wismar 1931 Stoff im Metallrahmen II	Pfingstaufmarsch Wismar i.M. SA- Standarte J. 14 20./ 21.5. 1934 Metall IV	N.S.B.O u. Arbeitsfront- Treffen i. Witten Weihe d. R. Muchow - Hauses Metall IV
Witten 37 - 01	Wittenau 35 - 01	Wittenberg 33 - 01
10 Jahre Hitler-Jugend Witten 1927 1937 Material ? oh. Abb. III	Wittenauer Volksfest m. Denkmalsweihe 30.8.- 2.9. 1935 Metall III	Lutherfesttage in Wittenberg 9.- 13. September 1933 Metall II
Wittenberg 34 - 01	Wittenberg 39 - 01	Wittgenstein 34 - 01
Luther- Bibel 400 Jahre Deutsche Schriftsprache Wittenberg 1934 Metall II	NSDAP Kreisappell Wittenberg 25.6.39 Metall III	Kreisparteitag Wittgenstein 22. u. 23. Sept. 1934 Metall III

Wittingen 33 - 01	Wolfenbüttel 35 - 01	Wolfenbüttel 36 - 01
Wittingen 1933 EA Metall　　　　　　　　　　IV	Kreistag der N.S.D.A.P. Kreis Wolfenbüttel 2.- 3. März 1935 Pappe　　　　　　　　　　III	Einweihung Niedersachsen-Haus Wolfenbüttel 18./19. 1. 1936 Pappe　　　　　　　　　　III
Wolfenbüttel 37 - 01	Wolfenbüttel 39 - 01	Wolkenburg 36 - 01
1922 - 1937 Kreistag Wolfenbüttel 12.- 13.6. 1937 Metall　　　　　　　　　　III	Kreistag NSDAP Wolfenbüttel 1939 Kunststoff　　　　　　　　III	Gartenfest Kleingarten-Verein Wolkenburg 1936 Pappe　　　　　　　　　　II
Woltersdorf 33 - 01	Woratschen 31 - 01	Wörishofen, Bad 37 - 01
Woltersdorf 1933 Metall　　　　　　　　　　III	Gründungs- und Wiedersehensfest der "Heimatsöhne im Weltkriege" 11. und 12. Juli 1931 Woratschen Seidenbändchen　　*　　　II	40 Jahre Turnverein Bad Wörishofen 3.u.4. Juli 1937 Pappe　　　　　　　　　　II
Worms 33 - 01	Worms 33 - 02	Worms 36 - 01
N.S. Treffen Worms a/ Rhein 1933 Metall: a) bronze b) silbern　III	Braune Messe Worms a/ Rh. 4.- 12. Nov.1933 Seidenbändchen mit Metalladler * III	Deutsches Rotes Kreuz 15. Hess. Kolonnen-Tag Worms a/Rhein 17./18. Okt. 1936 Seidenbändchen　　*　　　II

Worringen 38 - 01	**Wörthersee 39 - 01**	**Wunsiedel 33 - 01**
650 Jahrfeier der Schlacht bei Worringen 1288 1938 Material ? oh. Abb. II	Internationale Wörthersee - Sportwoche 1939 Metall * IV	24.- 25. Juni 1933 Ostmark- Kundgebung Wunsiedel Metall III
Wünsing 37 - 01	**Wunstorf 30 - 01**	**Wuppertal 32 - 01**
Stiftungsfest Veteranen- u. Krieger- Kameradschaft Wünsing 24.u.25. Juli 1937 Metall II	Braunschweig Hannoverscher Stenographen- Verband Bezirkstag Wunstorf 3.u.4. 5. 1930 Pappe II	Hitler Tag Wuppertal 24. Juli 1932 Metall IV
Wuppertal 33 - 01	**Wuppertal 34 - 01**	**Wuppertal 37 - 01**
Wuppertaler N.S.B.O. Treffen am 29. Juli 1933 Metall oh. Abb. II	N.S.K.O.V. Treffen Gau Düsseldorf in Wuppertal 15. Juli 1934 Metall III	IR 50 Kameradschaft Wuppertal 1912 1937 Pappe II
Wuppertal-Ronsdorf 35 - 01	**Wuppertal-Sonnborn 40 - 01**	**Würbenthal 38 - 01**
krieger-Verbandsfest am 29. Sept 1935 in W.- Ronsdorf Stoff im Metallrahmen III	10 Jahre Ortsgruppe W. Sonnborn der N.S.D.A.P. 6. Oktober 1930/1940 Seidenbändchen * III	Fest der Gemeinschaft Würbenthal 1938 Metall II

Württemberg 00 - 01	Württemberg 36 - 01	Württemberg 37 - 01
BDU L.V. Württbg. Metall II	Württb. Artill. 1736 - 1936 Metall III	Sport Tag des BDM 1937 Obergau Württbg. Metall III
Württemberg-Hohenzollern 34 - 01	Württemberg-Hohenzollern 35 - 01	Württemberg-Hohenzollern 35 - 02
Reichs - Betr. Gem. Handel u. Handwerk Arbeitsbeschaffung 28.9. - 14.10. 1934 Wttbg. Hohenz. Metall II	1935 Fahrt an die Ostsee N.S.G. Kraft d. Freude Gau Württ.- Hohenz. Metall III	An die Ostsee NSG Kraft d. Freude 1935 Gau Württbg. Hohenz. Metall III
Württemberg-Hohenzollern 36 - 01	Württemberg-Hohenzollern 37 - 01	Württemberg-Hohenzollern 38 - 01
Die Deutsche Arbeitsfront Urlaubsfahrten 1936 NSG Kraft durch Freude Gau Württembg.- Hohenz. Metall III	Urlaubsfahrt 1937 NSG Kraft d. Freude Gau Württ. Hohenz. Metall II	Die Deutsche Arbeitsfront NS.- Gemeinschaft Kraft durch Freude Gau Württembg.- Hohenz. Urlaubsfahrten 1938 Metall III
Württemberg-Hohenzollern 38 - 02	Württemberg-Hohenzollern 39 - 01	Würzburg 28 - 01
Die Deutsche Arbeitsfront NS.-Gemeinschaft Kraft durch Freude Gau Württembg.- Hohenz. Urlaubs-Fahrt 23.- 31.3. 1938 Metall III	 Die Deutsche Arbeitsfront NS Gemeinschaft KdF Urlaubfahrten 1939 Gau Württb.- Hohz. Metall II	Bayerischer Stahlhelmtag Würzburg 27./28. Oktober 1928 Metall III

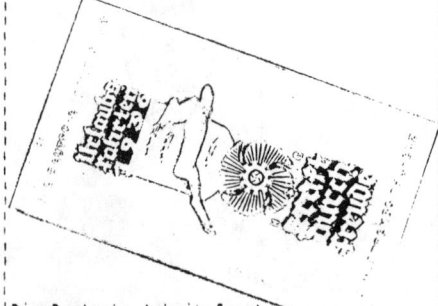

Würzburg 34 - 01	Würzburg 34 - 02	Würzburg 34 - 03
HJ 14.15. Juli 1934 Würzburg Metall * III	NS- Beamtentag Gau Mainfranken Würzburg 25. März 1934 Metall III	Deutsch. Trachtenaufmarsch u. Trachten- schau 1934 Würzburg 7.- 9. Juli 1934 Metall II
Würzburg 39 - 01	Wyk 38 - 01	
Reichstagung der Fachgruppe Blumenbinder- eien Würzburg 17.- 20.8. 1939 Metall III	6. Traditionsflugtag Wyk a. Föhr 10.7. 1938 Metall V	

Probleme mit der Aufbewahrung Ihrer Sammlung?

Ich liefere Ihnen ein preiswertes Aufbau - System!

INFO: Reinhard Tieste   Belgarder Str. 5

2820 Bremen 77

Xanten 36 - 01

Sie legten Zeugnis ab
Viktor Tracht   Xanten 1936
Metall   II

Organisation
KRAFT durch FREUDE
der Deutschen Arbeitsfront

- Der Führer
- Sport-Amt
- Organisations-Amt
- Amt für Schönheit der Arbeit
- Schatz-Amt
- Amt Volkstum und Heimat
- Amt für Ausbildung
- Amt Selbsthilfe und Siedlung
- Kultur-Amt
- Amt für Reisen, Wandern und Urlaub
- Amt für Presse und Propaganda
- DER FÜHRER DER D.A.F.

BEZIRKS-LEITUNGEN
GAU-LEITUNGEN
KREIS-LEITUNGEN
ORTSGRUPPEN-LEITUNGEN
BETRIEBS-GEMEINSCHAFTEN
ZELLEN
BLOCKS

Young 00 - 01	YY 34 - 01	YY 34 - 02
Young Metall (siehe Berlin 29 - 01)	1934 Metall V	24.2.1934 24.2.1920 Metall II

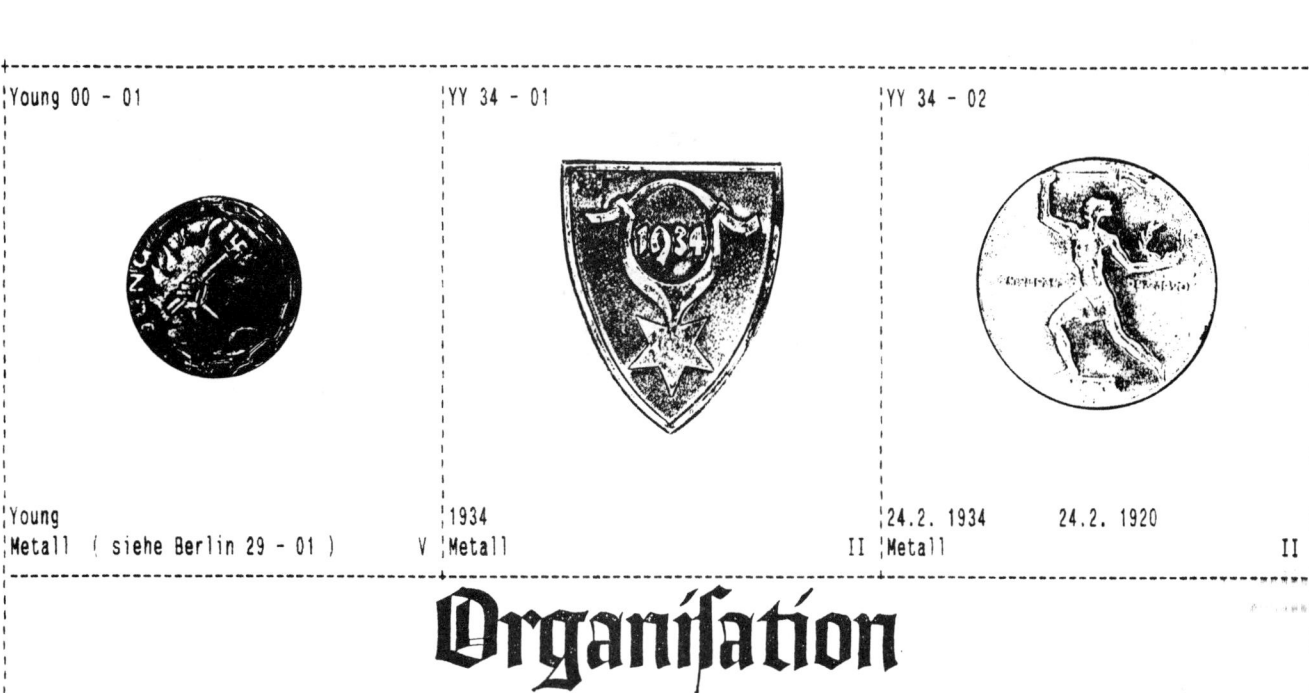

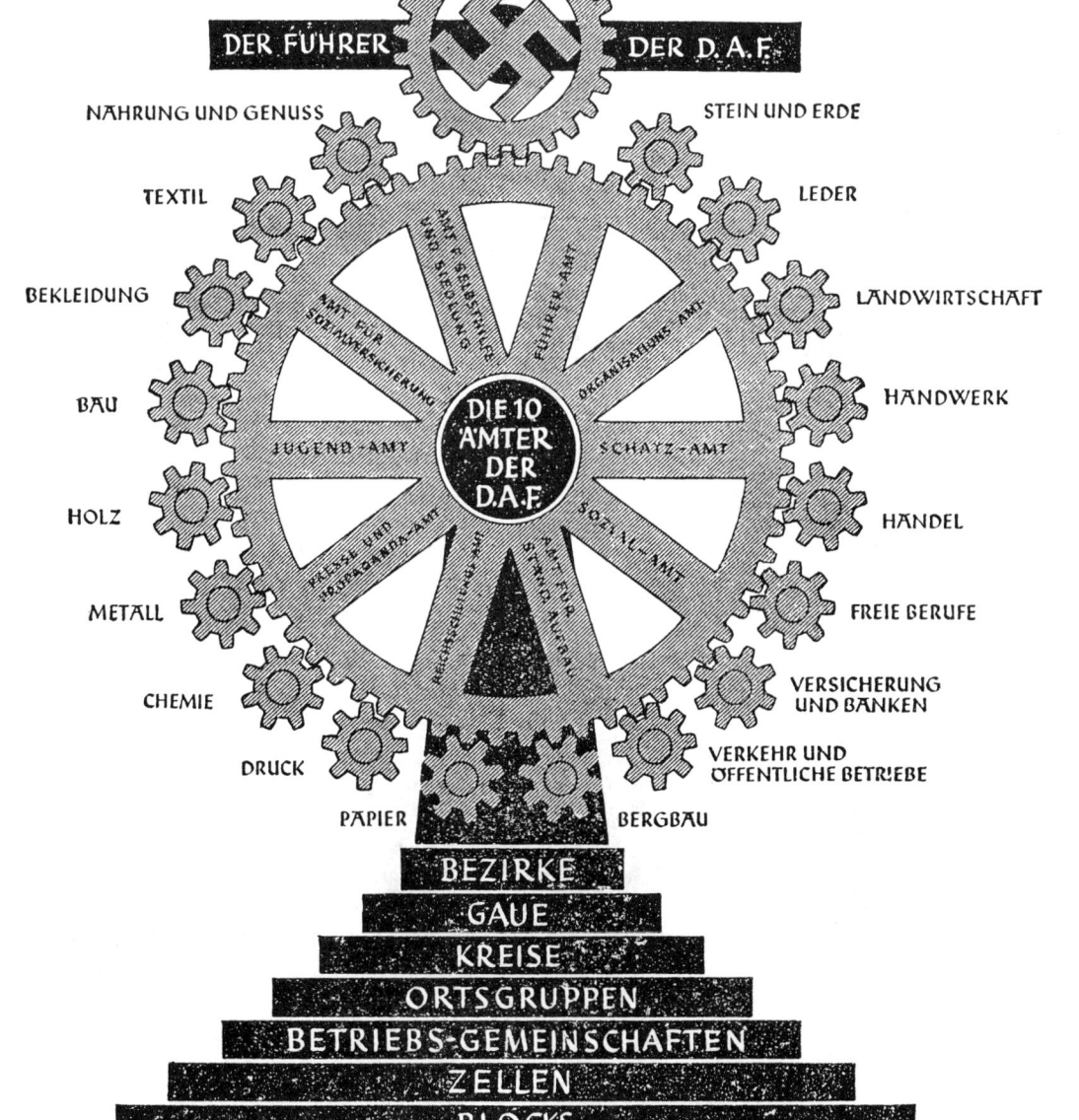

Organisation der deutschen Arbeitsfront

Der Führer

DER FÜHRER — DER D.A.F.

NAHRUNG UND GENUSS — STEIN UND ERDE
TEXTIL — LEDER
BEKLEIDUNG — LANDWIRTSCHAFT
BAU — HANDWERK
HOLZ — HANDEL
METALL — FREIE BERUFE
CHEMIE — VERSICHERUNG UND BANKEN
DRUCK — VERKEHR UND ÖFFENTLICHE BETRIEBE
PAPIER — BERGBAU

DIE 10 ÄMTER DER D.A.F.
- AMT F. SELBSTHILFE UND SIEDLUNG
- FÜHRER-AMT
- AMT FÜR SOZIALVERSICHERUNG
- ORGANISATIONS-AMT
- JUGEND-AMT
- SCHATZ-AMT
- PRESSE UND PROPAGANDA-AMT
- SOZIAL-AMT
- RECHTSSCHUTZ- UND ...-AMT
- AMT FÜR ...

BEZIRKE
GAUE
KREISE
ORTSGRUPPEN
BETRIEBS-GEMEINSCHAFTEN
ZELLEN
BLOCKS

Zavelstein 35 - 01	Zeitz 34 - 01	Zeitz 38 - 01
Zavelstein Sternwanderung des Schwarzwald Vereins Himmelfahrt 1935 Pappe　　II	Werner Gerhard Tag Zeitz 20. 3. 1934 Metall　　III	Braunkohle-Benzin-AG Berlin Richtfest Werk Zeitz Okt. 1938 Metall　　IV
Zell 00 - 01	Zella-Mehlis 34 - 01	Zerbst 34 - 01
Deutsch. Tag i. Zell am See Metall　　III	1. Wintersport- Treffen der SA- Gruppe Thüringen 13. u.14.1. 1934 Zella-Mehlis-S. Metall　　IV	Zerbst Adolf Hitler Glocke St. Nikolai 27. 5. 34 Metall　　II
Ziegenhain 35 - 01	Ziegenhain 36 - 01	Ziegenhain 37 - 01
Ziegenhainer Salatkirmes 23. Juni 1935 Metall　　II	Ziegenhainer Salatkirmes 1936 Kunststoff　　II	Ziegenhainer Salatkirmes 6.- 7. Juni 1937 Metall　　II
Ziegenhain 38 - 01	Zittau 33 - 01	Zittau 34 - 01
Ziegenhainer Salatkirmes 1938 Metall　　II	Tausendjahrfeier d. Oberlausitz Zittau 1933 Metall　　II	Sächs. Feldkameradenbund E.V. 11. Bundestag in Zittau 26.u.27. Mai 1934 Metall　　III

Zittau 39 - 01	Znaim 39 - 01	Zuckmantel 33 - 01
Kreistag der N.S.D.A.P. Zittau 17./ 18. Juni 1939 Material ? oh. Abb. III	Kreistag der NSDAP Znaim 1939 Metall IV	Deutsch. Turnverein Zuckmantel 1863 - 1933 Bezirksturnfest 16.- 17. Scheidings Metall II
Zuckmantel 37 - 01	Zuckmantel 37 - 02	Zülz 32 - 01
18. Hauptversammlung DKV 1937 Zuckmantel Schlesien Pfingsten Metall II	Deutscher Turnverband Bezirksturnfest Zuckmantel 1937 Holz II	Bruno Schramm Zülz O./S. 23.1. 1932 Metall III
Zusmarshausen 34 - 01	Zweibrücken 33 - 01	Zweibrücken 33 - 02
BDM Untergautreffen Augsburg Zusmarshausen 1934 Metall III	Grenzlandtreffen der HJ Pfalz - Saar am 12.13. August 1933 in Zweibrücken Metall: a) zweifarbig b) bronze II	1. Saardeutscher Kriegsopfer- u. Soldaten-tag Zweibrücken 10. Sept. 1933 Metall oh. Abb. III
Zweibrücken 34 - 01	Zweibrücken 35 - 01	Zweibrücken 35 - 02
Unser Deutschland Saar Kundgebung Zweibrücken D F 6. Mai 34 Metall II	Bodenseefahrt Betriebsgem. Lenz Zweibrücken 24. bis 28. Aug. 1935 Metall oh. Abb. II	Denkmals- Enthüllung des ehem. kgl. Bayr. 5. Chev. Rgts. Zweibrücken Aug. 1935 Metall oh. Abb. III

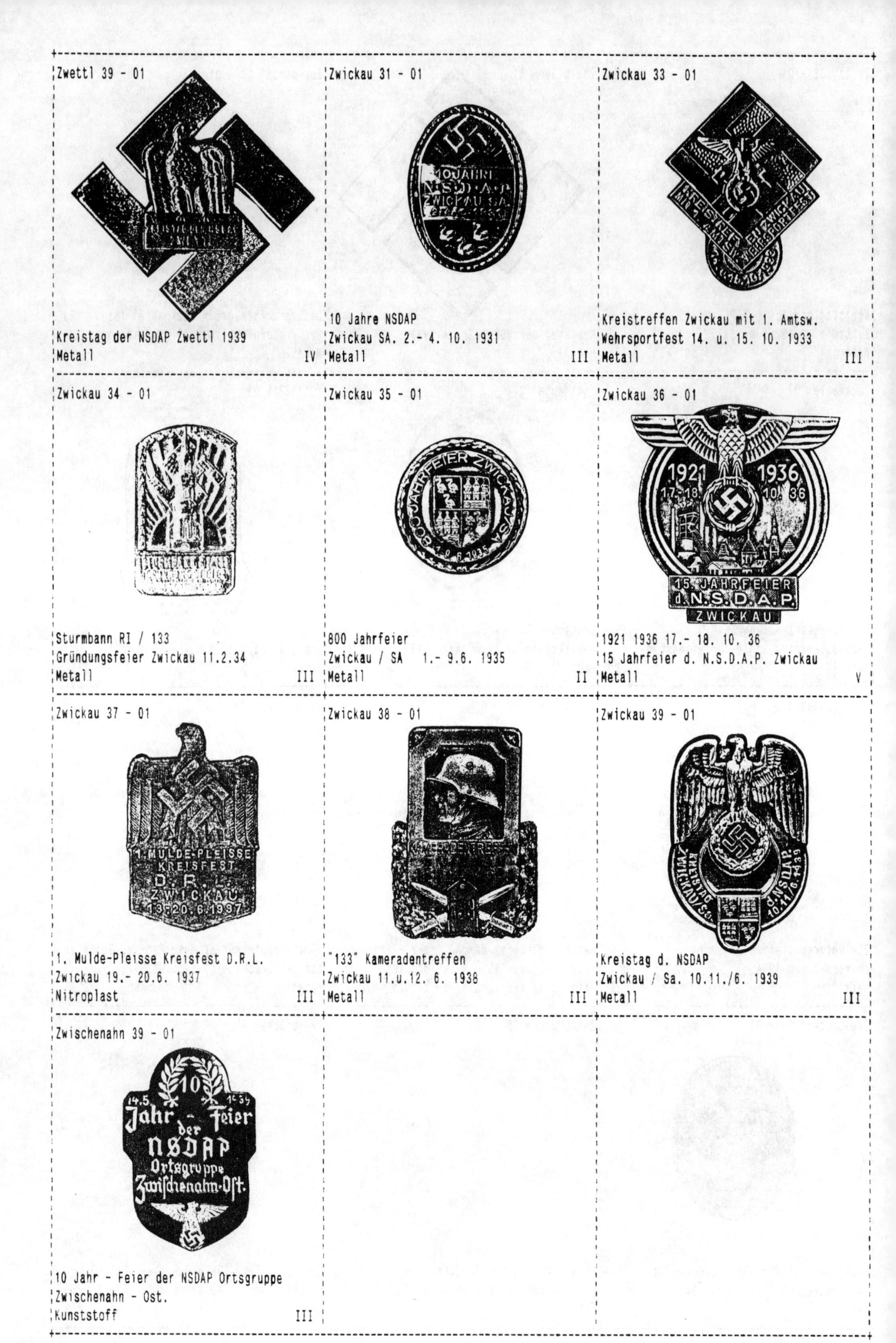

Zwettl 39 - 01	Zwickau 31 - 01	Zwickau 33 - 01
Kreistag der NSDAP Zwettl 1939 Metall IV	10 Jahre NSDAP Zwickau SA. 2.- 4. 10. 1931 Metall III	Kreistreffen Zwickau mit 1. Amtsw. Wehrsportfest 14. u. 15. 10. 1933 Metall III
Zwickau 34 - 01	Zwickau 35 - 01	Zwickau 36 - 01
Sturmbann RI / 133 Gründungsfeier Zwickau 11.2.34 Metall III	800 Jahrfeier Zwickau / SA 1.- 9.6. 1935 Metall II	1921 1936 17.- 18. 10. 36 15 Jahrfeier d. N.S.D.A.P. Zwickau Metall V
Zwickau 37 - 01	Zwickau 38 - 01	Zwickau 39 - 01
1. Mulde-Pleisse Kreisfest D.R.L. Zwickau 19.- 20.6. 1937 Nitroplast III	"133" Kameradentreffen Zwickau 11.u.12. 6. 1938 Metall III	Kreistag d. NSDAP Zwickau / Sa. 10.11./6. 1939 Metall III
Zwischenahn 39 - 01		
10 Jahr - Feier der NSDAP Ortsgruppe Zwischenahn - Ost. Kunststoff III		